国家社科基金"人体基因检测的法律规制研究"
（13CFX063）成果

JIYIN

JIANCE DE LIANGFASHANZHI

田 野 著

基因检测的良法善治

中国政法大学出版社

2025·北京

图书在版编目（CIP）数据

基因检测的良法善治 / 田野著. -- 北京 ：中国政法大学出版社，2025. 3. -- ISBN 978-7-5764-2030-2

Ⅰ. D922.174

中国国家版本馆 CIP 数据核字第 20253Q1H82 号

出　版　者	中国政法大学出版社
地　　　址	北京市海淀区西土城路 25 号
邮寄地址	北京 100088 信箱 8034 分箱　邮编 100088
网　　　址	http://www.cuplpress.com (网络实名：中国政法大学出版社)
电　　　话	010-58908586(编辑部) 58908334(邮购部)
编辑邮箱	zhengfadch@126.com
承　　　印	固安华明印业有限公司
开　　　本	720mm×960mm　1/16
印　　　张	16
字　　　数	280 千字
版　　　次	2025 年 3 月第 1 版
印　　　次	2025 年 3 月第 1 次印刷
定　　　价	68.00 元

前　言

基因技术开启了人类社会的一个新纪元。科学改变世界，回顾历史，从瓦特改良蒸汽机开始，每一次技术革命都推动了社会加速度式的发展。在当前这一轮最新的科技革命中，基因技术占据潮头。基因科学引领我们进入一个美丽新世界，这个新世界里的奇妙景象令人叹为观止。在基因科学诞生之前，人类科学只能停留在对外部世界的认识层面，对生命本身则知之甚少。而自从有了基因科学，生命的神秘面纱就被徐徐揭开。基因常被形象地称作生命密码，破译了这个密码，人类就能掌握生命世代相传的规律。从孟德尔豌豆试验发现遗传定律到人类基因图谱破译完成，再到后基因组时代的大数据研究，基因科学一次次地取得突破，每一次都令人兴奋不已。科学在各个方面都突飞猛进，而基因技术在其中尤为耀眼，乃至于成为这个时代的标签。这个生物科技时代孕育着无限的新希望，但同时也存在着前所未有的挑战。

基因技术有着广阔的领域，基因检测（Genetic Testing）是其下的一个分支。所谓基因检测，是指对人类染色体、DNA、RNA及其代谢物进行的测试与科学分析，目的在于查明基因的状况，识别基因突变，进而获知基因与健康的联系。揭示基因的原貌，这是基因科学展开的第一步，也是关键一步。了解了基因的本来面目，人们就能够知悉生物性状是怎样在世代间传递的，疾病是如何发生的，能够预知健康风险，甚至对遗传过程中的某个节点实施人为干预，以达到预防和治疗疾病的目标。与普通的医学技术相比，基因检测技术的优势在于能够追溯到疾病的始源，并且能够在发病之前预知患病风险，实现"大医医未病"。今天，借助基因检测，人们已经能够较准确地预测几千种疾病的罹患风险，进而可以通过调整生活方式、行为习惯而作出预防应对。通过产前基因检测，能够准确查明胎儿健康状况，为女性的生育决定提供参考，其与传统产检手段相比具有无创、准确等优点。对于有家族遗传病史的生育者，通过胚胎植入前基因诊断技术（Pre-implantation Genetic Diagnosis，PGD），实施体外多胚胎检测与筛选，选择健康的胚胎植入母体并最终实现理想的生育，避免了残障婴儿的降生，这给父母带来的心理解脱实在是不可估量的。基因检测给人类带来的健康福利并非画饼，而是正在一一兑现。

科学技术向应用转化是大势所趋，基因科学亦不例外。基因技术这种"高大尚"的尖端科学，并非科学家的专利，其正在走出实验室，进入平常百姓家。论及基因，大多数人在科学层面都是门外汉，然而另一方面人们都能够真实感觉到基因技术给生活带来的现实影响。而拉近二者距离的，正是基因检测。基因检测在实践中的应用越来越广泛，乃至于购买基因检测服务成为一种时尚消费，此即直接面对消费者的基因检测（Direct-to-consumer Genetic Testing）。基因检测正在成为一项欣欣向荣的产业，吸引了众多的投资者和消费者。比尔·盖茨、乔布斯等名人都曾接受基因检测服务，而美国著名影星安吉丽娜·朱莉更是基于基因检测结果毅然进行了乳腺切除手术——在没有任何症状的情况下，引发的基因检测热潮也因此被称为"朱莉效应"。在工作场所，越来越多的雇主对求职者实施基因检测，试图借此规避雇佣到不健康的雇员带来的成本风险。保险领域的基因检测也日益普遍，检测结果成为是否承保及决定保费的重要参考因素。总之，基因检测已经渗透到了我们生活、工作的方方面面。

当我们为破译人类基因这部天书而欢欣鼓舞时，另一面却又不得不应付由此带来的一系列棘手的难题。随着基因检测在现实世界中铺天盖地地袭来，其中隐藏的各种风险亦日渐显现出来。首先，基因检测结果的科学性有多高本身即是个问题。尽管人类基因技术已经取得了不小的进步，但距离完全揭开生命的秘密尚相去甚远。在个别基因检测项目中——如唐氏综合征的产前基因检测，科学性有较高的保证。但对于多数基因检测而言，检测结果到底在多大程度上科学揭示了基因与疾病的联系，尚存在很大的不确定性，不同检测机构对同一份样本的检测结果往往大相径庭。而商业化的儿童天赋基因检测，可信性更加存疑，夸大宣传与虚假广告充斥市场。其次，基因检测结果若预测了患病的风险，可能会给受试者带来严重的心理负担。一些疾病可能只在几十年后发作，或者根本不发生，现在就获知可能患病的风险，等于将焦虑提前了几十年。特别是对于那些目前尚没有有效治疗手段的疾病，即使通过检测预测出来也无法治愈，徒增忧伤何益？吊诡的是一切紧张、焦虑都是基于或许并不准确的检测结果。而当预测的疾病在几十年后真实发作时，医学上可能已经发展出了治愈该疾病的有效方法，则这几十年的焦虑实在冤枉。所以，知道真的好吗？对于未成年人的基因检测，尤其面临孩子的最佳利益甄别问题。再次，除了心理问题，基因检测的应用还可能带来许多现实的社会问题。在社会生活中，"缺陷"基因携带者可能被贴上"基因标签"，遭到不公正待遇。在就业、保险等领域，基因歧视的案例在国内和国外都已经出现了。在号称"中国基因歧视第一案"的佛山市公务员招录案中，三名考生因携带地中海贫血基因而被拒绝录用。尽管舆论"一边倒"地支持三名原告，但法院最终判决驳回其诉讼请求，凸显出我国在反就业基因歧视方面的法律问题。此外，基因隐私也面临被侵害的风险。个人基因信息具有高度人格性和私密性，一旦泄露后果不堪设想。再者，基因信息具有家族性，涉及众多家族成员的利益，缺陷基因信息的泄露可能带来家族污名化的结果。最后，一些高度敏感的基因技术对人类的根本尊严构成挑战。例如，胚胎植入前遗传诊断技术对多个人类胚胎在体外实施筛选，未入选的"不合格"胚胎将被抛弃。这样做合适吗？是不是对生命尊严的亵渎？人类可以扮演上帝的角色吗？更进一步，一些人甚至在基因检测的基础上对人类基因进行修改编辑，引发更大的伦理危机。2018年11月26日，一则爆炸性新闻轰动世界，南方科技大学的贺某奎等人对人类胚胎进行了基因编辑，且被修改了基因的婴儿最终降生。这是一起突破了人类底线的恶性事件，贺某奎等3名违法者最终以非法行医罪被处以刑事责任。作为对这一事件的回应，《中华人民共和国民法典》第1009条规定："从事与人体基因、人体胚胎等有关的医学和科研活动，应当遵守法律、行政法规和国家有关规定，不得危害人体健康，不得违背伦理道德，不得损害公共利益。"

基因技术是福音还是诅咒？带领我们进入的是天堂还是地狱？迄今为止我们尚不敢作出信心满满的回答，疑虑的阴云一直挥之不散。科学在促进社会发展的同时也会产生一些负面效应，这是公知的事实，而基因科学在带给人类健康曙光的同时，背后隐藏的风险比其他科学领域的风险更加令人胆寒。由于基因科学研究的对象基因是人类生命的本源，这注定了这项科学在所有科学领域中具有最高伦理层级，也注定了激烈争议的永续存在。

基因检测这把双刃剑让人又爱又恨，其潜在的利益令人垂涎，其暗藏的风险则令人生畏。从一定意义上讲，任何科学都不是绝对安全的，都具有两面性，而基因科学的两面性尤甚，以至于我们不能斩钉截铁地作出论断：到底是利益大于风险，还是相反。对待基因检测究竟应采取怎样的立场发人深省。放眼世界，对于基因检测，尽管存在着各种争议，但是任何一个国家都没有将这条路彻底堵死，而是在适度规范下积极推进其发展。究其原因，是不舍其背后的巨大利益——包括民众健康利益、经济利益、国家安全利益等众多方面。基因技术被认为是继网络信息技术之外，又一个具有划时代意义的革命性技术，谁率先抢占了这块高地谁就将在新一轮的发展中占得先机。比尔·盖茨曾预言，下一个世界首富将诞生于基因领域。2022 年 5 月，国家改革与发展委员会发布了专门的《"十四五"生物经济发展规划》，其开宗明义地指出："科学规划、系统推进我国生物经济发展，是顺应全球生物技术加速演进趋势、实现高水平科技自立自强的重要方向，是前瞻布局培育壮大生物产业、推动经济高质量发展的重要举措，是满足生命健康需求快速增长、满足人民对美好生活向往的重要内容，是加强国家生物安全风险防控、推进国家治理体系和治理能力现代化的重要保障。"该规划 3 次提及"基因检测"，对之采取积极推动的立场。2022 年 12 月 29 日，深圳市人大常委会通过了《深圳经济特区细胞和基因产业促进条例》，其是全国首部细胞和基因产业专项立法。在促进基因产业发展的大背景下，基因检测是不可能被禁绝的。那么接下来的问题便是，怎样兴利避害，将风险降至最低。既然基因检测注定要存在和发展，那么对其加以规范制约就必不可少。

对实践中蓬勃发展的基因检测应加强法律规范，这早已成为全球范围内的共识。关键在于，怎样建立一套行之有效的规范体系？相对于技术上的突飞猛进与红红火火的市场应用，法律规范的脚步则远远落后。对于基因检测带来的一系列问题与挑战，法律层面尚未作出及时有效的回应，成熟的规范体系尚未建立。在严重规则缺位的背景下，基因检测循着法无明文即为认可的逻辑野蛮生长。探究立法匮乏的根源，并非国家对这一领域不重视，而在很大程度上是由于基因技术本身的复杂性和敏感性，政策制定者尚未能透彻掌握其中的规律，因此尚无十足的把握而不敢贸然立法。纵观全球，基因检测立法也只是处于起步阶段，没有很多可以直接借鉴的现成经验。近些年对于基因检测的立法步伐有加快的趋势，少数先进国家颁布了关于基因检测的特别立法，如美国《反基因信息歧视法》、德国《人类基因检测法》。我国目前并无针对基因检测的特别法，只在卫健委、科技部等制定的一些部委规章中间接涉及基因检测，且存在着规范效力等级低、体系性差、重行政管制轻私权保护等问题，未来立法完善的任务任重而道远。

基因检测是典型的科技法问题，是科学技术进步给人类提出挑战的一个缩影。法律应当如何应对这些挑战，如何化解基因检测中的各种风险以在技术利用和个人尊严权利保护之间作出最佳平衡，本书尝试对此进行探索性研究，期能提出有些许价值的对策建议。

目　录

第一章

基因检测的兴起

第一节　基因检测的技术背景

一、认识基因

基因是重要的生物遗传物质，这是一个通识性的认知。然而，在准确的科学意义上，基因的定义却并不十分清晰。迄今为止，生物学界尚未给出一个基因的完整定义，这是一个随科学进步而不断发展的概念。[1]

细胞是生命的基本单位，每个细胞由细胞膜、细胞质和细胞核构成，具有遗传功能的神秘物质就存在于细胞核中。细胞核的重要成分是染色体，就人类而言，共有23对、46条染色体。染色体主要由核酸和蛋白质构成，核酸又分为脱氧核糖核酸（DNA）和核糖核酸（RNA），具有遗传功能的主要是脱氧核糖核酸。DNA和RNA的基本组成单位是核苷酸，核苷酸则是由核糖、磷酸和碱基三种成分构成的化学物质。碱基共有5种：胞嘧啶（C）、鸟嘌呤（G）、腺嘌呤（A）、胸腺嘧啶（T，DNA专有）和尿嘧啶（U，RNA专有）。众所周知的DNA双螺旋结构，正是通过碱基的配对实现的。DNA的每一条单链上都分布着若干个碱基，两条链上的碱基靠氢键连接，就像梯子的横档，生命遗传的秘密就存在于这横档上。碱基的配对是有规律的，A总是与T配对，C总是与G配对。人类基因组总共有30亿左右碱基对，以四个字母代表的碱基对的排列顺序，就是生命密码。相邻的若干组碱基对共同指导某种蛋白质的合成，这就是基因。基因的遗传功能是通过控制蛋白质的合成实现的，一个基因编码一种蛋白质的合成，进而决定了生物性状的千差万别。染色体

---

[1]　参见谢兆辉：《基因概念的演绎》，载《遗传》2010年第5期。

上分布着许多 DNA 分子，然而并非所有的 DNA 都具有遗传编码功能，事实上具有编码功能的只是少数 DNA。而在 DNA 的碱基对长链中，携带遗传讯息的也只是部分片段，这些携带遗传讯息的 DNA 片段，就被称作基因。也就是说，基因并不像细胞、染色体、DNA 等一样，其并不是一个范围清晰的自然单位，而是一个功能性单位，对应一种蛋白质编码的 DNA 片段就是一个基因，而构成一个基因的碱基对数量可能从几个到几万个不等。如果非要给基因下一个定义，那么可大概表述为：基因是指携带遗传信息的 DNA 片段。

二、基因技术的发展简史

基因检测的兴起源于基因技术的进步，因此有必要首先梳理一下基因技术的发展简史。基因技术的历史其实并不长，大概只有一百多年的时间。然而在这相对于漫长的人类历史十分短暂的百余年间，基因技术所取得的突破及其给人类社会带来的影响却是翻天覆地的。

（一）基因的发现

基因的发现是一个渐进的过程，最初源于遗传因子的假设，此后这一假设的科学性不断得到实验证实，人们对于基因结构及功能的认识也越来越清晰。

普遍的观点认为，遗传学的开创者是奥地利科学家孟德尔。子女为什么长得像父母，生物的后代与前代为什么总能保持基本相同的特征，这一谜题一直困扰着人类，直到孟德尔揭开谜底。孟德尔通过 8 年的豌豆实验，证明了生物性状的代际遗传是由某种神秘的遗传因子控制的。[1]1865 年，孟德尔将这一研究成果在布隆博物学会上以研究报告的形式公之于众，并于隔年发表于《布隆自然史学会杂志》[2]。不过，这一伟大的成果在当时并未引起科学界的重视，而是在故纸堆中令人惋惜地默默埋藏了 35 年。直到 1900 年，三位分别来自荷兰、德国和奥地利的杰出植物学家德弗里斯、科伦兹和泽马克通过实验得出与孟德尔研究大致相同的结论。三人彻查了植物学的历史文

---

〔1〕 孟德尔于 1854 年夏天开始用 34 个豌豆株系进行了一系列实验，他选出 22 种豌豆株系，挑选出 7 个特殊的性状（每一个性状都出现明显的显性与隐形形式，且没有中间等级），进行了 7 组具有单个变化因子的一系列杂交试验，并因此提出了著名的遗传定律。

〔2〕 《布隆自然史学会杂志》只是一个在当时并不知名的普通刊物。

献，发现孟德尔早在 30 多年前就已发现了这一遗传规律，故将这一科学荣耀归功于孟德尔。[1]从实际意义上讲，遗传科学的真正开端其实是三位科学家对孟德尔定律的重新发现。不过，孟德尔及三位科学家都并没有提出真正发现所谓"遗传因子"，受限于当时的科学技术水平，遗传因子的假设只是一种科学推论，基因的真面目尚未示人。这一悬念没有保持太久，此后一连串的科学进展使基因的真容从模糊渐次清晰。

（二）染色体遗传学的确立

1909 年，丹麦生物学家约翰逊创造了"基因"一词以取代"遗传因子"，其在希腊文中是"给予生命"之义。这被公认为是基因这一术语的源头。20世纪初叶，围绕着基因在哪里、基因如何发挥作用，科学家们开展了一系列探索研究，最终证明了这种神秘的物质就在染色体上。染色体学说的确立，是遗传科学的又一次标志性飞跃。早在 1879 年，德国生物学家弗莱明（Fleming W.）就发现了细胞核中有容易染色的丝状物，并把它称为染色质。1883 年美国学者提出了遗传基因在染色体上的学说。1888 年，这种染色的丝状物正式被命名为染色体。1902 年，哥伦比亚大学年轻的研究生萨顿通过观察细胞的减数分裂时又发现染色体是成对的，并推测基因位于染色体上。系统的建立染色体遗传学说的则是美国著名生物学家托马斯·摩尔根（Thomas Hunt Morgan）。摩尔根进行了长期的果蝇染色体实验，令人信服地证明了神秘的基因就在染色体上，从而创立了以染色体学说为基础的细胞遗传学。摩尔根也凭借这一成就获得了诺贝尔生理医学奖。

（三）DNA 双链结构揭秘与分子生物学

染色体学说确立后，人们知道基因就在染色体上，然而对于基因作为一种物质的物理、化学属性尚一无所知，DNA 研究解决了这一难题。随着细胞遗传学研究的深化，科学家认识到染色体作为细胞内重要的遗传物质是由蛋白质和核酸构成的。那么真正控制遗传的到底是蛋白质还是核酸？科学家们通过大量的实验研究最终证明了，DNA（脱氧核糖核酸）才是遗传物质。进而，科学家们迫切想要知道：DNA 的化学组成、结构及控制遗传的机制。揭开这一谜题的是英国科学家詹姆士·沃森（James Watson）和美国科学家克里

---

〔1〕　参见郑艳秋等编著：《基因科学简史——生命的秘密》，上海科学技术文献出版社 2009 年版，第 9 页。

克（Crick）。1953 年，二人作为共同作者在科学界权威杂志《自然》（Nature）上发表了千字短文《核酸的分子结构——脱氧核糖核酸的一个结构模型》，描述了 DNA 的双螺旋分子结构模型。在这个奇妙的双螺旋结构中，以 A、T、C、G 四个字母代表的碱基成对排列，中间以氢键连接，碱基排列的顺序决定了生物性状的差别，生命的密码就蕴藏于其中。这一研究成果的面世，将人类对于基因、遗传的研究从此前的细胞层面引入分子层面。借助这一模型，人们知道基因就是 DNA 双链结构上的一定片段。这篇惊世骇俗之作在科学界所造成的影响之巨，就如同"原子弹爆炸时带来的冲击波，一瞬间就冲垮了封闭遗传奥秘的千古堤障"。[1]今天，双螺旋已经成为人们头脑中一提及基因与遗传必然浮现的经典图腾。自从 DNA 双螺旋结构的秘密被揭开，分子生物学便开始了火箭式的腾飞，一系列重大发现接踵而至，基因与遗传科学进入黄金巅峰时代。1961 年，科学家破译了遗传密码的第一个密码子。进入 20 世纪 70 年代，基因重组技术获得重大进展。这项技术就像是一部生物缝纫机，可以把互不相干的生物遗传纤维缝缀在一起。[2]

（四）人类基因组计划

基因组（Genome）一词的确切由来与含义尚存争议。一般认为，Genome 是由 Genes（基因型）和 Chromosomes（染色体）而合成的新创词，概指生物单倍体细胞内全部 DNA 和染色体的一整套遗传物质的总和。就人类而言，只有一个基因组，存在于每一个细胞内。人类基因组包含 23 对染色体，每个染色体上分布着数千个基因。基因是 DNA 分子上具有编码功能的部分片段，此外尚有大量不具有编码功能的 DNA，共同构成基因组。关于人类到底有多少个基因，尚没有确切的答案，早前的观点认为是 5 万到 10 万个之间，较近的观点则认为是 2.5 万至 3 万个之间。每个基因包含若干碱基对，人类基因组共有约 30 亿个碱基对。正是碱基对的排序，决定了生物特征的遗传，造就了多彩斑斓的生物世界。因此，破译这些序列，就能对许多生命现象作出解释，找到疾病的根源。早期的基因测序是针对单个基因展开的，随着技术的不断发展，人们不再满足于零敲碎击式的模式，而是迫切希望一次揭开人类所有几万个基因的真面目，人类基因组项目于是徐徐拉开大幕。

---

〔1〕 参见张大卫：《未来的"上帝"——现代生物学启示录》，中信出版社 1990 年版，第 13 页。

〔2〕 参见黄丁全：《医疗 法律与生命伦理》，法律出版社 2015 年版，第 1253 页。

人类基因组计划（Human Genome Program，HGP）最初由美国发起，后发展为由美、德、日、英、法及中国参加的国际项目。HGP 酝酿多年，最初是 20 世纪 80 年代中期由美国学者在学术会议上提出的，因其耗时耗资巨大且涉及敏感伦理问题而引发争议。美国国会最终通过了实施这一项目的决议，HGP 正式启动是在 1990 年。项目的总体规划是用 15 年时间、花费 30 亿美元完成对人类基因组的破译。由于多个国家——包括中国的加入和新测序技术的出现，HGP 项目提前完成。2001 年人类基因图谱草图公布，2003 年完成图面世。HGP 是人类科学史上的一次壮举，被比喻为是生物领域的"登月工程"，或许其难度和意义甚至超越真正的登月工程。有了这张生命蓝图与密码，人类就能找到很多生物学谜题的答案，特别是疾病的根源与攻克方法。

（五）大数据时代的基因技术

随着人类基因组计划的完成和基因图谱的面世，基因技术渐渐步入后基因组时代。如果说前基因组时代的核心任务是通过碱基测序发现基因的本来面目、获得基因的数据，后基因组时代研究的核心则是通过对所获得数据的分析发现基因的功能，探索基因序列与疾病的关系，并找出应对之策。有学者称之为"功能基因组学"。[1]大数据是当前时代的一个热门词汇，基因科学亦受其影响。基因大数据对于基因研究至关重要，基因样本数据的规模越大，得出的分析结论就越准确。因此，基因数据库的建设意义重大，各国对此都投入了大量资源。并且，在倡导开放、合作、资源共享的科学思想下，基因大数据在科学家之间共享——甚至是全球共享，成为一个重要的发展趋势。[2]

另一个重要的发展趋势是基因技术向应用的转化。如果说早期的基因研究偏重基础性研究，那么随着重要研究成果一个接着一个面世而奠定了这一领域的基础，继而应用性研究越来越受到重视。基因技术有着广阔的应用前景，被实践于各个领域，特别是医药健康领域，形成癌症基因学、肿瘤基因学、生殖基因学、药物基因学等众多学科分支。此外，基因技术在血缘关系认定、DNA 刑事司法鉴定等方面也有巨大的应用价值。基因科学给人类带来

---

〔1〕　参见邱格屏：《人类基因的权利研究》，法律出版社 2009 年版，第 27 页。

〔2〕　Clarissa Allen，Yann Joly & Palmira Granados Moreno，"Data Sharing，Bio-banks and Informed Consent：A Research Paradox？"，*McGill Journal of Law and Health*，2013，7（1）：85-120.

的福祉正在从理想逐步变为现实。

（六）小结

如果从 1900 年三位科学家对孟德尔论文的重新发现开始算起，基因科学迄今经历了 120 多年的发展。其间取得的重大突破不胜枚举，每一次都令人惊叹不已。由于这一领域的突破对科学的杰出贡献，从事该领域研究的科学家成为诺贝尔奖的常客。在 20 世纪，诺贝尔奖 18 次光顾基因学家，这是一个不折不扣的生物世纪。前述只是大概梳理了基因科学发展的大概脉络，遗憾没能详尽记录基因技术发展史上每一个激动人心的大事件。2001 年权威杂志《自然》（Nature）刊载的一篇论文曾将 20 世纪基因技术的发展归纳为四个阶段：第一个 25 年奠定了遗传的细胞基础——染色体，第二个 25 年建立了遗传的分子基础——DNA 双螺旋，第三个 25 年借助基因测序等技术揭开了遗传的信息基础，第四个 25 年从破译第一个基因到人类全部基因催生了基因组遗传学。[1]进入 21 世纪，基因技术没有停下脚步，过去的二十几年基因研究继续不断揭开生命的奥秘。展望未来，对于基因技术的发展而言，天空才是极限。

第二节　基因检测的发展

一、基因检测的技术迭代

在基因技术突飞猛进的大背景下，基因检测遂逐渐兴起，检测技术不断取得进步。

1977 年，第一代基因测序技术面世，具有代表性的是化学降解法和双脱氧链终止法（Sanger 法）。在化学降解法中，一个末端被放射性标记的 DNA 片段在 5 组互相独立的化学反应中分别被部分降解，其中每一组反应特异地针对某种碱基。因此生成 5 组放射性标记的分子，每组混合物中均含有长短不一的 DNA 分子，其长度取决于该组反应所针对的碱基在原 DNA 片段上的位置。最后，各组混合物通过聚丙烯酰胺凝胶电泳进行分离，再通过放射自

---

[1] International Human Genome Sequencing Consortium, "Initial Sequencing and Analysis of the Human Genome", *Nature*, 2001, 411 (4846): 720.

显影来检测末端标记的分子。该方法准确性较高，且易于掌握，但操作过程较麻烦，渐渐被更便捷的 Sanger 法所代替。Sanger（双脱氧链终止）法的优点是准确性高、读取长度较长，是至今唯一可以进行"从头至尾"测序的方法。不足之处是成本高、速度慢、自动化程度低，依赖 PCR 扩增，只能分析单个的 DNA 片段，不适合大规模测序。人类基因组计划主要就是基于 Sanger 技术进行的。过去的几十年间，Sanger 曾是应用最为普遍的测序技术。由于其准确性较高，目前仍是基因诊断——特别是单基因疾病诊断的核心技术。

第一代测序技术由于速度慢、成本高，不适合大规模的基因组测序。频繁的基因组测序的需求召唤更快速的测序方法，下一代测序技术（Next Generation Sequencing，NGS）遂应运而生。NGS 的代表性平台有罗氏 454 公司的 GS FLX、Illumina 公司的 Solexa、Genome Analyzer 和 ABI 公司的 SOLiD。

第二代测序技术最显著的特征是高通量，一次能对几十万到几百万条 DNA 分子进行测序，从而极大地提高了测序的速度。NGS 的主要缺点是读取序列的长度较短，而准确性上较 Sanger 技术也有一定差距。就目前而言，NGS 已经较为成熟，是市场上的主流技术，广泛应用于大规模基因组测序。

第三代基因测序技术的突出特征是单分子测序，不需 PCR 扩增，具有代表性的有：Heliscope 测序技术、SMRT（Single Molecule Real Time 单分子实时测序）、离子半导体测序技术（Ion Torrent）等。

当前最为前沿的是纳米孔测序技术，以纳米孔技术为基础的新一代测序仪具有高读长、纳米孔批量生产、无需荧光标记或光学手段等显著特点。也有学者将纳米孔检测技术称为第四代测序技术。[1]目前来讲，第三代、第四代测序技术还不十分成熟，尚未在实践中普遍采用。

基于一代测序技术的人类基因组计划耗时 13 年、耗资 30 多亿美元才最终完成。运用最新的技术对人类基因组进行测序，可在短短的 24 小时之内完成，成本则可低至一千美元。[2]总体上来讲，基因检测正朝着更简单、更方便、更快速、更便宜的方向不断发展。[3]

---

〔1〕 参见林燕敏、门振华、陈业强、兰文军：《基因测序技术发展及生物医学应用》，载《齐鲁工业大学学报》2016 年第 5 期。

〔2〕 参见王悦：《基因检测"进化史"：从千年到一天》，载《第一财经日报》2016 年 4 月 22 日。

〔3〕 参见《基因测序技术的发展历程》，载《21 世纪商业评论》2012 年第 11 期。

二、基因检测的实践应用

（一）疾病的诊断和预测

基因检测的应用价值首要体现在疾病的诊断和预测。由于人类的大多数疾病都与基因有关，通过检测发现基因突变，就能够找到疾病的根源。对已发病的患者，借助基因检测可以实现准确的诊断。现在，很多医院、医疗机构都提供基因检测诊断项目，其中产前基因检测、癌症基因检测、肿瘤基因检测、糖尿病基因检测的应用尤为普遍。对于尚未发病的健康人，基因检测可以预测未来患病的风险，实现"大医医未病"。从一定意义上来讲，基因检测更大的吸引力在于后者。迄今为止，基因检测能够预测的人类疾病已经达到两千多种。随着技术的进步，这一数字还将持续增加。

（二）个性化医疗

基因检测技术引发一场医疗模式创新的革命。传统的医疗手段都是建立在对人类作为一个群体所具有共通生物特征的科学认知基础上的，极少针对单独的个体设计治疗方案。而事实上每个人都具有个性，这是由基因的独特性造成的，忽略这种个性的一般化医疗解决方案的有效性将大打折扣。在基因检测技术支持下，可以根据个人的基因状况量身定制个性化的治疗方案。再者对药物的有效性、敏感性因人而异，利用基因检测技术可以开展更有针对性的靶向用药。这些都有助于实现个性化的"精准医疗"，代表着未来医学发展的方向。[1]

（三）人工辅助生殖

在人工辅助生殖领域，基因检测技术也有着十分广泛的应用。首先，产前基因检测是孕早期发现胎儿遗传缺陷的重要临床手段，可以有效降低先天残疾儿童出生的比率。产前基因检测也正是目前基因检测在实践中应用最为普遍的形式。[2]其次，胚胎植入前基因诊断技术通过对体外胚胎的检测筛选，为有家族遗传病史的生育者创造了生育健康宝宝的可能。

（四）身份识别与司法鉴定

基因是自然人的"生物身份证"，因此基因检测是识别个人身份的有效手

---

〔1〕 参见李颖：《基因检测实现精准医疗》，载《科技日报》2016 年 3 月 23 日。
〔2〕 参见张蓝飞：《基因检测深耕产前领地》，载《医药经济报》2014 年 12 月 12 日。

段。DNA 检测是目前亲子鉴定的主要方法，在实践中普遍应用。在刑事案件司法审判中，DNA 鉴定也是识别犯罪分子身份的利器。一些重大疑难案件，正是借助这一技术才得以成功破解，如震惊全国的甘肃白银连环杀人案。人们甚至尝试运用基因检测技术破解曹操、孔子等古人的身份与家族之谜，乃至于更久远的尧舜禹的真实性。

（五）健康咨询

不为治病，只为获得个人基因信息的咨询性基因检测正在火热兴起。通过基因检测，知道自己有某方面的疾病易感基因，就可主动地改善环境和生活习惯，做好自己的健康管理。遗传咨询服务是一个欣欣向荣的新兴产业，近些年来的发展十分迅速。今天，在京东、淘宝等 App 上以"基因检测"作为关键词进行搜索，可得到数千条商品信息，基因检测广告铺天盖地。在市场上，基因检测成为一桩火热的生意，这个市场被认为具有巨大的获利空间而吸引着资本不断涌入，检测机构如雨后春笋般生长。消费者要购买基因检测服务十分便利，甚至可以网上操作，网上下订单，检测机构按照登记的地址邮寄检测工具盒，消费者利用工具盒自行提取基因样本——包括唾液、空腔黏膜、血液等，回寄给检测机构，若干天后登录指定的网站下载检测报告。基因检测的价格也越来越亲民，简单的基因检测最低只需几百元，而全基因组测序也可以千元完成。在全世界范围内，基因检测都获得了快速发展，检测产业的竞争日渐激烈。

以上仅是不完全地列举了基因检测的应用，在实践中基因检测被越来越广泛地应用于各个领域，呈现欣欣向荣的发展态势。

第三节　基因检测的概念厘定

基因检测，是基因科技领域的技术分支之一。作为一个充满高科技色彩的词汇，基因检测究竟为何意？事实上在各种不同的场合基因检测的概念被频繁使用，而所指并不相同。作为研究的起点，厘清这一研究对象的概念至关重要。基因检测，在英文语境下的表达是 Genetic Testing 或 Genetic Test。由于技术上的日渐成熟，基因检测在实践中的应用越来越广泛，加强法律规范的需求遂随之突显。对于政策制定者而言，清晰地界定基因检测是一个前提性问题，其决定了拟制定规范的适用范围。该定义不仅应清晰存在于决策者的头脑中影响条文背后的政策考量，也应明白表述于法律等规范条文本身，以使相关的主体了解所从事的行为活动是否在该规范调整范围内。对于研究者而言，清楚地界定基因检测的定义也是良好研究的基础。在现实当中，基因检测是使用频度极高的热门词汇，在各种情境下被广泛采用，所指称的含义却并不相同，存在着极大的模糊性。这种模糊性增加了厘清基因检测概念的必要性，同时也增加了界定的难度。

一、基因检测的百变定义

要给基因检测下一个准确定义是不易完成的任务。基于上述对基因含义的生物学解释，基因检测似乎可被顾名思义式地定义为以基因为对象的检测，甚或是具体化为对构成基因的 ACGT 四种碱基配对排序的测定与分析。然而事实远非如此简单，原因在于基因检测的确切含义受其所被使用的具体背景（诸如保险、就业、医疗、研究）影响。即基因检测的定义不能仅仅采用技术性描述的方式，而需兼顾其社会意涵。事实上即使是在技术层面，基因检测的定义也是有分歧的，例如，所检测的对象除了 DNA 是否还包含 RNA、蛋白质等其他物质。考察基因检测一语出现的海量文献，其含义从最狭义的 DNA 分析实验程序到最广义的包含一切基因信息获取的可能手段，呈现极大的变化跨度。[1]这种模糊性给政策制定者、基因检测从业者及其他所有利益相关者带来很大的困扰，因此基因检测的概念厘定不仅是一个理论问题，更是一个现实问题。探寻基因检测的真实意涵，使其从混乱渐次清晰，成为一个迫切的要求。

（一）理论定义

在理论上学者们尝试着对基因检测作出了各种的定义。有论者将基因检测概括为识别遗传变异的技术。[2]这一定义显得过于简略，未能揭示出基因检测更具体的内涵。另有学者对基因检测的定义是，对特定基因或者其产物

---

〔1〕 Jorge Sequeiros, et al., "The Wide Variation of Definitions of Genetic Testing in International Recommendations, Guidelines and Reports", *Journal of Community Genetics*, 2012, 3（2）: 113-124.

〔2〕 Holmes & Eric Mills, "Solving the Insurance/Genetic Fair/Unfair Discrimination Dilemma in Light of the Human Genome Project", *Kentucky Law Journal*, 1996, 85（3）: 503-664.

和功能的分析，以及其他对 DNA 和染色体的分析，目的是识别或排除某些遗传变化与基因失序的关联。[1]这一定义指出了基因检测针对的物质以及检测的目的。还有观点认为，基因检测是旨在查明个人基因组成以确定其是否具有某种发展或传递遗传缺陷或疾病倾向的程序。[2]

（二）规范性文件中的定义

基因检测的概念也大量出现在各种形式的规范性文件中，包括有约束力的立法、行政法规，以及各种非官方组织机构的自治性规范——如行为准则、伦理守则、行动纲领、宣言等。这些规范中不乏对基因检测的定义，但彼此之间存在着较大的差异。首先我们来考察一下居于规范体系核心的国家立法层面的基因检测定义。2009 年颁布的德国《人类基因检测法》[3]是这一领域较新的立法，其中对基因检测的定义是：任何为确定基因特性的基因分析和产前风险评估措施。该法还进一步对基因分析、产前风险评估、基因特性、诊断性基因检测、预测性基因检测等概念的详细含义分别作出了明确界定。[4]根据另一晚近以来的立法——美国《反基因信息歧视法》，基因检测是指对人类 DNA、RNA、蛋白质和代谢物进行的旨在发现基因型、基因突变和染色体变化的分析。一些检测被排除在这一概念之外，包括对这些物质进行的不能识别基因型、基因突变和染色体变化的分析，对与某种明确的疾病、紊乱或病理状况直接相关的蛋白质或代谢物的分析（这些分析可由医疗领域的一般专家完成）。[5]这是一个较为宽泛的定义。

一些国际性规范中也有对基因检测的定义。世界卫生组织（WHO）的一份文件中的定义是：旨在查明基因携带者状况、诊断当前的疾病、判断个人在未来发生一定状况的倾向的 DNA 分析。这是一个较为严格的定义，基因检测被限定在 DNA 分析。《国际人类基因数据宣言》（2003 年）的定义：基因检测是旨在发现某一特定基因或染色体存在、缺乏或变化过程的检测，包括

---

[1] Harper P. S. , "What Do We Mean by Genetic Testing", *Journal of Medical Genetics*, 1997, 34 (9): 749-752.

[2] Kaufman M. B. , "Genetic Discrimination in the Workplace: An Overview of Existing Protection", *Loyola University Chicago Law journal*, 1999 (30): 393.

[3] 2009 年 4 月 24 日德国联邦议会第 218 次会议通过。

[4] 参见德国《人类基因检测法》第 3 条。

[5] 参见美国《反基因信息歧视法》Sec. 101 (d)。

对可显示某一基因变化的基因产品或其他具体的代谢物进行的间接检测。[1]
这一定义较 WHO 的定义更为宽泛，延伸到除了 DNA 和 RNA 检测之外的传统
细胞遗传学和生化遗传学检测的范围。一种最为宽泛的定义模式则将基因检
测的范围扩张到一切可据以获取基因信息的检测，包括常规的身体检查和家族
医疗史中的有用信息。[2]例如，欧洲伦理组织（The European Group on Eth-
ics）的文件中就采纳了这样的广义概念：家族医疗史只要能够提供揭示个人
基因状况的有价值信息，对未来健康状况的预测意义与在实验室进行的基因
检测同样重要，就可被囊括在基因检测概念之内。在这个意义上，基因检测
的概念几乎等同于基因信息。

除了基因检测的一般化概念之外，一些规范文件中还使用了基因检测子
类型的概念。欧洲《人权与生物医学公约》（1997 年）聚焦在预测性基因检
测：那些旨在对遗传疾病的预测性检测、识别疾病基因携带者的检测、针对
某种疾病的基因倾向与易感性检测等，只有基于健康目的，或者是与健康目
的相关联的科学研究时，才可以实施，并且需有适当的基因咨询保障。2008
年颁布的针对该公约的附加议定书——《为健康目的的基因检测附加议定
书》，采用了为健康目的基因检测的概念。该议定书所附的解释性报告中，对
这一概念的定义是：涉及取自人体的生物样本的分析，特别是旨在辨别个人
的遗传特征（先天的或孕早期获得的）的分析。美国食品药品管理局（FDA）
使用了药物遗传学检测（Pharmacogenetic Testing）的概念，以区别于一般的
基因检测，其有着特定的目标靶向人群：具有罹患某种疾病风险者。

综观各国法律规范对于基因检测的定义，呈现极大的变化跨度，该种变
化体现在多个方面。首先是定义的角度和方法不同，大概有以下几种模式：
①从基因检测所使用的生物材料和检测方法入手，做技术性描述式的定义；
②从基因检测所欲达成的目的入手，做功能阐释性定义；③从基因检测所面
对的特定目标群体进行界定；④详细列举基因检测的具体类型。其次，从定
义的概念外延范围来看宽窄不一，从最狭义的几乎等同于 DNA 分析的严格定
义，到最广义的一切可能获取基因数据的检测。最后，从基因检测概念所从
出规范针对解决的社会法律问题来看，涉及保险、就业、医疗、隐私、保密、

---

〔1〕 参见《国际人类基因数据宣言》第 2 条第 xii 项。
〔2〕 例如，腹部超声检查发现某人患多囊性肾病，这可能产生预测性基因信息。

个人信息保护等众多领域。

（三）统一基因检测定义的国际行动

鉴于基因检测概念的混乱给立法规范与实践带来的困惑，澄清混乱、统一定义的需求就摆在人们面前，一些国家和地区将此作为一项专门的任务加以开展。欧洲委员会（European Commission，EC）认识到各成员国大量使用的基因检测概念混乱带来的障碍，率先发起了概念统一的行动。在 2003 年，EC 曾委托一个跨学科的独立专家组，[1]针对基因检测展开讨论、出具建议。该专家组最终出具了 25 份建议报告，其第一份报告（2004 年出具）即提出了清晰界定基因检测概念的建议。该报告指出，关于基因检测的含义存在混乱认识是客观事实，为了克服混乱带来的障碍有必要发展确立一个有助于在全球范围内获得共识的基因检测一般定义，并建议由 EC 发起这项行动。这项建议得到 EC 回应和落实，其开展了关于基因检测立法和活动的跨国调查，这项工作具体交由 EuroGentest—Harmonizing Genetic Testingin Europe（一家由 EC 资助的网络）完成。在这项大规模的调查中，大量搜集了使用基因检测概念的各种形式法律规范与文件，包括国际条约、国家立法、行政法规、伦理守则、行为准则、建议和报告等，这些规范出自国际机构、国家立法机关、政府部门、产业界、健康机构、患者组织、伦理组织、人权组织等各方不同的公、私主体。这些文件有的是具有强制约束力的"硬法"，有些则是只具有指导意义的"软法"在基因检测的特定领域内发挥行业自律作用。所搜集的文件主要源自欧盟国家，也有来自美国、日本、澳大利亚和加拿大的文件，以供国际比较。另外，一份调查问卷被发放给与基因检测相关的专业人士，内容是征集对于确立统一的基因检测定义的必要性和可行性的意见。有关基因检测定义的文件梳理成果体现为两份报告（2008 年），以统计列表的形式证实了基因检测大量定义及其分歧的存在。调查问卷的统计分析结果则显示，基因检测概念统一化的必要性受到普遍的支持，但不少受访者对其可行性却表示怀疑。

---

　〔1〕　该专家组由来自各个方面具有不同学科背景的权威人士构成，包括科学家、法学家、哲学家、伦理学家、医学家，以及来自产业界和患者组织的代表。

二、基因检测定义的多维度梳理

探究基因检测定义混乱局面的根源，在笔者看来，一方面在于技术本身的复杂性，另一方面则在于其社会意涵的丰富性，后者或许是更主要的原因。基因检测作为自然科学的一项技术手段，当被应用于现实社会生活中的各种不同领域，遂产生不同的问题与规范需求，就如同一根发多枝。对基因检测的定义，除了技术上的清晰描述之外，更重要的还在于准确把握其社会意涵。基于保护各方利益相关者的不同规范需求，对基因检测的定义应当多维度展开。

（一）基因检测的科学意涵

基因检测作为一项技术，对其定义应首先从科学上的描述入手。在最直观的意义上，基因检测首先是一种实验室程序，即采用一定的仪器和方法，对生物样本进行实验，得出数据，并对结果做出科学分析。基因检测的技术描述大体可从三个方面进行：检测针对的生物物质、检测采用的方法和检测的目的。就基因检测的物质对象而言，DNA 是绝对没有争议的，稍宽的定义包括染色体、RNA，更宽的定义还包括基因控制下的产物（蛋白质）乃至于代谢物[1]。若再往前扩展，对能够间接反映基因功能的其他物质的分析评估也被包含在内。[2]一些检测针对的物质是存在于人体内导致人患病的病毒、细菌 DNA 而非人类自身固有的基因，此类检测通常被排除在基因检测的概念之外。[3]至于根据家族医疗史和体检结果预测基因状况，则已经超出了实验室物质分析层面而进入基因信息范畴，乃最广泛意义上的基因检测。就基因检测的目的而言，概括说就是发现基因的状况，重点常常是发现基因的异常（常常被表述为基因失序，Genetic Disorder），并基于这种异常的发现对疾病作出预测、诊断或治疗的展望。不过，检测的目的不限于发现异常，例如为身份鉴定目的的基因检测。值得注意的是，检测的目的常常决定了对象物质的选择，例如为健康目的的基因检测目标集中在有遗传编码功能的 DNA 片段

---

[1] 如美国《反基因信息歧视法》就将合成物作为基因检测的对象。

[2] 澳大利亚《辅助生殖技术临床和研究应用的伦理指针》即采取了这样的定义。

[3] Michael Arribas-Ayllon，Srikant Sarang&Angus Clarke，*Genetic Testing：Accounts of Autonomy*，*Responsibility and Blame*，Routledge，2013，p. 13.

（即基因），而为身份识别目的的基因检测则针对不具有编码功能的 DNA。各国现有的法律规范中对基因检测的定义，常常采用将检测对象与检测目的相结合的方式。综上对基因检测的技术性定义可大概表述为：对 DNA、RNA、染色体、基因产物及其他能够揭示人类遗传信息的物质进行的，旨在发现基因组成、遗传特性——特别是基因失序及其与疾病关联的科学测试与分析。

（二）作为一项服务的基因检测意涵

对基因检测定义的理解显然不能止于一种纯粹的实验室流程，当这项技术被应用于生活中的各个领域，成为受试者接受的一项特殊服务——无论是在医疗背景下还是直接面对消费者基因检测的市场化背景下，其就具有了更复杂的内涵。在应用层面作为一项服务的基因检测，有一套完整的流程，而实验室分析只是中间的一段。在检测正式启动之前，对拟受试者的基因咨询是第一步，应当由基因专家对受试者详细讲解基因检测的意义、方法、可能产生的利益与风险等，并疏导其心理压力。基于充分咨询获得受试者的真实同意是至为关键的步骤。而在基因检测的实验室流程完毕之后，基于获得的基因数据和科学分析，还需对受试者提供检测后的咨询，对检测结果做出详细的阐释，诸如基因数据揭示的健康风险、对预防与治疗的启示意义等等。对于受试者可能产生的焦虑、恐惧等问题，还需提供必要的心理干预与辅导。如果说基因检测的实验室分析部分意义在于获取基因数据，实验室之外的前后咨询部分则在于将技术化的语言转化为受试者能够理解和接受的信息，以为其提供健康行为习惯、生活方式与治疗等方面的现实指导。总之，在实践应用层面，基因检测是指向受试者提供的一项服务——其可能作为临床背景下向患者提供的一项医疗服务，也可能表现为商业背景下直接向健康消费者提供的一项市场化咨询服务。该种服务以实验室检测为科学基础却不限于此，包含更多人文关怀的程序机制设计，基因咨询是其题中应有之义。

（三）基因检测的社会意涵

基因检测走出实验室，作为一项服务被提供给大众并日渐普及之后，产生一系列现实问题，衍生出复杂的社会意涵。试图澄清基因检测定义的努力，其实是为解决社会问题、更好地规范基因检测的第一步准备。以问题为导向，对基因检测的定义不能脱离实际成为空洞的理论抽象，而需建立在对其社会意涵的准确把握基础之上。基因检测引发的问题与关注是方方面面的，在就业和保险领域，基因歧视成为大众的疑虑，在基因信息利用方面，隐私保护与个人自决成为关注焦点，在为研究目的的基因检测中，怎样平衡科学研究自由与人类尊严伦理底线的关系令人纠结……当提及基因检测的字眼时，若剥离其背后的社会意涵，则会成为空中楼阁。这些社会意涵通常难以直接体现在基因检测定义的语词表达中，但却是这些语词背后的灵魂所在。

（四）统一定义还是背景依赖式定义

鉴于基因检测的多重意义，要给其下一个定义看起来是相当艰巨的任务。如前所述，对于基因检测有各种不同的定义，在根本上这种分歧和混乱正是由于基因检测本身的多义性造成的，不同的定义者往往只抓住了其中某一方面的意涵进行界定。要澄清混乱、统一认识，出路在何方？对基因检测下一个统一的定义，代替现有的各种定义，这看起来是一种理想的方式，不过必须做出理性回答的是，统一定义可能吗？可行吗？事实上，要给基因检测下一个统一的文字定义并不难，关键是这种定义做出以后的现实效用。定义的意义在于，于立法或制定其他规范、行为准则时，明确该规范调整的对象范围。若要实现基因检测的统一定义，必然要采取最广义的定义，包含一切可能的检测形式，例如表述为：可能产生基因信息的一切检测。在实际的规范效果上，这样的定义可能流于泛泛，因缺乏可操作性而失去意义。或者说，统一定义可能只在理论上有意义，于实务无益。这一担忧反映在一些学者进行的针对基因领域专家的调查问卷中。

与统一定义模式形成对照的另一种主张是，对基因检测的定义应当建立在不同的背景下，采取背景依赖式的定义（Context-dependent Definitions）。站在法律规范的视角，对基因检测的调整有着各种不同的领域背景，保护的对象群体与利益诉求难求一致，通常很难在一部法律中穷尽所有，而是需要分而治之，以数部法律规范解决。不同的法律规范在确定调整对象时，基于不同的政策考量和立法目的，对基因检测概念的内涵和外延可能需要做宽窄不同的取舍。例如，劳动法基于保护劳动者免遭基因歧视的政策考量，通常采取较广义的定义，甚至将家族医疗史的询问、搜集包括在基因检测的概念之内。对以人工辅助生殖为目的的基因检测的法律规范，则采取较狭义的概念，限于遗传物质的分析与生育风险评测。国外有研究者主张将基因检测划分为三个大的领域：临床基因检测、实验室基因检测和基因信息，并分别加以定义。

对基因检测的定义，究竟应采统一模式抑或背景依赖模式？在笔者看来，
为了澄清混乱的认识而对基因检测的共同特征作出梳理，在理论上无疑是有
价值的。但是落实到规范层面，依据不同的背景对基因检测作出具体的定义
恐怕效果更佳。要确立一个在全球范围内被普遍接受的定义，跨越国家的界
限、地域和文化的界限、应用领域的界限，是相当困难的。在制定法律规范
时，根据拟制定规范所欲实现的社会目的而对基因检测的概念作出具体明确
的限定，是更加务实而有效的方法。

三、基因检测与相关概念的区别

基因检测的概念在各种不同的场合被广泛采用，与之相关的还有一些其
他名词，如基因测序、基因筛查、基因咨询、基因诊断等。这些概念彼此间
有密切的联系，但界限并不清晰，在各种文献中这些名词常常被混淆乃至交
叉使用，故有必要加以甄别。

（一）基因测序

基因测序（Genetic Sequencing）与基因检测仅一字之差，单纯从字面文
义上很难做出区分。一般来讲基因测序是科学用语，描述的是一种单纯的实
验室程序，所谓"测序"即通过实验发现 DNA 碱基对的排序。[1]基因检测则
是含义更广的概念，包含的内容要丰富得多。从二者的联系来看，测序是基
因检测的环节之一，并且是最核心的技术环节。但检测却不限于测序，还包
括对测序所得结果的进一步科学分析，最终目的在于发现 DNA 序列与特定疾
病或遗传异常的功能性关联。并且，作为向受试者提供的一项服务，基因检
测还包含基因咨询——检测前及检测后的内容。

（二）基因筛查

基因筛查（Genetic Screening）也称作遗传筛查，是指分析个体或群体的
遗传特性，而对这些特性的遗传风险状态不做任何推定。[2]基因筛查可以在

---

〔1〕　维基百科对"DNA Sequencing"的定义是："The process of determining the precise order of nu-
cleotides within a DNA molecule. It includes any method or technology that is used to determine the order of the
four bases—adenine, guanine, cytosine, and thymine—in a strand of DNA. "

〔2〕　参见黄丁全：《医疗　法律与生命伦理》，法律出版社 2015 年版，第 1299 页。

没有任何遗传病征兆的情况下进行，它的对象是一定人口范围内的所有成员，主要是健康人。基因筛查的目的是发现具有遗传病风险的个体，实践中应用最普遍的是新生儿遗传筛查。基因筛查与基因检测的区别在于：①对象不同。前者针对的是不特定的大规模人群，故也被称为人口筛查（Population Screening），筛查对象中绝大部分为健康人；后者针对的则是特定的个人，常常是已经出现症状的病人或疑似病人，②目的不同。筛查的目的是从大众人群中甄别出少数有患病风险者，检测的目的则是对已知或疑似有风险者进行检查以发现疾病的遗传学根源。事实上，一旦通过基因筛查发现高遗传风险者，接下来往往要进一步进行更细致而有针对性的基因检测。

（三）基因咨询

基因咨询（Genetic Counseling）是一种服务，即通过基因检测使购买服务者了解受试者的基因信息、患病风险等，以作为未来生活与医疗等方面的指导。这项服务可能包含一整套流程，包括购买服务的申请、检测前的告知同意、样本的取得、检测实验的进行、检测数据的分析、健康评估报告的提供、检测后的心理辅导与干预等。可以说，基因咨询是基因检测应用于实践的一种形式，或者说基因咨询就是服务性基因检测的代名词。基因咨询在近些年获得飞速发展，成为一个新兴产业，直接面对消费者的基因检测（Direct-to-consumer Genetic Testing）是其在市场化背景下的存在形式。不过，基因检测的目的不限于咨询，例如为研究目的、为医疗目的等。

（四）基因诊断

基因诊断（Gene Diagnosis）又称为 DNA 诊断和分子诊断，是指应用分子生物学方法检测患者体内遗传物质的结构或表达水平的变化而做出临床诊断的技术。基因诊断的目标分子包括 DNA、RNA、蛋白质和多肽。人类疾病的原因，绝大多数的根源在于基因异常，[1]此外还有一部分源于外部病原体入侵。因此，大多数疾病都可以通过探明基因状况而获解。基因诊断的基本原理是：通过检测致病基因的存在与否、量的多少、结构变化与否及表达水平是否正常，以确定被检查者是否存在基因水平的异常变化，从而作为临床诊断的依据。与传统的诊断方式相比，基因诊断具有特异性强、灵敏度高、适

---

[1]　导致人类疾病的基因状况大致分为三种情形：①基因结构改变（点突变、插入、缺失、易位、重排等）；②基因结构多态性；③基因表达异常。

用范围广的优点。基因诊断是在分子层面找到了疾病的根源，这是普通诊断方式所不可比拟的。再者，传统诊断方式是基于疾病表型而进行的，对无发病症状者则无能为力，基因诊断则不仅可以针对已暴露表型的患者，还可以对无症状者做出预测性检测。随着基因技术的进步，可以借助基因诊断查明的疾病种类越来越多，且其不仅可以用于现世代的受试者本人的疾病诊断，也可用于辅助生殖领域助力后代疾病预防。就基因诊断与基因检测的关系而言，前者是后者在临床上应用的形式，诊断是基因检测的众多功能之一。

（五）基因治疗

基因治疗（Gene Therapy）是指将外源正常基因导入患者体内的靶细胞，通过矫正异常基因以达到治疗疾病的效果。由于人类的绝大多数基因都与基因突变有关，因此纠正突变的基因使其发挥正常功能，就能攻克疾病。基因治疗的具体手段多样，大概可分为基因修复和基因置换，前者是对异常的基因进行修补使其复位，后者则是用正常的基因替换掉缺陷基因（又可分为基因增强和基因失活）。根据基因治疗操作的对象，可分为体细胞基因治疗和生殖细胞基因治疗，前者只对现世代的个体产生影响，后者则对后代产生永久的影响。由于生殖系基因治疗蕴藏巨大的风险，在世界各国普遍被禁止，体细胞基因治疗则在一定范围内被认可。基因治疗给患者带来了希望，但也隐藏着难以估计的不确定风险，在技术层面距离成熟尚相去甚远。如果说基因检测仅是发现基因的现状，基因治疗则是更进一步地对基因进行了修改操作，因此后者涉及的伦理问题更加敏感尖锐，需审慎行之。

四、基因检测的分类

在直观的意义上基因检测是一种技术手段的描述，在实践的层面该技术被应用于不同的目的和领域，衍生出众多的基因检测子类型。如前文所述，基因检测的概念具有很大的模糊性，这正是由于基因检测背景的多元化造成的。寻求统一的定义以澄清混乱的认识无疑是有意义的行动，另一条澄清认识的路径则是类型化。统一的定义即使达成，也注定是高度概括的。在各种类型化的概念之下，基因检测的概念更加具体明确和容易触及。

基因检测子类型的概念繁多，在各种不同的场合被使用，有些概念之间存在着交叉重叠关系。对这些错综复杂的概念，笔者尝试作出以下的分类梳理：

（1）依据目的的不同，基因检测可分为：医疗性基因检测（Medicalgenetic Testing）、研究性基因检测（Genetic Testing for the Purpose of Research）、诊断性基因检测（Diagnostic Genetic Testing）、信息获取性基因检测（Informational Genetic Testing）。医疗性基因检测在很多文献中也被称为临床性基因检测（Clinical Genetic Testing），是指在临床背景下，被应用于疾病诊断和治疗的医用基因检测。研究性基因检测的目的在于开展生物医学研究，获取有关疾病和健康的科学知识，为医疗提供科学基础，但本身并非医疗。信息性基因检测则既非医疗、也非研究，而纯粹是个人为了获取自身的基因信息而进行的检测，直接面对消费者的基因检测即属此类。

（2）根据接受基因检测的对象不同，分为针对患者进行的基因检测和针对健康人进行的基因检测。这种分类看起来与前一种存在很大关联性，但标准不同。针对患者的基因检测常常是医疗性的，但不尽然，其也可能是研究性或纯信息获取性基因检测。针对健康人的基因检测大多是研究性的和信息获取性的，但也不排除健康人为获知是否患病而进行诊断性基因检测。

（3）根据检测所针对的健康风险的暴露程度不同，分为：①诊断性基因检测（Diagnostic Testing），是指对已具备发病症状的患者进行的检测；②发病前检测（Presymptomatic Testing），是指对通常不会立即发作，而是在若干年后特定的生命阶段发作的疾病进行的检测；③疾病罹患倾向检测（Disease Predisposition-susceptibility Testing），是指为对受试者罹患某种疾病的可疑性程度评估进行的检测；④基因携带者检测（Carrier Testing），是指对携带某种可能致病的遗传基因的人进行的带因状况识别性检测。

（4）生殖性基因检测。①产前基因检测（Prenatal Testing），即在孕妇生产前针对胎儿健康状况进行的检测；②胚胎植入前基因检测（Preimplantation Genetic Testing，PGD），即为避免遗传疾病而对多胚胎进行体外筛选，在植入母体前进行的基因检测。

（5）身份认定性检测。①亲子关系鉴定（Paternity Testing）；②身份识别鉴定（Identity Testing），包括个人身份和家庭关系的鉴定；③刑事司法鉴定（Criminal Identification）。

（6）药物反应检测。是指对受试者针对某种药物的反应，包括疗效、不良反应、剂量调整而进行的检测。其是基因技术推动个性化用药的实现形式。

（7）直接面对消费者的基因检测（Direct-to-consumer Genetic Testing），是指消费者通过在市场上自由购买基因检测服务以获取个人基因信息的形式。

上述对基因检测类型的划分，仅是大概的梳理，由于分类标准不一，各种分类之间的界限并不十分严格和清晰，某些基因检测可能兼具有几种分类的特征。了解这些分类，并针对其特点分别制定相应的管制规范，应是未来努力的方向。

第二章

基因检测的挑战

基因检测技术的出现给人类带来了福音，但与此同时带来的还有巨大的争议和挑战。当基因检测在技术层面已经不存在障碍，必须进一步思考的是：该种技术在伦理上也是可被接受的吗？在法律层面应持何立场，加以何种规范？科学与法律的关系是一个恒久的话题，每一次科学的进步都会给法律提出新的挑战。与其他领域的科学相比，基因技术带来的挑战尤巨。正是基于这种认识，世纪之交的人类基因组计划在启动之初，就规划出一定的资金，专门用于研究解决基因技术衍生的伦理、法律与社会问题（Ethical Legal and SocialIssues，ELSI）[1]，由此 ELSI 成为一个特殊的研究领域。[2]现实的状况是，相对于技术上的成熟和突飞猛进，规范的脚步已明显落后了。而要改变这种技术先行、法律滞后的局面，第一步便是要梳理基因检测所带来的问题与挑战到底是什么，进而才能找到解决问题的路径。

第一节　基因的特性

若要论科学技术引发争议的激烈程度，恐怕没有能超越基因技术者。究其根源，是由于人类基因本身的特殊性。认识和尊重这种特殊性，对于基因检测规范的制度设计至关重要。

一、遗传性

基因首先是一种遗传物质，是生物性征在代际间传递的密码。正是在基

---

〔1〕　ELSI 的另一种表述是 Ethical Legaland Social Implications（翻译为"伦理、法律与社会意涵"）。
〔2〕　参见范建得、林瑞珠：《论基因检测之应用及其 ELSI 议题的文化意涵》，载《医学与哲学（人文社会医学版）》2006 年第 12 期。

因的控制下，丰富多彩的生命得以形成。通过检测破译基因密码，就可以找到疾病的根源，各种生命现象都可以由此得到解释。基因的遗传特性使其成为贯通人类过去、现在与未来的关键线索，掌握了这个线索人类就能够洞察自身。基因具有物质和信息的双重属性，通过对物质化基因的检测即可获取无形的基因数据信息。而纵使是与人体分离的基因，亦可从中成功提取个人信息。由于基因包含了个人的全部生物信息，其实为人格的微观存在形式，故应得到法律上的特别保护，对基因及其信息的获取与利用必须受到严格的限制。再者，基因的遗传特性导致基因上权利主体的多重性与复杂性，基因虽然源自个体，但却包含了整个家族久远的遗传讯息，一些基因甚至是人类进化的共同产物。个人基因信息的泄露，可能使整个家庭与族群受到影响。围绕基因权利的保护，如何协调个人、家庭、族群与国家社会的关系，遂成为一个重要的法律议题。

二、私密性

基因及其信息是一种重要的个人隐私，并且具有最高的私密等级。[1]由于基因信息是关涉生命自身的隐私，故此在众多隐私中尤具有卓然的地位。对于高度私密的基因及其信息，原则上只有本人有权控制和使用，其他主体只有经过本人的同意才能获取和利用。基因检测技术的出现和应用的普及，使基因隐私保护面临空前的威胁。基因检测蔚然成风，基因隐私受到侵害的风险巨大。基因隐私一旦泄露，将会给个人乃至其家庭成员在社会生活中带来严重的不利影响。基因隐私权保护是对基因技术加以法律规范的重要切入点，成为比较法上的一个热门话题，当中涉及众多复杂的问题，例如生物医学研究中对基因样本的合理利用与隐私保护的协调、个人基因隐私与家族利益的冲突与平衡等。

三、伦理性

作为控制生命的物质，基因天然地具有浓厚的伦理色彩，围绕基因的利用产生的伦理争议激烈异常。[2]科学研究与应用必须遵守伦理底线，这是毋

---

〔1〕　参见王康：《基因权的私法规范》，中国法制出版社 2014 年版，第 46 页。
〔2〕　参见朱晨静：《当代基因伦理研究：问题·理论·前景》，载《学习与探索》2012 年第 7 期。

庸置疑的共识，可是对于基因技术而言所谓的伦理底线到底在哪里却并不清晰，是一个见仁见智的问题。基因伦理属生命伦理的范畴，许多问题是高度敏感的，认识上的分歧巨大。例如，对某些在成年期才会发作的疾病在孩童时期就进行基因检测是否符合孩子的最佳利益原则？利用胚胎植入前基因诊断技术对人类胚胎做出筛选是不是对生命的亵渎？为基因检测划定一条相对清晰的伦理底线是一个很难完成但却必须完成的任务。

四、价值性

就利用的视角而言，基因具有高度的价值。[1]基因的价值核心在于对健康的预测意义，进而衍生为各个具体方面的利用价值，诸如科学研究、医疗应用、基因检测产业、生物医药产业等。基因样本是一种重要而稀缺的研究资源，若无此资源则生物医学研究无从展开。对基因的研究最终可能产生巨大的回报，其中既包括人类健康福祉的改善也包括惊人的经济利益，一个方兴未艾、潜力无穷的基因产业正在形成和发展中。基因潜在的巨大价值极具吸引力，对基因的各种利用不断拓展。基因作为一种有价值的遗传物质，本并不是为了被利用而存在，然而在现实的社会背景下对基因的利用不可避免。既然如此，则必须确保对基因的利用必须是合理的，必须确保相关主体的基因权不受侵犯，而法律要做的就是为基因的利用设定恰当的游戏规则。

五、风险性

基因的上述特点注定了其脆弱性，易遭受侵害。在巨大利益的诱使下，现实中基因检测乱象丛生，给受试者个人及其家庭乃至整个社会带来各种风险。[2]基因的风险可能来自科学层面，也可能来自社会层面。在技术上，基因检测并不是绝对安全和准确无误的，而是存在相当大的不确定性。由于基因的遗传特性，未知的基因风险可能永久不可逆地殃及后世。基因的社会风险，最典型的问题就是基因隐私和基因歧视。在这个信息爆炸的时代，个人基因信息在医疗、研究、健康咨询等各种场合被广泛使用，其私密性受到极大威胁。再者，实践中越来越多的雇主在招录员工中采用基因检测的手段，

---

〔1〕 参见邱格屏：《人类基因的权利研究》，法律出版社 2009 年版，第 36~40 页。

〔2〕 参见张小罗：《基因权利法律保障研究》，知识产权出版社 2013 年版，第 9 页。

将携带"不良基因"者拒之门外。保险业者也常常以基因检测的结果作为是否承保的依据。围绕基因产生的问题引起了社会的高度关切，防范基因利用中产生的各种风险成为一项迫切的任务。

基因的这些特性使基因检测成为一项极为敏感的应用技术，许多社会伦理和法律问题都由此而生，因此加强法律规范的必要性尤为突出。

第二节　基因检测的伦理反思

基因技术所带来的震撼与冲击，在一些伦理学者看来堪称一场革命。"基因技术发展导致道德哲学革命的最深刻的原因，在于它颠覆了'自然人——自然家庭'这个'文明时代'一切道德哲学的基础。"[1]"技术人——人工家庭"的出现，提出了新的伦理学命题，这些问题的答案从传统伦理学中是无法获得的，而需与时俱进地发展新的基因伦理学。2022 年 3 月，中共中央办公厅、国务院办公厅印发《关于加强科技伦理治理的意见》，其开篇指出："科技伦理是开展科学研究、技术开发等科技活动需要遵循的价值理念和行为规范，是促进科技事业健康发展的重要保障。"意见明确将"尊重生命权利"列为科技伦理原则，强调"科技活动应最大限度避免对人的生命安全、身体健康、精神和心理健康造成伤害或潜在威胁，尊重人格尊严和个人隐私，保障科技活动参与者的知情权和选择权"。基因检测与生命健康有着极为紧密的联系，伦理风险更高，因故更加需要受到伦理准则的制约。

一、技术狂热与伦理操守

不得不承认科学家和伦理学家在对待基因技术问题上视角、立场的不同，前者关注的是"什么是我能做到的"，后者关注的则是"什么是允许做的"。[2]科学家们探索未知世界的脚步从不停歇，当一个突破已经实现，紧接着的考虑是下一个是什么。2018 年底的贺某奎基因编辑婴儿事件引发了世界范围的伦理争论。2019 年 7 月 24 日，日本文部科学省专家委员会批准东京大学及美

---

〔1〕 樊浩：《基因技术的道德哲学革命》，载《中国社会科学》2006 年第 1 期。
〔2〕 参见沈秀琴：《人体基因科技医学运用立法规制研究》，山东大学出版社 2015 年版，第 30 页。

国斯坦福大学的一项在动物体内培育移植用人体脏器的研究计划。2021 年初，中美科研团队在《细胞》杂志撰文称，他们制造出了首个由人类细胞和猴子细胞共同组成的胚胎。[1]过去的几十年间，人类在基因技术领域取得的成就令人惊叹，人类认识自身、改变自身的能力空前提升。这个时代，在全社会范围内形成了对基因技术的狂热气氛，不管是科学家还是大众。人们为破译基因这部天书而欢欣鼓舞，对借助基因技术掌控自身命运信心爆棚并充满期待。当科学家在基因技术的道路上越行越远的时候，也就越来越接近敏感的道德底线。与科学家对技术的无休止追求不同，伦理学家对于基因技术可能带来的道德风险与人文价值危机充满忧虑，并试图将忧患意识传达给社会，使其保持足够的警醒，将基因技术限制在合乎伦理的范围内。从这个意义上，伦理就是科学的冷静剂。这种角色是绝对必要的，失去伦理约束的基因科学将如同脱缰的野马危害无穷。在技术上能实现的，在现实中都是可以做的吗？这是很早以前人类便提出的省思。而在笔者看来，答案毫无疑问是否定的，基因技术必须坚持伦理操守。即使技术上完全能够实现，倘若其违背伦理道德，也必须加以禁止。在基因领域已经取得的科学成就使人类越来越大胆、越来越贪婪，技术痴迷导致的伦理风险正在现实发生和加剧。具体到基因检测，一些检测项目——特别是针对人类胚胎的基因检测，已隐约接近道德伦理的底线而争议重重。为了防止基因科学的异化，以适当的伦理准则加以约束实在是必不可少的，无论何时科学都不能逾越人类的伦理底线。

二、生物多样性伦理与基因优选

这是一个丰富多彩的世界，世界之所以精彩，在于其多样性。每个人都是上帝的杰作——纵使是病患与残疾之人，每个人都有他的独特性与存在价值，无高下优劣之别。生物多样性是一个重要的伦理价值，而日渐火爆的基因科技可能给生物多样性带来威胁。[2]基因技术对于人类而言的重要工具价值就在于排解生理与肉体的苦难，摆脱疾病与残疾。在不懂基因的时代，人们只能被动地接受上天的安排。基因技术的突破带来了曙光，借助检测及早

---

〔1〕 参见刘霞：《重磅！科学家造出首个"人-猴胚胎"》，载《科技日报》2021 年 4 月 16 日。

〔2〕 Javier Romanach Cabrero, "Diversity Ethics and the Impact of Genetic Technologies", IN Gerard Quinn, Aisling de Paor, and Peter Blanck （Ed.）, *Genetic Discrimination: Transatlantic Perspectives on the Case for A European-level Legal Response*, Routledge Press, 2015, pp. 39-51.

发现可能致病致残的基因，就可以有更多选择的自由，甚至是在生育之前。这本是科学的福音而无可厚非，只是人类对这项技术的利用可能由此走上基因优选之路而一发不可收。继借助基因技术摆脱疾病困扰之后，人类又贪婪地追求基因增强和优化，打造由优秀基因控制下的卓越人士构成的精英社会，成为野心勃勃的目标。在这样的导向下，残疾人、基因"低劣"者，将会是尴尬的存在，是应被淘汰的对象。优胜劣汰原本是自然界的法则，人类也不例外，不过使用人为的手段强制地推行对人的筛选，则是极其危险的。旧优生学带给人类的灾难不堪回首，纳粹种族清洗的罪恶被永远钉在历史的耻辱柱上。随着时间的推移，惨痛的回忆似乎正在淡化，优生学以一个新的面貌——基因优生出现，其科技色彩增加了隐蔽性。关于优生学的争论经久不息，有观点认为不能因为旧优生学的劣迹而否定优生学本身的科学性。近些年剔除种族主义糟粕、洗心革面的新优生学正在慢慢恢复元气，而以基因技术等高科技手段提高生育后代的质量是其重要内容。在这里笔者无意彻底否定基因优生学，但是主张保持高度的警惕，以避免重蹈覆辙。

基因检测在当前的人类生殖中被普遍采用，用于发现后代可能存在的遗传疾病，但检测并不能改变缺陷。产前基因检测的意义在于使拟生育的女性知晓该种风险而得以作出预先的选择，而选择的结果无外乎生育可能有缺陷的后代或者堕胎（常常是后者）。这样，基因检测在生殖领域应用的直接结果是堕胎率的上升。基于胎儿的基因"缺陷"而终止妊娠是否妥当，是一个存在争议的伦理问题。[1]进而，女性是否可以因为胎儿的基因未达到自己理想的标准——并非有遗传疾病——而选择堕胎？这是生殖自由的体现抑或是对生命的践踏？在胚胎植入前基因诊断中，则是从众多体外培育的胚胎中"择优录取"、余者抛弃，而被抛弃的"生命"数量远超堕胎。我们到底想要一个怎样的未来与社会？按照优越基因模型定制的高度雷同的精英社会，抑或是充满包容性的多样化社会？在基因优选悄然盛行的时代，需重拾生物多样性伦理，预防优生灾难再次降临。在多样性伦理之下，不存在残疾人，只有特点不同的人，称之为功能多样性。

---

〔1〕　Hannah Lou, "Eugenics Then and Now: Constitutional Limits on the Use of Reproductive Screening Technologies", *Hastings Constitutional Law Quarterly*, 2015, 42（2）: 393-414.

三、科学研究自由与个人权利保护

基因科学研究的进行以人类基因样本为基本素材，因之不可避免地与个人权利的保护发生一定的冲突，如何协调该种冲突就成了一个重大的伦理问题。基因研究具有明显的公益性，受益的群体是不特定的大众乃至整个人类，这无疑是正义的事业，故应得到保护与支持。不过，这种目的正当性并不能导出绝对的科学自由，科学家的自由必须以不侵犯个人权利为前提。在以人为对象的基因研究中，受试者处于特殊的地位，其通常并不能从研究中直接受益，捐献样本的行为具有明显的利他动机。对于这些无私的受试者，应当给予应有的尊重。隐私、个人信息保护、自主权之尊重等，都是基因研究中的重要伦理考量。反过来讲，对个人权利的保护也不能够绝对化，否则将不当增加科学研究的成本负担，抑制科学进步。近些年，随着基因研究的蓬勃发展，与个人权利频繁地发生碰撞，衍生出一系列重大的伦理问题，基因研究伦理遂成为伦理学的一个重要分支。平衡研究者与参与者关系的一个基本机制是知情同意，基因样本的获取与利用只有在征得参与者知情同意的基础上方能进行，这是最低限度的研究伦理。然而现实却并非如此简单，在科学研究实践当中暴露出各种棘手的问题，引发极大的争议。例如，在生物样本库的研究背景下，利用样本库中现有的样本开展新的研究，是否需要重新获得参与者的同意？由于样本库信息的海量性，如果每一项新研究都要重新联系成千上万的参与者、重新获得同意，将耗费巨大的时间与人力成本，如果不再重新获取同意则参与者的自主权又如何得到保护？再如，对于在研究中获取的结果与信息——特别是对参与者的健康与疾病治疗有重要启示意义的研究结果，研究者是否应当向参与者反馈？研究者并不是参与者的医生，何以负担此反馈义务？若不反馈，对无私奉献的参与者是否公正？其他的问题，诸如研究者在告知程序中是否应当披露研究中可能获得的经济利益？对现实发生的经济利益，参与者是否有权主张分享？这是这个领域中的一些前沿性问题，许多问题尚存在十分激烈的争议而无定论，也反映了伦理规范滞后于科学的困境。平衡科学研究自由与个人权利保护的目标很容易确立，难点在于平衡的具体标准是什么？这有待于在未来的研究中积累智慧。

第三节　基因检测多元利用场景下的法律议题

如果说伦理是对基因技术的软约束，法律则是刚性的规范。对许多现实问题的解决，不能止于温和的道德评价，而需以强制性的法律为倚仗。在基因这一特殊的科学领域内，技术总是遥遥领先于立法，关于基因检测的法律资源处于极其匮乏的状态。基因检测在实践中有着极其广泛的应用，在不同的利用场景下，各种各样复杂的法律问题衍生出来。

一、为生殖目的基因检测的合法性争议

基因检测技术带给人类最大的利益就是预防遗传疾病，在现有的技术水平下，基因检测的主要意义不在于治疗而在于预测，特别是将基因检测应用于人工辅助生殖，对于预防新生儿先天残疾意义重大。很多年前，人们就有能力通过产前基因检测发现胎儿是否有遗传疾病，从而使母亲可以选择在受孕早期阶段终止妊娠。人类借助基因技术干预生殖的步伐不断向前迈进，今天，通过胚胎植入前基因诊断技术（pre-implantation genetic diagnosis，PGD），人类甚至可以对婴儿进行"设计"。所谓 PGD 技术，简单讲就是对待生育夫妇一方或双方携带遗传疾病基因者，采集其多个生殖细胞并在体外培养形成多个胚胎，通过基因检测对这些胚胎进行筛选，挑选出健康的胚胎植入母体，最终完成生育。2012 年 6 月 29 日，中国首例"设计婴儿"在中山大学附属医院降生，医院为一对携带"地中海贫血"基因的夫妇实施了 PGD，对 14 个体外受孕的胚胎进行筛查后选择健康的一个植入母体并顺利生产，目的是利用这个孩子的脐带血拯救她患有地中海贫血症的姐姐。[1]该事件引发了社会热议。从挽救患病儿生命的角度看，这样做是正当的。但是，若站在那些未被选中而遭抛弃的 13 个胚胎立场考虑又如何呢？他们的法律地位怎样？是可以如垃圾一样随意丢弃的吗？作为姐姐"药箱"降生的设计婴儿人格尊严是否受损？

在国外，设计婴儿的问题早就被提出了。2000 年，美国一名叫莫莉的女孩患有先天性免疫系统疾病，找不到适合的骨髓捐献者，在专家建议下利用

---

〔1〕　参见黎蘅：《"设计婴儿"降生救姐》，载《广州日报》2012 年 7 月 9 日。

PGD 设计孕育了一个与莫莉基因匹配的孩子亚当，医生将亚当的造血干细胞移植给莫莉，3 年后莫莉恢复了健康。根据美国学者的统计，自该技术出现后的 15 年间，医生大约实施了 3000 例 PGD。围绕利用 PGD 技术实施优生筛选的合法性，始终存在着十分激烈的争论。[1]一个基本的问题是，在宪法下能推导出一个选择后代的生育权吗?[2]美国法律中并无禁止 PGD 的明确规定，不过不少学者建议应加强法律管制。[3]在德国，对借基因检测选择生育的行为持严厉禁止立场。[4]在我国，PGD 悄然出现，在伦理和法律层面引发巨大争议。立法层面，对于 PGD 没有特别明确的规范。从实践来看，我国并不禁止 PGD，卫计委在 2015 年发布了《关于辅助生殖机构开展高通量基因测序植入前胚胎遗传学诊断临床应用试点工作的通知》，并批准了一批开展该类业务的试点单位。不过，对于 PGD 技术可在哪些具体情形下、为何种目的使用，法律上却始终没有明确细致的规范。

究竟应当如何对待 PGD，这是一个令人纠结的问题。PGD 在提高生育质量方面的意义令人无法割舍，然而另一方面其对人性尊严的冲击与挑战如此强烈足以令人类忧虑。以往人是作为权利主体，对各种客体施加控制。在 PGD 技术下，人类胚胎成为被操作的对象乃至于被抛弃，人是否因此有沦落为权利客体的风险?[5]对基因检测的无节制利用可能跨过治疗性 PGD，滑向畸形的优生学，不是为了避免遗传疾病，而是为了筛选出"优秀"的后代而实施 PGD，智力、身高、容貌、性格等都可能成为筛选的对象，而"劣质"的基因会被剔除掉。笔者认为对 PGD 技术必须加以较其他医疗行为和基因检测更为严格的高度管制。

---

〔1〕 Brigham A. Fordham, "Disability and Designer Babies", *Valparaiso University Law Review*, 2011, 45（4）: 1473-1528.

〔2〕 Andrew B. Coan, "Is There a Constitutional Right to Select the Gene of One's Offspring", *Hasting Law Journal*, 2011, 63（1）: 233~295.

〔3〕 Sonia M. Suter, "A Brave New World of Designer Babies?", *Berkeley Technology Law Journal*, 2007, 22（2）: 897-969.

〔4〕 德国《基本法》规定，人的尊严不容侵犯，每个人都享有生命权和身体完整权，任何人都不得因残障受到歧视。《胚胎保护法》规定，禁止对胚胎施加导致其无法发展为人的伤害。德国法的强硬立场与二战期间纳粹优生学造成恶劣影响的历史背景有关。

〔5〕 参见秦成坤、刘长秋、吕艾芹:《论基因技术对宪法的挑战》，载《东岳论丛》2012 年第 4 期。

二、基因检测中的歧视问题

在基因检测中检测者和受测者是直接的当事人，不过在现实中基因检测产生的个人基因信息常常被当事人之外的第三方获取，为商业目的之使用，最典型的场景就是就业基因检测。雇主为了查明求职者或雇员的健康状况，可能在体检中于常规项目之外加入基因检测项目，以作为雇佣决定或劳动管理的参考。保险公司在健康保险中往往对被保险人进行基因检测，发现其潜在的患病风险，以作为决定保险费率或者是否承保的依据。从一定意义上讲，上述两种情况是雇主和保险公司作为消费者去购买基因检测服务。不过，与前述 DTC 基因检测（直接面向消费者的基因检测）不同的是，此类检测并非由信息主体本人发动，目的并非了解自己的健康咨询，而是满足商业上的需要。正是由于这一特点，此类基因检测引发广泛的忧虑。其中，最大的风险就是基因歧视。雇主或保险公司因受测者携带不良基因而拒绝录用或承包，引发就业基因歧视和保险基因歧视的严重社会问题。这并非杞人忧天，相关的案例在国内外均已出现。在我国影响力最大的就是被称为"就业基因歧视第一案"的佛山市公务员招考基因歧视案，三名考生在体检程序中被加入基因检测项目，检测结果揭示三人携带地中海贫血基因，招考单位因此拒绝录用。与传统的性别歧视、种族歧视等不同的是，基因歧视充满科技色彩，搭了科技的便车。从私法的角度观察，基因歧视侵犯的是个人的基因平等权。其非正当性在于：其一，基因状况是先天产生的，个人没有能力通过后天的努力而改变；其二，基因检测具有高度预测性的特点，"不良"基因信息揭示的患病风险只是一种可能性而非必然性；其三，基于基因状况的差别对待使个人在社会生活中遭到排斥而步履维艰，更可怕的是诱发更广泛的基因决定论盛行的伦理风险。就业和保险基因检测可能只是火山口，更猛烈的爆发正在酝酿中。然而从另一个角度思考，就业或保险基因检测是否必然构成违法，尚不可草率地盖棺论定。若是为了防范职业病和维护职场安全健康——某些疾病只在有特定基因状况的人群中高发，则就业基因检测看起来是十分正当的，可能构成个人基因信息的合理利用。而从保险来看，"保险承保的本来就是具有不确定性的风险"，保险公司借助基因检测发现风险，进而经过精算将其纳入保险费率考量，也有一定的正当性基础。法律治理的瓶颈就在于，就业和保险领域的个人基因信息处理并不必然非法，那么究竟如何划定滥用与合理利用的边界？正是由于就业和保险领域个人基因信息风险的突出性和典型性，美国《反基因信息歧视法》将二者作为主要的调整对象。该法确立了原则上禁止就业和保险基因检测的根本立场，与此同时划定了少数例外情形——主要是基于公共利益的考虑。不过，该法也受到不少批判，理由就在于其适用范围过于狭窄。可以说就业和保险基因检测就是一面镜子，更广泛的个人基因信息第三方使用需要被关注、被规范。

三、消费性基因检测的市场乱象

消费性基因检测，也被称为直接面向消费者的基因检测（Directly to Consumer Genetic Testing，简称"DTC 基因检测"），是指消费者直接在市场上向商业检测机构自由购买的基因检测服务，目的在于获取个人健康信息。DTC 基因检测是与医疗性基因检测相对而言的，后者需要由医疗机构的医生开具和实施，以对患者的诊疗为目的。医疗性基因检测受到严格的法律管制，规范化程度较高，个人基因信息风险相对较低。相比之下，DTC 基因检测则处于失范状态，引发的个人信息风险更加令人忧虑。由于基因信息的敏感性，基因检测不同于普通的商品或服务，然而现行法中缺少针对 DTC 基因检测的特别规范，监管机制也欠完善。商业检测机构以"消费"为名成功地避开了只对医疗适用的严厉监管。DTC 基因检测蕴藏着巨大的商机，吸引了大量商业机构的加入。DTC 基因检测生意异常火爆，原本充满高科技神秘色彩的基因技术进入民间，受到越来越多的追捧。乔布斯、比尔·盖茨等名人都购买过全基因组测序服务，著名影星安吉丽娜·朱莉根据基因检测结果揭示的风险切除双侧乳腺，更是引发了基因检测的"朱莉效应"。DTC 基因检测服务的价格从最初的几十万美元降到现在的千元水平，获取这项服务十分便利，消费者只需在网上下单，用检测机构邮寄来的工具盒提取口腔内壁黏膜样本后回寄，过一段时间就可以通过在线登录账号查询下载检测结果报告。这项服务被形象地称为"基因算命"，消费者希望借此预测健康风险，对个人生活与行为习惯作出未雨绸缪的调整。DTC 基因检测机构林立，名目众多，包括奇葩的儿童天赋基因检测、求职者领导能力检测等。

从个人信息保护的角度观察，在前述众多场景中 DTC 基因检测带来的风险最高。从产生的信息数量来看，由于 DTC 基因检测的普及化，个人基因信息被揭示的数量、规模空前扩张。从规范化程度来看，DTC 基因检测也明显弱于医疗和研究场景。为医疗和研究目的处理个人基因信息具有浓厚的利他和公共利益属性，DTC 基因检测则以牟利为目的。在逐利动机驱使下，检测机构对于个人基因信息保护的投入不容乐观——尽管所有检测机构无一例外地都宣称确保消费者个人信息安全。在 DTC 基因检测场景下，个人基因信息面临多重风险。

第一，知情权的实现困境。任何人都有知晓自己信息的权利，个人付费购买基因检测服务以获取自己的基因信息，这原本是个人信息知情权的具体体现。这种知情的权利应当得到保障，而不应被阻止，从这个意义上讲 DTC 基因检测向消费者提供了知情的渠道。然而问题的关键在于，检测机构是否能够做到令消费者真正知情？多方面的因素可能使患者的知情权大打折扣，乃至被一些虚假信息误导。DTC 基因检测市场乱象丛生，虚假广告将其神化，实际检测结果的科学性和有用性却令人忧虑。除了少数单基因疾病可以通过基因检测准确预测外，大多数疾病是由多基因和多种复杂因素共同造成的，目前的科学水平还难以做到准确预测。DTC 基因检测建议检测报告贸然揭示的某些遗传风险，往往并不可靠，甚至是虚无缥缈的臆测，但却使消费者陷入焦虑彷徨之中，乃至采取预防性手术等过激行为。相反，基因检测报告预测的低风险可能使消费者盲目乐观、麻痹大意，疏于采取必要的预防和诊疗措施而导致疾病发生。这些都是不真正知情的恶果。

第二，检测机构将消费者基因信息向第三方分享或出售。DTC 基因检测机构通过源源不断的生意积累了大量的消费者基因信息，由于基因信息具有巨大的利用价值，研究机构、生物医药公司对这些基因信息有着迫切的需求，检测机构常常把患者基因信息向研究机构分享，或者出售给生物医药公司以从中获利。消费者基因信息的买卖正在成为一桩生意，这并不是主观的猜想，而是正在以隐蔽的方式发生的事实。大多数检测公司都会在与消费者的协议加入同意基因信息分享的条款，而消费者表面作出的同意是不是在收到充分合理的风险披露和评估后作出的理智决定值得怀疑。

第三，基因信息泄露。各大基因检测公司的基因信息库，成为黑客瞄准的攻击目标，消费者个人基因信息泄露事件时有发生。基因检测公司对消费者基因信息采取的保密措施不足，为基因信息泄露埋下了隐患。以上只是不完全列举了 DTC 基因检测中个人基因信息保护的特别风险，这些风险使得DTC 基因检测成为个人基因信息保护最大的威胁所在。

四、为研究目的基因检测的规制难题

基因信息是生物医学研究的样本，若没有基因样本则研究无从展开。基因样本来自受试者捐献，由此不可避免地在受试者与研究者之间发生一系列复杂的权利义务关系，就受试者的角度观之则以个人基因信息保护为重心。研究场景下的个人基因信息保护面临一些独特的问题：第一，受试者无偿捐献样本是为了利他——促进科学研究，然而研究者对基因样本的研究利用除了单纯获得科学知识，可能还夹杂着获利的动机，那么研究者是否应当将潜在的商业利益和获利动机纳入知情同意告知事项的范围呢？第二，生物医学研究往往伴随着药品和治疗方法的重大突破，常常以专利的形式呈现，并产生巨大的经济利益，那么受试者是否可以基于样本捐献的贡献而主张利益分享呢？此即个人基因信息的惠益分享权问题，其本质上是人格权商品化在个人信息领域的具体体现，而基因信息的商品化潜能比一般个人信息更加突出。第三，在大数据时代，科学界对于基因信息共享有着广泛迫切的需求，基因信息作为基础性的研究资源往往以大规模生物资料库的形式存储于云端，供全世界的研究者获取使用，这就给知情同意带来挑战。基因样本的采集必须经过知情同意程序，然而在样本采集入库之时，其后续将被哪些研究者获取，用于何种研究，均难以事先确定。如果令研究者对后续的每一次研究利用重新获得同意，则可能对科学研究造成沉重的负担。在大数据时代背景下，如何平衡保护与利用、个人利益与公共利益、专属与共享的关系，生物医学研究提供了一个最佳的场景范本。

基因检测的应用不限于上述场景，但在实践中这四个场景暴露出的问题最为突出，加强法律规范的必要性最为迫切。因此，本书以辅助生殖、就业、消费和科学研究四个场景为中心展开关于基因检测法律规制的讨论。

第四节　我国基因检测法律规范的现状与困境

一、快速发展的基因检测与法律规范滞后的矛盾

在国家大力推行生物战略的背景下，如今基因检测业已渗透到社会生活的各个方面。基因技术作为科学领域最尖端的部分，原本只是精英科学家的

游戏而与凡夫无关。基因检测作为一种桥梁性工具拉近了尖端科学与世俗的距离，使普通百姓都能享受到科学进步带来的健康红利。当人们为能借助基因检测预知未来的健康而欢喜雀跃的同时，也越来越为这项技术背后隐藏的风险而忧虑不安。基因检测看来已风靡成为一个不可逆转的时代浪潮，如果我们不得不接受这样一个客观存在的现实，那么接下来必须思考的问题便是：如何对基因检测加以合理有效的规范？基因检测是一把双刃剑，这是社会的共识，而兴利避害也成为各国政府对待基因检测的基本立场。当基因检测的风险逐渐显露出来，甚至真实演变为恶性的社会事件，加强对基因检测规范的呼声遂日益高涨。在一些先进国家，已经将该种社会思潮转变为现实的立法行动。如何建立一套行之有效的基因检测规范体系，同样也是摆在我国面前的一项重要任务。

基因检测若要实现可持续健康发展，良好的规范必不可少。若无法律的约束，基因检测将如同脱缰的野马，其害无穷。而目前这一领域现实的窘境恰恰就是，立法严重滞后于实践，针对基因检测的立法规范极度匮乏，多年以来基因检测在脱法状态下无序生长导致局面的混乱。总体观之，基因检测立法在世界范围内都尚处于起步阶段，即使是发达国家也是仅有零星的立法，[1]远不能称为完善，我国的基因检测立法则是接近于空白状态。应当加强对基因检测的法律规范是各国之共识，然而对于如何规范，则没有统一的认识。各国早已意识到对基因检测立法的必要性，但真正的立法却迟迟难以出台，实际凸显出在这个特殊领域立法的高难度。基因检测具有浓厚的伦理色彩和高度的敏感性，涉及的利益相关者众多，攸关科学的进步、公众的健康福祉、产业的发展与人类尊严维护的平衡，引发的争议极大。面对基因检测给法律提出的挑战，法学理论上的准备还不充足，政策制定者尚未形成足够的自信。

二、我国基因检测相关立法的演进

1993 年国家科委颁布《基因工程安全管理办法》，是我国基因领域内的第一部重要规范性文件。这是一部行政法性质的部门规章，其调整对象是以

---

〔1〕 Sirpa Soini, "Genetic Testing Legislation in Western Europe—a Fluctuating Regulatory Target", *Journal of Community Genetics*, 2012, 3 (2): 143-153.

基因重组为核心技术的基因工程而非基因检测。1998 年，科技部、卫生部联合颁布《人类遗传资源管理暂行办法》。这一规范并无特别针对基因检测的规定，不过基因检测由于涉及遗传材料的采集、收集、使用因而有可能适用的空间。2001 年卫生部又颁布了《人类辅助生殖技术管理办法》，其中虽然同样未提及基因检测的字眼，不过由于产前基因检测是人工辅助生殖实施中的重要技术手段，因而得以被纳入调整范围之内。2007 年，卫生部颁布《涉及人的生物医学研究伦理审查办法（试行）》。2016 年 9 月，卫计委通过新的《涉及人的生物医学研究伦理审查办法》。为研究目的的基因检测可适用该办法。2019 年，国务院颁布了《中华人民共和国人类遗传资源管理条例》，取代了之前的《人类遗传资源管理暂行办法》。该条例是目前为止我国调整人类遗传资源最重要的专门性行政法规，对于基因检测也有重要的指导价值。2020 年，在贺某奎基因编辑婴儿事件影响下，《中华人民共和国民法典》第 1009 条对涉及人类基因的研究作出了特别规定。2020 年，《中华人民共和国生物安全法》颁布，这是生物技术领域的基础性法律，对基因检测中可能涉及的生物安全问题具有纲领性规范意义。2023 年 2 月，《涉及人的生命科学和医学研究伦理审查办法》颁行，相比 2016 年的《涉及人的生物医学研究伦理审查办法》，调整范围有所扩张，具体制度也更加完善，对于为研究目的的基因检测有重要的规范作用。2023 年 5 月，《人类遗传资源管理条例实施细则》颁布，对人类遗传资源的利用和保护作了更加细致的规定。

除了上述规范，与基因检测存在一定关联的规范性文件还有《产前诊断技术管理办法》《干细胞临床研究管理办法（试行）》《人类辅助生殖技术规范》《人类精子库基本标准和技术规范》《基因芯片诊断技术管理规范（试行）》《人胚胎干细胞研究伦理指导原则》《人类辅助生殖技术和人类精子库伦理原则》，等等。此外，关于医疗机构资质管制的法律规范，对于从事临床基因检测服务的医疗机构可以适用。这类规范主要包括：《医疗机构管理条例》《医疗机构临床实验室管理办法》《医疗技术临床应用管理办法》《医疗机构临床基因扩增检验实验室管理办法》，等等。关于医疗器械监管的一些法律规范对于基因检测所使用的检测仪器和试剂具有约束力。这类规范主要由国家食品和药品监督管理部门制定，包括：《体外诊断试剂生产实施细则》《创新医疗器械特别审批程序（试行）》《医疗器械监督管理条例》《医疗器械注册管理办法》《体外诊断试剂注册管理办法》《医疗器械生产质量管理规范》，等等。

三、现行基因检测立法的不足

(一) 缺乏专门立法

从上述梳理的法律规范看，我国没有直接针对基因检测的特别规范，只能适用一般性的法律规范，包括调整整个基因领域或生物领域的一般法（如《中华人民共和国生物安全法》），以及关于医疗机构管制和医疗器械管制的一般法（如《医疗器械监督管理条例》）。基因检测存在明显的特殊性，在法律规制上有着个性化的需求，因此进行针对性的专门立法十分必要。从长远来看，借鉴德国的做法，在我国制定一部统一的人体基因检测法有着充分的必要性。

(二) 立法不足且不均衡

就基因检测的技术而言，我国在世界上堪称较先进国家。在实践层面，基因检测的应用与产业化也发展得如火如荼。相比之下，在法律规范层面，则较为落后。面对技术的突飞猛进和市场的繁荣，立法却没能及时跟进。围绕基因检测的许多基本制度，在我国法律上均是空白。例如对于职场基因检测，可在何种情形下使用，无明文规定。再者，不同类型的基因检测法律规范不均衡，相对来讲临床医疗性基因检测得到了较多的规范——其中尤以生殖性基因检测规范化程度最高，直接面对消费者的基因检测则无章可循。过去的几十年基因检测技术日新月异，立法取得的进展却乏善可陈。立法的滞后与缺位，增加了科学技术发展中的风险。加快基因检测立法的步伐，填补制度空缺，是迫在眉睫的任务。

(三) 侧重行政管制，私权保护尚需加强

现行为数不多与基因检测有关的规范，大多为行政管制性规范，侧重用公权力手段对基因技术施加管制，维护的是宏观国家利益和社会利益，对于基因检测受试者私权利的保护不足。例如《中华人民共和国生物安全法》旨在保护宏观生物安全，《中华人民共和国人类遗传资源管理条例》也重在保护国家遗传资源。《中华人民共和国民法典》第 1009 条在一定程度上强化了基因领域的私法调整，不过这仅有的一个高度概括的条文作用有限。对于基因检测的规范，行政管制固然必要，但私权保护同样重要。事实上各国基因检测立法无不将受试者权益保护作为重心，我国未来立法亦应强化

私权保护。

　　总体来看，我国对基因检测的法律规范还需进一步完善，加强该领域特别立法的任务任重道远。

第三章

为生殖目的基因检测的法律规制

　　人类的生殖原本是一个纯自然的过程，由于技术的进步人工干预逐渐介入其中，催生了人工辅助生殖技术（Assisted Reproduction Technology，ART）。ART 技术破解了生殖中的一些难题，提升了人类生育的质量。ART 是一项不断发展的技术，基因检测引入 ART，使该项技术升级到一个新的台阶。[1]基因检测对生殖的干预意义体现在发现遗传风险、通过基因筛选剔除风险，最新的发展甚至指向基因编辑与修改。基因检测在现实当中可能被应用于各种不同领域，实现不同的目的，然而其在生殖领域的应用因关系人类相续而尤为重要，同时也是风险最高、争议最大。生殖性基因检测操作的对象是人类生殖物质——包括精子、卵子、受精卵和胚胎等，这些物质具备发展成人的潜能，这注定了此类基因检测将引发巨大的伦理争议。[2]借助基因检测可以帮助人们实现生育健康宝宝的愿望，特别是对于具有遗传疾病史的高风险人群，如此观之这实为一项造福于人类的伟大技术。然而，其同时伴生的伦理风险想来也是令人生畏的。检测的结果若是"不合格"，受精卵或胚胎将被"杀死"。生殖性检测最核心的议题是：作为被操作对象的生殖物质在法律地位上如何界定？给予何种程度的保护与尊重？与女性的生育自由如何协调？[3]

---

〔1〕 参见曾彬、李慕军：《基因芯片技术在辅助生殖领域的发展和应用》，载《生殖与避孕》2010年第 5 期。

〔2〕 参见谈新敏、易晨冉：《人类辅助生殖技术的"异化"及其对策探析》，载《自然辩证法研究》2012 年第 4 期。

〔3〕 Mischael Sachmorov, "The Morality of Prenatal Genetic Diagnosis and Its Relation to Public Policy", *University of Florida Journal of Law and Public Policy*, 2014, 25（2）: 205–222.

第一节 基因检测在人类生殖中的应用

在人类生殖中，基因检测技术有各种形式的广泛运用。根据检测的目的可分为筛查性基因检测和诊断性基因检测，根据检测实施的阶段可分为胚胎植入前的基因检测、产前基因检测和新生儿基因检测。

一、基因筛查

基因筛查是对一定范围的拟生育人群进行基因检测以发现可能存在遗传风险的个体。基因筛查不同于基因诊断，后者针对的是特定的个体——常常是已知有家族遗传风险的人，检测的性质是医疗性、诊断性的，目的是发现特定疾病的生育风险，前者则是针对不特定的一群人，检测是普查性而非诊断性的，目的在于从人群中筛选出可能存在生育遗传风险的少数人。[1]事实上，一旦通过普查发现了某些个体具有较高的遗传风险，则该个体常常需进一步接受更加精准的专门孕前或产前基因诊断。

二、胚胎植入前基因诊断

胚胎植入前基因诊断（PGD）是人工辅助生殖技术之分支与新发展，其与临床常用的体外受精（试管婴儿）技术（In Vitro Fertilization，IVF）联系密切但又有所区别，争议更大。早期的 IVF 技术在实践中主要用于解决不孕不育问题，在操作中并不涉及对体外胚胎的基因筛选，PGD 的主要目的则在于避免遗传缺陷与疾病，手段是对多数体外胚胎进行检测后的筛选。PGD 技术的实施大概包括以下几个步骤：首先，对待检女性注射荷尔蒙以诱发较多数量的卵在卵巢内成熟。此后，采集这些卵并放在培养皿中，与采集的精子接触，促使受精。受精卵成熟后，继续在培养皿中几天，发育成包含 6 个~10个细胞的胚胎。再以特殊方式在胚胎外层的透明带钻一个小孔，以显微吸管深入此孔，吸取 1 个至 2 个胚胎细胞。随后，以溶剂溶解这些细胞，以 PCR（聚合酶链反应）技术复制想要检测的基因部位。然后，利用其他分子生物学技术对该基因是否存在异常作出检测分析。最后，选择一个健康的胚胎植入

---

〔1〕 参见黄丁全：《医疗 法律与生命伦理》，法律出版社 2015 年版，第 1299 页。

子宫。目前这一技术在临床上的应用形式主要有三种：①筛除携带单基因疾病或染色体异常的"缺陷"胚胎，保证健康胚胎的植入与发育，姑且简称这类应用为"缺陷胚胎剔除"；②筛除具有高发病风险的胚胎，这类疾病为多基因疾病，发病机理复杂并且受环境因素影响，多为癌症，通过这类 PGD 筛选出生的婴儿即"无癌婴儿"；③在此基础上，与胚胎患病兄姐的人类白细胞抗原（human leukocyte antigen，HLA）进行配对，挑选具有免疫兼容性的胚胎细胞植入，使用其出生后的脐带血、骨髓等组织救治罹患遗传疾病的兄姐，即所谓"救人婴儿"。[1]PGD 技术的巨大吸引力在于，提前预知遗传风险并借助筛选剔除风险，避免了残障婴儿降生才悔之晚矣的窘境。然而围绕这种基因筛选行为是否侵害人格尊严存在着巨大的伦理争议。[2]

三、产前基因检测

产前基因检测是指胎儿在母体内发育期间及生产前进行的基因检测。为确保胎儿不带有严重遗传缺陷，孕期女性要接受一系列产前检查。传统的产前诊断采用侵入性取样方法，如绒毛取样、羊水穿刺和胎儿脐静脉穿刺等，这些操作虽然可以发现胎儿基因异常，但穿刺伤口存在感染可能，具有 0.5% 到 1.5% 导致流产的风险。相比之下，产前基因检测的优势在于无创性、低风险，采样是非侵入性的。通常是在妊娠的第 10 周，只抽取五毫升的孕妇血，即可进行准确的基因分析。目前，临床上应用最多的是唐氏综合征（先天愚形）的产前基因检测，准确率可达到 99% 以上。产前基因检测是基因检测在实践中应用最广泛的领域，技术上已比较成熟，价格也仅在千元左右，国家已经陆续批准了若干家机构开展此类业务。产前基因检测也引发一系列法律问题。检测的意义仅在于发现生育中的遗传风险，而无法改变或消除风险，孕妇在获知检测结果后所能做的也仅是在堕胎或生下可能有缺陷的孩子之间作出抉择，这涉及胎儿生命法益与母亲生育自由的冲突与协调问题——特别是在限制堕胎的国家。再者，检测中的过失可能引发错误出生、错误生命等法律之诉。

---

〔1〕 参见苏怡宁：《胚胎著床前基因诊断之现况与发展》，载《生物医学》2009 年第 2 期。

〔2〕 参见颜婕、庞显伦：《胚胎植入前遗传学诊断（PGD）的伦理思考》，载《医学与哲学（人文社会医学版）》2009 年第 4 期。

四、新生儿检测

新生儿检测顾名思义就是对新出生的婴儿进行的检测，通常在出生 3 天左右的时间进行，一些检测机构推出的新生儿检测服务将检测时间点提前到出生后 24 小时。检测的方法是提取脐带血或者足跟血，再进行生物学分析以确定婴儿患遗传疾病的风险。针对大范围人群的新生儿检测称为新生儿筛查，是公共卫生计划的重要组成部分。《中华人民共和国母婴保健法》第 24 条规定，医疗保健机构逐步开展新生儿疾病筛查工作。一些疾病的新生儿筛查属于免费项目，各地方规定的免费筛查项目不一。实践中新生儿筛查针对的主要疾病有：遗传代谢病、听力障碍和其他严重的遗传性疾病，如苯丙酮尿症、先天性心脏病、遗传性耳聋、甲状腺功能低下等。新生儿检测的意义在于及早发现、及早治疗，某些类型的疾病在生命早期阶段被发现，在预防和治疗效果上要比晚发现好得多。以耳聋为例，在我国遗传性耳聋占 60%，但遗传性耳聋不等于先天性耳聋，许多遗传性耳聋最终转化为真实耳聋是由于不当用药造成的——即所谓"一针致聋"，因此及早检测耳聋基因并注意用药就可以大大降低耳聋发生率。耳毒性药物的中毒情况主要取决于人体的易感性，人体易感性又和人体素质与家族遗传有关，有的患者用了链霉素没有中毒，而有的患者"一针致聋"，仅仅用 1 克或几克就发生严重中毒。据统计，我国药物敏感性突变基因携带者（高危人群）约 400 万人，药物性耳聋患者约为 35 万人。残酷的"一针致聋"多源于患者本身携带有线粒体基因 A1555G 的突变，其家族必定是一个以母系遗传为特点的、多人的突变携带群，没有接触耳毒性药物的携带者多为正常。通过新生儿耳聋基因检测，避免使用耳毒性药物，就可以有效避免耳聋发生。[1]耳聋基因检测是实践中普及化程度较高的新生儿检测。在西方发达国家，新生儿基因检测的比例非常高。相比之下，我国新生儿检测的普及程度尚有待提升。

关于新生儿检测也存在很大的争议，核心议题是在婴儿不具有同意能力的情况下怎样确保检测是为其最大利益的。检测决定只能由父母或其他监护人作出，而该决定是否真正为孩子着想存疑。如果新生儿已经表现出了一定的疾病症状，并且该种疾病在现有的医疗水平下是可治疗的，则进行检测不会遭遇太

---

〔1〕　参见李劼、江澜：《基因检测可避免"一针致聋"》，载《南方日报》2016 年 3 月 1 日。

大质疑。但如果没有任何患病表征，则检测仅是对未来患病可能性的预测，因此面临更大的争议。当孩子已经具备一定意思能力时告知其检测结果，将不可避免地给其带来心理压力，这种压力可能伴随一生，何时发病并不知晓，其实连是否发病也不确定。当该种疾病目前没有治愈手段时，恐惧尤巨。对于那些确定只在成年后发作的疾病，在孩童时进行检测是否适当尤其值得特别考量。[1]有观点认为：新生儿检测纵使检测出遗传病，也只能延长让人担心的期间，如诊断错误，也必然会为新生儿父母带来不安、焦虑并造成挥之不去的阴影。人类基因组计划前伦理委员会主席约恩斯特（Eric Juengst）指出，遗传学家不是健康神算，不能铁口直断一个人未来的健康，顶多是天气预报员，告诉我们天气可能的变化，而且还常出错。因此，是否对新生儿进行基因检测，何时检测，检测结果由谁掌握，何时向孩子本人告知，诸多问题都有待审慎为之。

第二节　基因检测与优生

将基因检测应用于生殖的意义在于提高生育的质量，避免遗传缺陷的发生，这与优生学不谋而合。由于有了这项技术，人类对生育的控制能力大幅提升，实现了从"天择"向"人择"的转变。生育优秀后代的愿望原本是美好的和无可厚非的，然而"无节操"的生育控制可能使技术陷入失控的疯狂而危及人类的根本尊严。生殖基因检测并不能改变基因缺陷而只能发现基因缺陷，实现优生的手段是筛选，保留"优秀"的，淘汰"劣质"的，而被操作的对象恰恰是生命——如果尚不能肯定称为人。这样的生命清洗行为是正当的吗？如果说某些筛选是必要合理的，那么正当与不正当的边界又在哪里？

一、优生学的发展回顾

人类优生的思想很早就存在了，在中外皆是如此。[2]优生学作为一门系统化科学的历史则并不长，大概只有一百多年的时间。在这相对较短的历史跨度中，早期优生学曾经劣迹斑斑、臭名昭著。随后以种族主义为特征的旧

---

〔1〕　Lainie Friedman Ross, "Predictive Genetic Testing of Children and the Role of the Best Interest Standard", *The Journal of Law, Medicine & Ethics*, 2013, 41（4）: 899-906.

〔2〕　反映优生思想的古代典籍并不鲜见，如《左传》中记载"男女同姓，其生不蕃"。在西方，公元前4世纪柏拉图就说过："我们要想得到最完美的族群，应该讲最优秀的男女匹配成对。"

优生学向新优生学转变，渐渐摆脱恶名。然而优生学隐藏的风险一直都是存在的，随时可能卷土重来。

（一）优生学的诞生

普遍的观点认为，优生学的创始人是高尔登（Francis Galton）。高尔登是达尔文的堂兄弟，其家族处英国上层社会，其本人是那个时代著名的博学家。在高尔登的众多成就中，尤以优生学方面的成就最为突出。Eugenics（优生学）一词正是由高尔登首创，这一英文词汇是由希腊词根 eu（健康的、好的）与 genos（种族、出生）合成而新创的，旨在表达良好的生育之意。受达尔文思想的影响，高尔登深信人种的优劣受遗传的影响。他发现在具有优秀血统的家族中诞生出的杰出人物特别多，并对此作出研究，用统计学的方法调查了数百个优秀人物，以证明该种遗传关联。[1]在高尔登看来，高贵阶层带有优秀的遗传物质，低下阶层带有低劣的遗传物质，一个明智且进步的国家应该在优良阶层的人种或血统未被低下阶层的多产交配习性所湮没之前，多宣传、鼓励各行各业中最优秀的、最有才干的人物早婚和多生，以增加优良人种的数量，使社会因而得到改进。[2]按照高尔登的定义，优生学是指在社会控制下，能从体力或智力方面改善或损害后一代的种族素质的各种动因的研究。优生学被划分为积极优生学和消极优生学，前者是指使基因优异者多生早生以提高种族素质，后者则是主张排除基因低劣者。高尔登的主张倾向于积极优生学，在后来的发展中消极优生学则逐渐占据上风。优生学思想产生以后，在当时的社会迅速传播，特别是在中上阶层，他们将自己视作社会精英，而成功在根本上源自固有的高贵基因。高尔登的动机原本是理想主义的，希望通过生育优选而提升人类的整体素质。另一方面，在其优生思想中，不可避免地隐藏着阶层偏见，将原本人格平等的自然人划分为优等人和劣等人，并试图通过生育控制排除后者。这种偏见意识在优生学产生之初就埋下祸根，并在后来的优生运动中被无限放大，乃至使优生学成为种族清洗

---

〔1〕 在 1896 年出版的《遗传的天才——对其规律和结果的调查》一书中，高尔登调查了 300 个人的家谱，包括法官、政治家、科学家、音乐家等。基于调查研究结果，高尔登认为成就和遗传显然是有关系的，一个人的能力无论是生理的还是心理的，多半是遗传来的。他宣称："以最绝对的态度反对人人生来平等的借口。"

〔2〕 参见樊新民：《生育革命——对基因工程时代人类选择生育的社会学探讨》，中国社会科学出版社 2003 年版，第 107 页。

与屠戮的理论基础。

（二）优生运动

优生学不止于作为一种学术思想而存在，在产生之后迅速演化为一场轰轰烈烈的社会运动，范围波及全球。20世纪上半叶是优生学及优生运动最为疯狂的时期。在20世纪初，在日益盛行的优生思想推动下，许多国家都成立了各种形式的优生组织，甚至将优生上升为立法，大举动用国家力量发起优生运动。优生一度成为民族复兴、国家强盛的倚仗，而民族人口素质提升主要是通过排除基因低劣者——即消极优生学——实现的。

美国是优生学的第一个真正落户之地。1906年，美国成立了世界上第一个优生委员会。1907年，印第安纳州通过世界上第一部绝育法案，禁止残疾人、罪犯等基因低下者生育后代。1910年，优生学记录办公室成立，其受洛克菲勒家族和卡内基学院资助搜集家谱信息建立优生学档案。20世纪30年代，四百多所大学开设优生学课程，优生学甚至被编入美国高中课本。优生在当时的美国成为一种流行文化深入人心。为推行优生所采取的手段是铁血的。各州政府曾陆续进行了一项类似纳粹种族清洗式的优生学试验，将数十万被认为是白痴、低能的儿童关进州政府资助的"集中营"式学校，与世隔绝，不准恋爱、结婚、生育，以免繁衍出"次等品"。一些长大后试图逃亡的孩子，被抓回来投进监狱。他们中的一些人成为放射性试验的牺牲品。《美国男孩的反抗》一书记载了这段堪称美国20世纪最黑暗的血泪史。[1]非自愿性绝育被各州制定成法律，堂而皇之地获得合法外衣。一些开明之士曾试图与恶流抗争，对强制绝育是否违反美国宪法提出疑问。在Buck v. Bell[2]案中，17岁的原告是弗吉尼亚州最先被选作绝育手术者，该案最终进入美国最高法院。法官最终充分采纳了专家证据，认为排除智力低弱者的生育对于社会整体是有益的，并不违反美国《宪法》第14修正案规定的正当程序和平等保护规定。1927年的这一判决灾难性地树立了一个负面标杆，使强制绝育的合法性得到认可。此后的4年间，有28个州颁布了绝育法案。据统计数万人成为该类法案的牺牲品。优生运动也反映在美国的移民政策领域。大量的移民源源不断地涌入美国，引发美国本土优秀种质被"稀释"的担忧。优生论者将

---

〔1〕　参见黄丁全：《医疗　法律与生命伦理》，法律出版社2015年版，第833页。

〔2〕　Buck v. Bell, 274 *U. S.* 200 (1927).

这些劣等移民描述为"强壮、性欲过剩的身体里只有薄弱的智力"的人。从美国总统到很多上层人士和社会名流，普遍主张修改移民法，禁止不符合要求的基因低劣者入境。臭名昭著的排华法案正是那一时期的产物。优生学在美国走向衰落是在二战以后。有趣的是，作为二战互为对手的美国和德国，在战争爆发前的若干年间，对于各自推行的优生政策与运动，却是互相追捧和赞美的。直到纳粹给人类——包括美国造成灾难，美国才开始与德国划清界限，优生学就此走向衰落。正如美国学者指出的，优生学在美国的衰落，在很大程度上不是源自本国的因素，而是源自国际上的外力。[1]

如果说美国开启了优生运动的序幕，德国纳粹则是将这一运动推上最高潮，并最终使优生学背上骂名而被钉上耻辱柱。在这一阶段，优生学彻底滑向种族卫生学，成为纳粹实施种族灭绝罪行的"科学依据"。遗传学家、医生与纳粹政权同流合污，成为帮凶。[2]纳粹以优生为名的种族灭绝罪行，其范围之广、受害人数量之巨、手段之残忍，均是骇人听闻、史无前例的。如果说此前的优生学中种族主义尚是有所遮掩和顾忌的，纳粹的种族卫生学则是赤裸裸的，与屠杀毫无二致。对于这一段历史，尽人皆知、毋庸赘言。二战堪称是人类近代史上最大的灾难，而优生学与纳粹扯上干系，注定招致灭顶之灾和恒久的厌恶。此后，优生学便一蹶不振，在相当长的一段时间几乎销声匿迹。反思这段历史，是优生学导致了战争灾难，抑或其作为一门科学被扭曲而背负了不应有的骂名，值得深省。

（三）新优生学

在二战后相当长的时间内，优生学都处于低谷，负面的记忆印在人们脑海中挥之不去。不过，随着时间的推移，战争的痛苦回忆渐渐被淡化，优生学有复苏的迹象。有论者指出，优生学本身并不可憎，错在被种族主义所利用，成为战争的替罪羊。新的优生学努力通过与旧优生学划清界限获得重生，剔除种族主义和阶层偏见，还原优生学的本来面目，即通过适当的人为干预培育优秀的后代。新优生学与政治分道扬镳，而逐渐回归科学本身，特别是以基因科技的词汇取代优生学之名。可以说优生学处于形象修复的过程中，

---

[1] Hannah Lou, "Eugenics Then and Now: Constitutional Limits on the Use of Reproductive Screening Technologies", *Hastings Constitutional Law Quarterly*, 2015, 42 (3).

[2] 参见周鑫：《种族卫生学与纳粹时期的德国医学界》，武汉大学 2012 年博士学位论文。

而无论是新优生学，抑或是基因科技的新语词，都表明要与过去划清干系而以新的面貌示人。总而言之，当今优生学不再是极权政府的冷酷工具，在非高压强制之自由意志之下，他已经彻底改头换面，旨在满足人们拥有一个健康孩子的美好愿望，并促进人类的整体福祉。[1]

（四）优生学在我国的发展

我国的优生学是由外国引入的，所处是 20 世纪初国家内忧外患的年代，其是被作为一种挽救民族危亡的主张被提出的。最早反映优生学思想的是严复翻译的《天演论》，1919 年出版的陈寿凡编译的《人种改良学》是早期优生学的重要著作，系统化介绍优生学的则是潘光旦先生。与西方优生学相比，我国优生学的发展呈现出不同的轨迹与特点，并不具有西方优生学运动中浓重的种族主义色彩，而以救国强民为主旨。再者，中国人没有经历过那场灾难性的优生运动，没有切身之痛，这或许恰恰是我们该庆幸的。[2]也因此，我国民众对优生学没有强烈的抵制情绪。不过，优生学引入初期在中国并未获得很大的发展，一个重要原因是主流观点认为中国羸弱的根源不在于生物遗传，而在于社会因素，拯救民族危亡的要务是推行社会改革。

新中国成立以后，伴随着人口快速增长，计划生育作为一项基本国策被推出，而优生优育也一度成为富有时代性的口号。国家在政策层面鼓励优生，并将一些优生主张上升为法律。比如，《中华人民共和国婚姻法》当中规定了一些禁止结婚的疾病，《中华人民共和国母婴保健法》等法律法规中也有优生相关的规定。有论者认为，中国由于未经历旧优生学之痛，对其负面效应缺乏足够的警惕，阶层偏见隐约存在，对此应引起足够关注。[3]

二、基因检测对优生学的影响

毫无疑问基因技术对于优生学的冲击是巨大的，甚至可以说是开启了一个基因优生的新时代。在技术层面，基因检测的运用使优生的手段达到前所未有的高度，发现遗传缺陷的精准度提升、范围拓宽、时间段提前。通过胚

---

〔1〕　参见黄丁全：《医疗　法律与生命伦理》，法律出版社 2015 年版，第 843 页。

〔2〕　参见张迪：《优生学的伦理反思及生殖遗传学技术的伦理探究》，北京协和医学院 2015 年博士学位论文。

〔3〕　参见张迪：《优生学的伦理反思及生殖遗传学技术的伦理探究》，北京协和医学院 2015 年博士学位论文。

胎植入前诊断，可以实现基因筛选，这是此前所做不到的。进而，技术朝着基因改造与增强的方向发展，使修补有缺陷的基因成为可能。摆在生育者面前的可能选项有流产、生育、基因筛选和基因治疗。尽管某些技术尚不成熟，但基因检测使得生育选择的自由度不断提升却是一个注定的趋势。这种发展使优生学充满技术意味，这在一定意义上有助于其摆脱历史上的恶名。事实上，有观点认为，考虑到"优生学（Eugenics）"这个术语以如此繁多的不同方式被使用，使其已不再适于在科学文献中继续使用，不如干脆用"生殖遗传学"取代"优生学"的术语。[1]笔者亦认为这种主张有其合理性，优生的词义含糊不清，与其相对的则是"劣生"，带有评判色彩，用"生殖遗传学"的术语则更加中性化。当然，关键的其实不在于用什么词语表达，而在于防范其背后的风险。

基因检测对优生学带来的另一个影响则是产生了较以往更为复杂的伦理问题。脱离了种族主义与阶层偏见，借助纯技术性的基因检测达到生育健康宝宝的目的，看起来更加容易获得公众认可。然而这在避免了一种风险的同时，可能又陷入另一种风险——技术的癫狂。基因检测操作的对象是可能发育成人的遗传物质，生命是鲜活的，技术却是冷冰冰的，为了追求完美婴儿，基因检测技术存在着被无底线滥用的风险。这种风险以技术为名义，与以种族主义和阶层偏见为特征的优生学相比更加隐蔽因而更加难以识别，但危害可能一点也不比后者小。

基因检测在生殖中的运用将导致更多人工流产的抉择问题。在实践中，产前基因检测被越来越普遍地使用，所筛查出的"缺陷"婴儿势必大量增加，生育还是流产是摆在人们面前的难题。而何谓"缺陷"？哪些是足以构成流产要件的缺陷？抑或女性有权自由决定终止任何被检测出不完美的胎儿？政府对此有强制干预的权力吗？目前，一些疾病——如唐氏综合征是普遍接受可以选择流产的遗传疾病。而实际基因检测的范围远远超过这些公认重大遗传疾病的范围，甚至扩展至与健康无关的天赋基因检测，对于检测出不符合标准的胎儿，个人可以选择自由堕胎吗？更为敏感的问题是，PGD技术实施中不符合要求的多余胚胎的处置。当通过基因筛选达到了生育健康宝宝的目的，

---

〔1〕 参见张迪：《优生学的伦理反思及生殖遗传学技术的伦理探究》，北京协和医学院2015年博士学位论文。

未被选中的体外胚胎的命运不应被遗忘和人为刻意忽略。女性生育自由与胚胎生命法益保护的平衡是一个基因优生学带来的新挑战。此外，基因优生还带来了公平问题。经过基因优选和增强而降生的婴儿，较自然降生的婴儿相比获得微妙的优势，这是不是起跑线上的不公平？为了不让孩子输在起跑线上潜在的父母是否会发动基因竞赛？未来不同的人群因基因不同而被贴上不同的标签，如何避免歧视？这是否会导致新的邪恶优生学？总之，生殖性基因检测带来一系列令人头疼的伦理问题。

避免使用优生学词汇可能使生殖性基因检测躲过不少批判，但其所实施的行为实质或许与优生学无异。旧优生学的灾难看似已经远去，但其卷土重来的风险其实一直都存在。警惕旧优生学借着基因检测的新名牌复辟，是当前及今后若干年人民需要密切关注的问题。

第三节 产前基因检测的法律规制

无创产前基因检测（Non-invasive Prenatalgenetic Testing，NIPT）与传统的产检相比由于具有非侵入性、准确性高等优点，在实践中获得越来越广泛的应用，对于预防生育缺陷功不可没。NIPT 由于关系人类的繁衍而关系重大，比一般基因检测有更高的规范要求。

一、我国产前基因检测的规范沿革

早在 2002 年，卫生部就颁布了《产前诊断技术管理办法》（2003 年 5 月 1 日起实施）。不过该《办法》是针对一般的产前诊断方式作出的规范，并未充分考虑到产前基因检测的特殊性。自 2014 年以来，我国加快了对于产前基因检测特别规范的步伐，一系列文件与举措密集出台。2014 年 2 月，卫计委办公厅和食药监总局办公厅共同印发了《关于加强临床使用基因测序相关产品和技术管理的通知》（食药监办械管［2014］25 号），紧急叫停了所有产前基因检测。2014 年 3 月起，卫计委委托中华医学会、国家卫生计生委临床检验中心和全国产前诊断技术专家组，评估确定了一批高通量基因测序技术临床应用试点单位，开展遗传病诊断、产前筛查与诊断、植入前胚胎遗传学诊断 3 个专业临床应用试点工作。2014 年 12 月和 2015 年 1 月，卫计委相关部门分别印发了《关于开展高通量基因测序技术临床应用试点工作的通知》（国卫医医护便函〔2014〕407号）和《关于产前诊断机构开展高通量基因测序产前筛查与诊断临床应用试点工作的通知》（国卫妇幼妇卫便函〔2015〕4号），确定了高通量基因测序技术临床应用试点工作方案及技术规范，其中包括开展高通量基因测序产前筛查与诊断临床应用试点工作的107家产前诊断机构和9家医学检验所。通过一年多的试点工作，高通量基因测序产前筛查与诊断技术的安全性、有效性得到进一步证实，该技术临床应用的对象、定位和技术要求也更加成熟。各地纷纷反映，在全面放开计划生育政策实施的新形势下，对高通量基因测序产前筛查与诊断技术的需求增长迅速，希望在试点基础上进一步完善技术规范和流程，尽快推广应用。在此形势下，卫计委办公厅在2016年又组织制定了《关于规范有序开展孕妇外周血胎儿游离DNA产前筛查与诊断工作的通知》（以下简称《筛查通知》）及《孕妇外周血胎儿游离DNA产前筛查与诊断技术规范》（以下简称《技术规范》），于2016年10月27日起施行。而此前《关于产前诊断机构开展高通量基因测序产前筛查与诊断临床应用试点工作的通知》和《关于开展高通量基因测序技术临床应用试点工作的通知》中涉及产前筛查与诊断专业试点机构的有关规定同时废止。[1]

上述一系列规范举措的出台，使产前基因检测有法可依，此前的乱象很大程度上得以治理。从严格意义上讲，《筛查通知》和《技术规范》并非法律，而仅仅是行政性规范，但毕竟使得产前基因检测有了相对明确的规则指引，为未来更高层次立法提供了过渡和准备。在众多基因检测类型当中，产前基因检测是目前规范化程度最高的。

二、产前基因检测的基本制度架构

（一）检测与诊断的关系

从严格意义上讲，产前基因检测与诊断是两个不同的概念，对应的是不同的行为，但是二者存在着如影随形的密切联系，在规范上难以被分开。产前基因检测的直接目的是筛查胎儿的基因状况、初步识别遗传缺陷风险，对

---

〔1〕《〈关于规范有序开展孕妇外周血胎儿游离DNA产前筛查与诊断工作的通知〉及有关技术规范解读》，载 http://www.moh.gov.cn/zhuzhan/zcjd/201611/bcc3075de60441b8b6699dd12cb6338e.shtml，2016年11月9日访问。

于检测结果显示的高风险，则需进一步开展更准确的产前诊断。作为一套完整的临床服务，仅有检测而没有后续诊断是不行的，而没有检测作为前提诊断则无从进行。检测机构和诊断机构各自独立，分别开展业务，但存在密切的合作关系，该种合作关系的确立并非自愿性的，而是强制性的。一些机构如医院可能同时具备产前基因检测的资质和诊断的资质。《技术规范》所采用的概念表达是"孕妇外周血胎儿游离 DNA 产前筛查与诊断"，其中包含了检测与诊断。本书为了行文的简便和用语的统一，仍旧采用"产前基因检测"的简化概念，其包含了检测与诊断。根据《技术规范》的相关条文规定，产前筛查机构自身若不具备诊断资格，则必须与产前诊断机构建立合作关系，并向省级卫生行政部门备案。二者各司其职，其合作关系的建立应当签订协议，明确分工。产前筛查机构主要负责制订产前筛查方案、检测前咨询、检测申请（包括签署知情同意书、标本采集、检测信息采集）、对检测结果为低风险人群进行后续咨询、妊娠结局随访等。产前筛查机构应当及时将检测标本送至有合作关系的产前诊断机构，由产前诊断机构安排进行后续检测。产前诊断机构主要负责确定产前筛查与诊断方案、标本检测、出具发放临床报告、对检测结果为高风险人群进行后续咨询、诊断与妊娠结局随访等。产前诊断机构负责对具有合作关系的产前筛查机构进行技术指导、人员培训和质量控制。

（二）检测机构与人员资质

产前基因检测具有高度专业性，只能由具备资质的机构和人员进行。根据《技术规范》的要求，开展孕妇外周血胎儿游离 DNA 产前筛查与诊断的医疗机构应当获得产前诊断技术类《母婴保健技术服务执业许可证》。开展孕妇外周血胎儿游离 DNA 实验室检测的医疗机构应当具备临床基因扩增检验实验室资质，严格遵守《医疗机构临床实验室管理办法》《医疗机构临床基因扩增检验实验室管理办法》等相关规定。采血机构则也应当为有资质的产前筛查或产前诊断机构。从业人员也有严格的限制，应当按照《产前诊断技术管理办法》要求取得相应资质。[1]从事产前基因检测的实验室人员应当经过省级

---

〔1〕《产前诊断技术管理办法》（2002 年）第 8 条规定："从事产前诊断的卫生专业技术人员应符合以下所有条件：（一）从事临床工作的，应取得执业医师资格；（二）从事医技和辅助工作的，应取得相应卫生专业技术职称；（三）符合《从事产前诊断卫生专业技术人员的基本条件》；（四）经省级卫生行政部门批准，取得从事产前诊断的《母婴保健技术考核合格证书》。"

以上卫生行政部门组织的临床基因扩增检验技术培训，并获得培训合格证书。

（三）适用范围

产前基因检测并非可以任意进行，而是只能在特定情形下采用。《筛查通知》和《技术规范》对于产前基因检测的适用范围做了比较明确的规定。检测针对的目标疾病为三种常见的胎儿染色体非整倍体异常，即 21 三体综合征、18 三体综合征、13 三体综合征。[1]其中 21 三体综合征（唐氏综合征）的应用最为普遍。对检测的适宜时间也做了限制：适宜孕周为 12+0~22+6 周。《技术规范》还对检测的适用人群、慎用人群和不适用人群分别作出了列举式规定。超出上述范围限定的产前基因检测，皆属违法。

（四）流程与质量控制

《技术规范》第三部分对产前基因检测的临床服务流程作出了细致规范，共分为七个方面：①检测前咨询及知情同意；②检测信息采集；③标本采集及运转；④临床报告的出具发放；⑤检测后咨询及处置；⑥妊娠结局随访；⑦标本与资料信息的保存。这套程序较为完整详细，对于受试者的利益和人格尊严给予了周到充分的考虑与尊重。在检测启动前，医师应当对孕妇本人及其家属详细告知该检测的目标疾病、目的、意义、准确率、局限性、风险以及其他筛查与诊断方案，后者应当签署知情同意书和申请书。知情同意书应当载明的事项要点被明确列举，在《技术规范》后面还附有知情同意书参考模板。临床报告的出具有时间限制：自采血日起不超过 15 个工作日，其中发出因检测失败须重新采血通知的时间不超过 10 个工作日。临床报告须采取书面形式，且应当由副高以上职称并具备产前诊断资质的临床医师出具发放，报告的内容被明确列举并附有参考模板。对于检测报告揭示的不同等级风险，设置了相应的后续咨询与诊断要求。《技术规范》要求咨询率应达到 100%，产前诊断率应达到 95% 以上。此外，采血机构还应当负责对孕妇的妊娠结局进行追踪随访，且标本、信息和资料的保存期限应不少于 3 年。《技术规范》

---

[1]　人类的染色体成对排列，共 23 对、46 条，所谓三体综合征即某对染色体之外多出一条异常染色体，从而引发遗传缺陷风险。其中，最常见的就是 21 号、18 号和 13 号染色体的三体综合征。21三体综合征即唐氏综合征（Down，先天愚型）。18 三体综合征亦称爱德华氏综合征，是仅次于先天愚型的第二种常见染色体三体征。13 三体综合征又称为 Patau 综合征，在新生儿中的发病率较低，约为 1：25 000，但患儿的畸形和临床表现要比 21 三体要严重得多。

在第四部分对"检测技术流程"作出了规定，包括：标本的接收、信息记录要求、血浆 DNA 的提取、文库构建、DNA 序列分析、数据分析与结果判断、检测结果的出具、检测数据的存储与安全。第五部分"质量控制指标"对检测应当达到的科学性、准确性水平作出了百分比化的规定。

三、产前基因检测的异化风险与应对

产前基因检测原本是为了预防生育缺陷、提高生育质量，然而在现实当中，这种高科技手段可能被滥用于邪恶目的，产生负面的社会效果。对制度异化的风险应当予以防范。

（一）基因检测与性别选择

在技术层面，基因检测可以用来鉴定性别，这就引发了利用产前基因检测进行胎儿性别选择的风险。随着产前基因检测技术应用的日益普及，该种性别选择风险正在不断加剧，这是一个在世界范围内都受到普遍关注的问题。[1]基于性别偏好而对胎儿作出选择，是对男女平等理念的挑战，受到普遍的否定评价。尽管如此，在现实世界中性别选择陋习却屡禁不止。技术的进步，客观上为这种违背社会伦理的行为提供了便利。通常而言，出生人口男女性别比的正常范围是 103—107，也就是说每 100 名出生女婴对应 103 名—107 名出生男婴，但是我国出生人口性别比，自 1982 年以来一直持续攀升，2004 年创历史最高纪录，为 121.18。近几年，这个比例虽然出现了逐步下降趋势，但 2015 年仍然在 113 左右的高位徘徊。我国法律对非医学需要的胎儿性别鉴定一直是明令禁止的。近些年通过严厉打击，非法黑 B 超的情况越来越少见，然而基因检测的出现却给非法胎儿性别鉴定提供了新的手段和可乘之机，甚至形成了一个严密的地下产业链。中央广播电视总台焦点访谈节目曾专门报道过这一问题。[2]在法律规范层面，禁止利用基因检测进行非法性别选择的规定不可谓不明确。前述《技术规范》就明确规定："严禁任何机构或人员利用孕妇外周血胎儿游离 DNA 产前筛查与诊断技术进行非医学需要的

---

〔1〕　Kevin L. Boyd, "The Inevitable Collision Of Sex-Determination By Cell-Free Fetal DNA In Non-Invasive Prenatal Genetic Diagnosis And The Continual Statewide Expansion Of Abortion Regulation Based On The Sex Of The Child", *UMKC Law Review*, 2012, 81（2）：417-460.

〔2〕　详细报道参见《滴血验子暗藏"杀机"》，《焦点访谈》节目 2017 年 1 月 8 日。

胎儿性别鉴定。"但是实际贯彻执行的情况并不理想，提供胎儿性别鉴定基因检测服务的黑市仍旧"生意兴隆"。为了解决这一问题，国家卫生计生委在2016年再次重拳出击，制定了专门的《禁止非医学需要的胎儿性别鉴定和选择性别人工终止妊娠的规定》（2016年5月1日起实施）。[1]在笔者看来，这不是立法上的问题，而是执法层面的问题，应更多通过加大对产前基因检测的行政执法力度来解决。从长远来看，这一问题的解决最终要依赖国民经济与文化的进步、女性社会地位的提升、国民素质的提高和生育观念的转变等诸多因素。

（二）基因检测与堕胎

产前基因检测的广泛应用使女性比以往任何时候都有更多的机会获得更加丰富的胎儿基因信息，这也意味着更多的遗传风险被揭示，而获取这些信息的孕妇可能选择人工流产以避免先天残障婴儿的降生。这可能将引发堕胎高潮，同时也将堕胎合法性的问题再次提起。[2]

在历史上，有关堕胎合法性的争论由来已久。胎儿是人的先期阶段，其生命利益应当得到尊重和保护，另外，胎儿存在于母体之内，生育是女性的行为，是否生育关系女性的自主决定权。当这两种均为正当的权利发生碰撞如何取舍令人纠结，没有两全其美的答案。这是一个世界性议题，各国由于历史、文化、宗教传统等背景的不同，对于堕胎有不同的立场。总体来看，大多数国家都保护女性的生育自由，完全禁止堕胎的国家和地区较为罕见。不过，各国同时都对堕胎作出了或宽或严的限制，以平衡对胎儿生命法益的保护。

美国法对于堕胎的立场受到格外关注。美国是一个标榜自由的国度，生育自由作为自由的一部分当然得到尊重。然而同时美国又自我宣称是一个尊重人权的国家，乃至于保护胎儿的人权，堕胎在美国社会仍旧得到相当数量人群的强烈抵制，反堕胎运动经久不息。而立法和法院的立场在历史上经历了曲折的发展。[3]1973年，美国联邦最高法院对"罗诉韦德案"作出判决，

---

〔1〕 该规定当时由卫计委、国家工商总局和食药监总局三部委共同签署，共25条。

〔2〕 Jaime Staples King, "Not This Child: Constitutional Questions in Regulating Noninvasive Prenatal Genetic Diagnosis and Selective Abortion", *Social Science Electronic Publishing*, 2012, 60 (1): 2-75.

〔3〕 任东来：《司法权力的限度——以美国最高法院与妇女堕胎权争议为中心》，载《南京大学学报（哲学·人文科学·社会科学版）》2007年第2期。

肯定了女性堕胎的合法性。2013 年，美国国会通过了一项反堕胎法案，禁止对 20 孕周以上的胎儿实施堕胎手术。2016 年 6 月 27 日，美国联邦最高法院以 5 票对 3 票，推翻了 2013 年得克萨斯州通过的全美最严苛堕胎限制法案。这被认为是美国联邦最高法院 20 多年来针对堕胎问题作出的最重大判决，以及支持堕胎选择权阵营的一大胜利。[1] 然而故事还在继续，2016 年 12 月，俄亥俄州通过了极富争议的"心跳法案"，即只要检测到胎儿心跳就禁止堕胎，这时通常孕期刚达到 6 周左右。[2] 2022 年 6 月 24 日，美国联邦最高法院推翻"罗诉韦德案"裁决，赋予各州制定堕胎法的权力。这在全美掀起了轩然大波，部分州迅速宣布堕胎违法，另一部分州则承诺捍卫堕胎权。可以预计堕胎与反堕胎的斗争将一直持续下去。正如有学者指出的：这场"争论就好像是两条永远不能相遇的平行线，没有焦点，没有对错，也没有胜负。在现实生活中很难找到使论战双方都满意的解决办法，因此这场论战可能会是一场没有结果的拉锯战"。[3]

在基因检测技术背景下重提堕胎合法性问题的特殊意义在于：这项技术带来基因信息获取量的飙升，怀孕女性有更多的理由将有基因"缺陷"的孩子打掉。这是否意味着技术的进步带来了一场生命的劫难？尽管听起来有些危言耸听，但确是值得深思的问题。在没有基因检测的年代，女性的生育选择相对简单。在基因信息爆炸的时代，女性有机会接触更多有关胎儿健康的基因信息，然而这可能带来新的抉择困扰。产前基因检测结果揭示的信息意味着什么？什么是缺陷？什么是严重到足以堕胎的缺陷？所谓缺陷是确定要发生的吗还是仅为可能性？在海量的信息面前，普通女性可能陷入茫然之中，在没能充分理解检测结果的科学意义的情况下可能做出不明智的决定，一些堕胎选择可能是冒失、不合理的。要避免这种状况发生，应建立完善对怀孕女性的咨询与心理辅导机制，产前基因检测后的咨询尤为重要，应由专业的遗传咨询师对检测结果向女性进行解释、说明，阐明其对生育的影响，使女

---

〔1〕《美最高院推翻全美最严堕胎法案：怀孕超 20 周禁止堕胎》，载 http://news.ifeng.com/a/20160628/4925-6004_0.shtml，2016 年 6 月 28 日访问。

〔2〕《俄亥俄州立法者通过最严苛"心跳法案"　怀孕 6 周后禁堕胎》，载 http://www.chinanews.com/gj/2016-/12-10/8089515.shtml，2016 年 12 月 10 日访问。

〔3〕参见赵梅：《"选择权"与"生命权"：美国有关堕胎问题的论争》，载《美国研究》1997 年第 4 期。

性真正理解检测结果的意义。女性基于基因检测结果选择堕胎的权利是否应当受到法律限制？这是一个值得探讨的问题。从我国现行法来看，对堕胎的限制主要是禁止性别选择，除此之外别无其他限制，女性的生育自由得到了充分的保障。不过，对胎儿的保护似嫌不足。在我国的现实国情下，全面禁止或者严格限制堕胎显然是不现实的。但是，在生育自由与胎儿生命法益保护的天平上，避免过度偏向前者而完全忽略后者，则是应当有所作为的。

第四节　PGD 技术的法律规制

胚胎植入前遗传学诊断（PGD），顾名思义是指通过对人类精卵细胞在体外进行人工授精，并在植入母体前进行基因检测筛选以达到预防遗传缺陷的目的。该技术主要被应用于有严重家族遗传病史的拟生育人群。PGD 是人工辅助生殖技术的新发展，被称为第三代试管婴儿技术。与产前基因检测相比，PGD 技术将检测的时间进一步提前到胚胎植入母体之前，且不单单是发现遗传缺陷，还对人类胚胎实施了去劣取优的筛选操作。也正因如此，PGD 引起的伦理与法律争议远超一般的产前基因检测。对于 PGD，在法律层面应给予更加审慎的考量与规范。

一、PGD 技术带来的挑战

PGD 技术首次临床实例出现于 1989 年，首例"救人婴儿"则于 2000 年降生，2009 年英国诞生第一个"无癌婴儿"。统计显示，从首次使用此项技术开始，至 2010 年在全世界约有 11 000 名健康的婴儿因此出生。[1]在我国，PGD 技术也不乏应用实例。2011 年 6 月 29 日，广东中山大学第一附属医院降生了我国第一例"救人婴儿"，她为自己的姐姐提供了治疗重症地中海贫血的造血干细胞。2015 年，我国首例成功阻断重度遗传性耳聋的婴儿诞生。2016 年 1 月，首例应用核型定位（Karyomap）基因芯片技术进行的 PGD 试管婴儿诞生。2016 年 2 月，首例 PGD "无癌"婴儿诞生。[2]作为预防生育缺陷的高

---

[1] 参见薛智仁：《胚胎植入前遗传诊断之可罚性争议——评析德国法之新发展》，载《成大法学》2011 年第 21 期。
[2] 参见陈青：《国内首例 PGD "无癌"试管婴儿诞生》，载《文汇报》2016 年 2 月 29 日。

科技手段，PGD 技术正在被越来越多地使用，截至 2021 年全球已有约 300 万通过 PGD 技术出生的婴儿，由此也带来了一系列规范难题。

尽管在技术层面 PGD 的实施已无障碍，但在伦理和法律层面则争议重重。事实上该技术自出现至今，质疑声始终不断，法律界对其可能给人性尊严造成的损害忧心忡忡。围绕 PGD 技术在法律上存在一系列争点，概括地梳理主要有以下几个方面：①侵害生命法益的疑虑。围绕 PGD 的争议中最为基础性的问题是体外胚胎的法律地位，对此理论上素来存在主体说（人格说）、客体说（物格说）、中介说三大流派的争论，每一流派中又有许多不同的具体理论。[1]这一问题的关键在于生命法益及人性尊严的保护是否延伸至体外胚胎，若定性为人，则体外胚胎当享有生命权利及尊严，必须为"人"之挑选及抛弃的 PGD 将被认为构成对生命法益的侵犯。②生命法益与生育自由的冲突与协调。在肯定胚胎具有生命法益的观点下，另产生妇女之自由法益与生命法益的冲突。[2]若保护胚胎生命的法之价值与欲为 PGD 的妇女的个人意愿产生背离，妇女是否可主张宪法赋予的生育自由？③PGD 对人性尊严的威胁。即便认为体外胚胎"非人"，其毕竟具有成长为人的潜能，PGD 的实施必须制造数个胚胎，多时达几十个，在数个胚胎中只能挑选 1 个、至多 5 个植入母体，人类缘何进行此种挑选？胚胎被抛弃的原因，有的可能是有严重的遗传缺陷，有的可能与待救治的兄姐免疫不兼容，有的可能是具有一定风险患上类似癌症之疾病，有的可能是肤色、瞳色、性别等不符合父母的选择偏好。随着科技发展以及人类对基因认识的深入，未来还有更多可能用来进行挑选的理由出现。何种情形的挑选可被认为是具备合理基础而得被法律接受，系 PGD 具体实施中最难解决的问题。④其他社会伦理风险。PGD 技术实具有引发某些伦理危机的危险倾向。"救人婴儿"的技术操作是否违背人性尊严工具化之禁止这一原则？下一代是否可向上一代主张：既然可通过 PGD 充分掌握基因缺陷，得避免癌症风险，何以不给予其"无瑕疵来到人间"之权利？一旦承认 PGD，父母期待生下优秀小孩之愿望会愈发强烈，即有产生滑坡效应的可能，借由 PGD 打造完美下一代，乃至发展为性格、能力等筛选，即踏入

---

[1]　参见徐国栋：《体外受精胎胚的法律地位研究》，载《法制与社会发展》2005 年第 5 期。

[2]　参见陈志忠：《生命诚可贵，尊严价更高——关于胚胎植入前基因检测合宪性之辩证》，载《兴大法学》2007 年第 1 期。

"基因优生"之深渊。[1]若如此则道德、伦理、人之地位的危机出现，法律又该如何应对？

二、PGD 管制模式的比较法观察

在世界范围内，各国法对于 PGD 的立场不一，从自由放任到完全禁止，呈现极大的变化维度。

（一）放任模式——美国

美国、日本等国，对 PGD 几乎无法律管制。特别是美国作为该技术的起源及应用最为广泛的国家，却对以法律规范它并不热衷。在是否有必要以法律调整的问题上，美国学界无法取得共识。反对直接调整 PGD 的声音认为，过多的法律限制会阻碍技术的发展进步，增加成本，延长申请者的等待周期等，PGD 之规制可依行业自律之，美国生殖医学会等民间组织的调整可起到相同效果。支持以法律调整 PGD 的观点则认为该技术应用广泛，其中蕴含的法律问题复杂，有必要以法律形式确认其地位，并规避可能存在的风险。更进一步的讨论则涉及究竟以洲际的法律来管理还是联邦统一立法调整，并且对于现有的一些疑似涵盖了该技术的成文法，究竟是否确实可以应用的问题，也得不到统一的结论。

目前，无论在联邦层面还是各州，美国并无直接调整 PGD 之法律规范。[2]调整辅助生殖技术最为重要的法案是《生育机构成功率及证书规范法案》（the Fertility Clinic Success Rate and Certification Act of 1992）。它要求对辅助生育机构进行证书管理，并每年公开数据资料，内容之局限性比较明显。在各州的层面，尽管州际立法有超过 200 部涉及辅助生殖技术，但成文法中几无直接涉及 PGD 的规范。[3]

不过，仍有一些政府机构依法律之授权与解释，能够对该技术进行一定程度的管理。比较重要的是美国健康管理局（DHHS），它承担着规制辅助生

---

〔1〕 Hannah Lou, "Eugenics Then and Now: Constitutional Limits on the Use of Reproductive Screening Technologies", *Hastings Constitutional Law Quarterly*, 2015, 42（3）: 393-414.

〔2〕 Karen E. Schiavone, "Playing the Odds or Playing God? Limiting Parental Ability to Create Disabled Children through Pre-implantation Genetic Diagnosis", *Albany Law Review*, 2010, 73（1）: 283-328.

〔3〕 Nicole C. Schuppner, "PGD: A Call for Public Sector Implementation of Private Advocacy Regulation", *Journal of Medicine and Law*, 2010, 14（2）: 443-456.

殖、人工受精、干细胞研究、精子捐献等相关问题的主要职责，此外，国家健康协会（NIH）、食品药品管理局（FDA），疾病控制与预防中心（CDC）等机构均可能涉及一些 PGD 相关的问题。总而言之，该技术在美国处于相当自由之地位，正是由于此种自由，首例救人婴儿以及诸多新的检测方法均在美国完成。而随着新的应用方式不断被开发，以及临床案例愈加增多，更有一些匪夷所思的要求被提出（有身患某种遗传疾病的父母提出，希望孩子和自己保持一致，通过 PGD 筛选出患有疾病的胚胎）。[1]目前看来，认为只有国家力量方可为统一的判断及规范，要求于联邦成文法层面统一调整 PGD 的观点相对来说认可度比较高。

（二）法定授权模式——英国

包括英国、法国在内的一些法域，已经明确地或在事实上将 PGD 纳入特定机构的监管之下。自世界第一例试管婴儿布朗诞生于英国，该国法律一直相当重视辅助生殖技术的法律调整，成为许多国家相关立法之参照，特别是在加拿大等英联邦国家。英国模式当属此种模式的典型代表。

根据英国《人工受精与胚胎法案》（1990 年），1991 年 8 月 1 日开始正式运转的人工受精与胚胎管理局是负责控制配子、胚胎在人工生殖中的应用和胚胎研究的机构。彼时 PGD 技术刚刚起步，此法案并无明确词汇提及，但根据该法案第 3 条、第 17 条之规定，机构须取得管理局授权执照方可为执照允许的特定辅助生殖及胚胎使用行为，尤为明确的依据是人工受精与胚胎管理局有权授予这样的执照，"用来确保将植入母体的胚胎处于某种合适状态的操作设计"。此表述毫无争议地将 PGD 置于该机构的监管之下。在为各类执照允许的活动制定的操作指导细则中，亦包括了 PGD 过程。尽管在英国亦存在其他一些政府机构也可能涉及 PGD，但人工受精与胚胎管理局的监管地位是相当明确及权威的。

2006 年 5 月 11 日，英国批准扩大基因筛选范围（包括乳癌、卵巢癌、结肠癌等），并于 2009 年初，诞生世界上第一个"无癌宝宝"。[2]2008 年英国修订《人工受精与胚胎法案》，在涉及 PGD 的方面，明确了禁止出于社会原

---

〔1〕　Karen E. Schiavone, "Playing the Odds or Playing God? Limiting Parental Ability to Create Disabled Children through Pre-implantation Genetic Diagnosis", *Albany Law Review*, 2010, 73（1）：283-328.

〔2〕　参见陈仲妮：《"胚胎植入前基因诊断"之宪法问题》，载《科技法学评论》2009 年第 2 期。

因选择性别以及提供生殖治疗必须考虑孩子的利益之原则。[1]此外，其操作细则也是不断修订的，这就使得英国的规则能够对发展迅速的生命科技做出应对，使规范具有灵活性和适应性。总体而言，英国对PGD做出了有效且与时俱进的监控。[2]

（三）严厉管制模式——德国

在体外胚胎的法律属性问题上，德国、瑞士、爱尔兰、奥地利等一些国家的态度与英美等国截然不同。德国通说认为，人性尊严之保障是绝对的，不可与其他法益称斤论两为利益衡量，因而也就不可能为了干细胞研究之利益，或是为治疗之目的，而牺牲"胚胎之生命与尊严"。[3]

德国于1990年制定《胚胎保护法》，是限制与禁止胚胎相关研究、使用最为严厉的法律之一，性质上实为一部附属刑法。该法第8条第1项认为至分裂第八分裂阶段的全能胚（即第八阶段之前的胚胎），为法律保护之对象，由此PGD操作极易陷入侵害法律保护对象的境地。同时，依该法第2条第1项的规定，禁止为"维持胚胎以外之目的"的利用，由于PGD的目的并非维持胚胎，而是废弃"不合格"的胚胎，因而也不得实施。

但是，德国法中并无对该技术文字上的正面禁止，从而留下了解释的空间。PGD并非仅以具有全能性的干细胞方可为遗传诊断，目前医学界已经有能力对多能干细胞实施PGD，多能干细胞充其量只能发展成不同的组织或器官，欠缺发展成为人类的能力，故不属于该法第8条第1项所定义之胚胎，对多能干细胞实施PGD是否也被禁止，便成为各界激烈讨论的对象。新近出现的极体活检技术（PBD，polar body diagnosis），将可进行植入前遗传学诊断的时间点提至受精之前，利用卵母细胞为遗传诊断，此种诊断便可在《胚胎保护法》之下仍得以进行。

2009年4月24日，德国联邦众议院通过的《人类基因检测法》第15条调整

---

[1] Human Tissue Act 2004, http://www.hta. gov. uk/legislationpoliciesandcodesofpractice/legislatlation/humantissueact. cfm.

[2] 参见丁春艳：《胚胎着床前遗传学诊断：伦理与法律的界限》，载倪正茂、刘长秋主编：《生命法学论要——2007年"生命科技发展与法制建设"国际研讨会论文集》，黑龙江人民出版社2008年版，第327页。

[3] 参见曾淑瑜：《谁的生命不及格——论胚胎基因筛选之伦理争议与法律问题》，载《科技法学评论》2007年第1期。

产前基因检测，其第 2 款规定："产前基因检测只能为了治疗的目的开展……""如果根据公认的科学技术水平某种疾病只会在 18 岁后出现，那么任何旨在确定胚胎或者胎儿的与疾病相关的基因特性的检测均不得进行。"因该法条从目的及疾病范围的维度出发，事实上构成了对任何 PGD 手段的限制，不论是否涉及受精之后的胚胎。德国学界认为，PGD 属于产前诊断的一种，该当受此法条之规制。在此限制下，只有 18 岁之前便发生的严重遗传疾病可为基因检测。

基于以上分析，德国禁止了大部分 PGD 手段和应用，对该技术采取严厉管制的调整思路。由于实施 PGD 极有可能遭到起诉，有不少德国夫妇到比利时去进行 PGD 筛检。直至 2010 年，德国联邦最高法院才首次表态，正式承认以筛检重大遗传疾病为目的之 PGD 具有合法性。2012 年 2 月 2 日，德国联邦议会通过曾在 2011 年就提出但被搁置的决议，有限度地允许 PGD 的应用，该决议旨在降低流产和死产率，被允许的检测仅包括父母有严重遗传疾病之情况。[1]

（四）小结

1995 年，世界卫生组织（WHO）曾在《有关遗传医学伦理诸问题及提供遗传服务指南》中反对 PGD 方法。但随着时间的推移，PGD 的应用却越加扩展。纵观世界各主要法域，欧洲目前有 10 个国家明确允许 PGD 应用，[2]日本等法域本着法律未予禁止则为自由的原则，多有 PGD 临床实例，美国、以色列等一些国家对 PGD 之技术研究尤为重视。而曾经禁止的德国，立法态度发生重大改变，已经在小范围内允许实施 PGD。在其他禁止的国家，亦有政策松动的迹象。在一定范围内承认其合法，似是大势所趋，而差别则在于认可的程度与方式不同。

三、PGD 治理中的法政策考量

多元社会价值之下，思想家们普遍忧虑于现代社会的道德危机。因整个

---

〔1〕 Kai Arzheimer, "Strange Bedfellows: the Bundestag's Free Vote on Pre-implantation Genetic Diagnosis（PGD）Reveals How Germany's Restrictive Bioethics Legislation Is Shaped by A Christian Democratic/New Left Issue-coalition", *Research & Politics*, 2015, 2（3）: 1-7.

〔2〕 Joachim Krause, "Unter Die Lupe Genommen: Biomedizin, Gentechnik, Ethik", *Hrsg Diakonie Sachsen*, 2012（8）.

社会中价值观的多元化，人们在道德义务感以及道德差异性上距离越来越大。争论不休的结果不仅让人们失去了对社会普遍准则的信任，而且实际上已经构成了社会发展的障碍。[1]正因如此，法律之统一与公正成了平等待遇的期望及保障。可惜的是，在双面刃之因素下，法律反而形成观望之现象，未曾给出统一的客观标准。法律本身便包含人的价值选择，生命法学领域之激烈争论，盖系伦理价值之碰撞。对于 PGD 各国立法例上的分歧，实际反映了法律背后不同的价值考量。当然，各国法律背后的考量在存有差别的同时，也有一些共通之处。借鉴其合理因素，对我国法律对 PGD 应持何立场作出符合国情的判断，应是思考的方向。

（一）PGD 与生命法益

1985 年，英国政府任命了一个委员会探讨人工授精技术的潜在伦理问题，得出具有里程碑意义的 Warnock 报告。此报告对体外胚胎采取二分法，将体外受精后 14 天之内的胚胎定性为"物"，即非法律上所保护的生命法益之主体。[2]这一定性具备一定的科学合理性，因而对许多国家的相关立法产生了深远影响。在此基础上，包括美国、英国、日本等在内的许多国家允许对受精后 14 天内的胚胎进行科学研究及操作。我国 2003 年出台了《人胚胎干细胞研究伦理指导原则》，第 6 条规定利用体外受精等技术获得的囊胚，其体外培养期限自受精或核移植开始不得超过 14 天。虽然此规定是直接规范胚胎干细胞研究，与 PGD 并无必然联系，但至少表明我国并不将 14 天之前的胚胎视为享有生命法益之主体的基本态度。依照 14 天的划分方式，目前 PGD 技术所涉及的胚胎是确定、必然地不侵犯生命法益。原因在于：①PGD 所涉及特定的生命形式，在 20 多年来的临床实践中以受精后的、处于卵裂期或囊胚期的胚胎为主要对象，体外受精的胚胎在发育至囊胚期时尚不足 14 天，②自然状态下，人类胚胎以囊胚的形式植入母体能获得较高的成功率，且除非进行冷冻，胚胎在试管中保存的极限时间为 14 天，在此之前须完成植入，由此看来，PGD 扩展至 14 天之后的胚胎的可能性较低。因此，在不认可 14 天前胚

---

〔1〕 参见徐强：《人格与社会》，南京师范大学出版社 2004 年版，第 163～165 页。

〔2〕 这一天数具有三个意义：首先，准胚胎发育 14 天后会形成神经冠，在此之前，对操作它们的行为没有感觉；其次，医学上须在这一天数前完成植入；最后，由于胚胎在 14 天前尚在分裂，因而不能被视为人类个体。

胎之生命法益主体地位的国家，无论放任还是纳入国家监管之下，允许 PGD 是基本的法律态度。

　　然以德国为代表的一些国家，对 14 天内的胚胎亦给予周密之生命保护，在这些国家，是否无从实施遗传学诊断呢？亦有学者提出：为了避免他人任意操纵生命的定义，生命权保障应以人的生命现象这一客观生物事实来决定其保护范围。而就客观事实的角度而言，卵子与精子之结合从具有发育成为人的可能性之时，便成为人之生命的形式之一。以精卵结合为生命法益之肇始的观点，有相当的伦理、法律及实践基础。因此，在持此种生命法益观点的国家，PGD 是否构成对胚胎的侵犯是需要做出进一步讨论的。不能说此技术必然侵犯生命法益，也不能说一定不侵犯。德国式的对生命法益与 PGD 的基本立场是，其不必然构成对胚胎的侵犯。这是由于，在德国式的立场下，有两种 PGD 被认为不侵犯生命法益：①以新技术避免侵犯胚胎。前曾述及，新近出现的极体活检技术已经可以将 PGD 进行的时点提至精卵结合之前，受精之前的卵母细胞，实难认定其具有生命法益。可见，技术之进展已实现对法律争议的回避。但是，极体活检存在可诊断范围上的局限性，只能实现母系的、单基因遗传疾病的诊断，须进一步讨论对精卵结合后至 14 天的胚胎进行 PGD 操作是否侵犯生命法益的问题。②优先保护比胚胎生命更重要的法益。德国新通过的法案允许在有严重遗传疾病危险下实施 PGD，此种限制没有界定严重遗传疾病是否仅限于单基因遗传疾病，则具有高发病风险的多基因遗传疾病亦有实施可能，并且，此限制亦未从目的上将救人婴儿排除在外。此项允许系以其他更为重要的法益限制了对胚胎生命法益的保护，尽管可能性质上均为生命法益，但不同的生命形式可以带给我们的道德感受不可能是一致的，为了未来之健康与长久生存而为生命法益内部的比较衡量，在特定情况下可牺牲胚胎的生命。[1] 可见，德国式立场下 PGD 是否侵犯生命法益需依据法律进行判断，而不像英国式立场直接认可对 14 天之前胚胎的操作。PGD 不必然侵犯生命法益是一国得以存在 PGD 实施空间的基本前提。

　　（二）PGD 与人格尊严

　　不论一国采取何种立场，对 PGD 的法律考量都仍将面对的一个重大问题

----

〔1〕　参见张国安：《人的尊严与生命伦理学》，载《自然辩证法研究》2009 年第 6 期。

是，此技术受到潜在地贬损人之尊严、将人工具化的尖锐指责。PGD 与人之尊严的关系不同于与生命法益的关系。生命法益起点的确认，各国可在本国法律思想的基础上进行比较明确的界定，无论合理与否，至少是明确的。而人之尊严比生命法益更具伦理性，也更加模糊、抽象。理论上对其概念争议颇多，有主观主义、客观主义、人格主义、个人主义等不同的理解，从不同角度理解可能得出 PGD 是否侵犯人之尊严的完全不同的结论。由于其自身内涵与外延的模糊，关于 PGD 一定不侵犯人之尊严的结论是不能证成的。一方面，PGD 确有构成对人之尊严实际的贬损之可能，譬如依西方人文主义之人类价值观念，须得坚守人作为目的本身之价值底线，[1]而"救人婴儿"则具有将人工具化的危险倾向，另一方面，PGD 亦有对人的尊严发生潜在贬损的可能，譬如它向公众传达了一种观念，有缺陷的生命是不值得出生的，残障者是家庭的负担。[2]

在此基础上，可以得到的确定结论只能是 PGD 与人之尊严的关系具有不确定性，须为具体之衡量。一些认为 PGD 一定侵犯人之尊严的观点，并不能成立。

首先，不得出生不能论证缺陷胚胎之尊严低于健康胚胎。一些认为侵犯尊严的观点以是否得以出生来论证缺陷胚胎之尊严低于健康胚胎。用缺陷与健康来进行二分是一种常见的讨论思路，这种思路本身有着内在的逻辑矛盾。认为 PGD 传达了贬损残障生命之尊严的观点，忽略了并非只有缺陷胚胎被放弃，在健康与健康胚胎之间，亦存在同为胚胎而命运不同的事实。对于一对进行体外胚胎制造的夫妻而言，出于技术局限性不得不制造多个胚胎，最终得出生的一般不过一胎或两至三胎，其余胚胎或被冷冻，或被放弃。在不涉及 PGD 的体外受精中，同为健康胚胎，命运亦不尽相同。因此，以不得出生来论证对残障的歧视，不能解释健康胚胎亦不能出生的现实。事实上，人们对胚胎的放弃，无论健康与否，本质上与怀孕妇女选择堕胎没有任何不同。社会不可能要求父母将每一个胚胎孕育为胎儿并生育教养，此种要求不具期待可能性。

其次，"他决"的行为不能论证胚胎的尊严遭到了侵犯。因人之尊严的内

---

〔1〕 参见韩跃红、孙书行：《人的尊严和生命的尊严释义》，载《哲学研究》2006 年第 3 期。

〔2〕 参见丁春艳：《胚胎着床前遗传学诊断：伦理与法律的界限》，载倪正茂、刘长秋主编：《生命法学论要——2007 年"生命科技发展与法制建设"国际研讨会论文集》，黑龙江人民出版社 2008 年版，第 321 页。

涵，包含人的自主决定权利。有观点称，胚胎之命运不应由他人代为决定。这种观点无疑是脱离实际的。原本，对身体组织、人格权利等的支配当然地归于个人，然现实中不仅胚胎无法"自决"，尚有多种形式的生命与人格的"他决"。脑死亡取代其他死亡标准，是公权力人决定了个体生命何时终结，民事行为能力制度下，父母得代替未成年子女决定，年龄的界定亦属公权力对人之能力的"他决"，精神缺陷之人、植物人等，诸多情形需专家判断及他人代为决定。有多种形式的生命存在，面临着无法"自决"的情形。换言之，"他决"乃不得已而为之的替代方案。缺陷胚胎之出生，以普世伦理判断必然伴随痛苦与负担，生病等于不幸，健康等于幸福系现代社会大多数人之价值判断。[1]在这样的社会价值观之下，不舍弃胚胎的做法，是对人追求幸福权利的忽视。"他决"并非不可信任，亦非必然贬损尊严。

　　另一方面，认为 PGD 与人之尊严的法律保护无关，无需考虑，也是不正确的。因为 PGD 技术有侵犯人之尊严的危险，这种危险客观存在，需要法律进行防范。前述胚胎命运不得由他人代为决定的观点，如若在"代为"前加上"任意"二字，则可说明"他决"机制下，侵犯尊严之风险所在。对于胚胎，父母天然具有某种决定性地位，若胚胎得由父母之喜好任意决定，通过 PGD 任意筛选性别等行为将构成现实中的歧视。因此，需要法律以某种机制避免这种任意的"他决"。另外，前曾提及的"救人婴儿"，如任由父母自主决定，则有可能出现工具化之倾向。原本，父母基于特定目的产下子女的情况并非罕见，可能为了自己的财产由血缘后代来继承，可能为了改善夫妻关系等。只要亲子间关系不因特定目的而改变，子女仍可自由发展其人格，也不能认定父母仅将"救人婴儿"当作工具。[2]但若父母为拯救罹患疾病的孩子，刻意制造一个生命却不予之原本应有的尊重，这种只以患病兄姐为目的而以"救人婴儿"为工具的倾向当尽力避免。所谓人是目的，并不是绝对地禁止使用人，而只是说不应该把他人完全当作达到目的的手段，在任何时候都应该让每个人得到应有的尊重。[3]因此，法律须以某种机制传递这样一个

---

〔1〕　参见曾淑瑜：《谁的生命不及格——论胚胎基因筛选之伦理争议与法律问题》，载《科技法学评论》2007 年第 1 期。

〔2〕　参见陈志忠：《生命诚可贵，尊严价更高——关于胚胎植入前基因检测合宪性之辩证》，载《兴大法学》2007 年第 1 期。

〔3〕　参见韩跃红、孙书行：《人的尊严和生命的尊严释义》，载《哲学研究》2006 年第 3 期。

理念，一个健康的但跟患病小孩的免疫性不兼容的胎儿，绝对不能因为他缺少免疫兼容性而被排除，一个胎儿也绝不能只是因为他跟患病婴儿有免疫兼容性才可以出生。

（三）PGD 的利益风险衡量

生命法域的法律选择具有较强的政策性，而法律对新事物的规范往往需要衡量风险与收益。PGD 之收益，无需赘言，对父母而言，能生育一个健康的后代或拯救一个罹患严重遗传疾病的孩子，是科技向陷入遗传不幸的家庭伸出了援助之手。法国伦理委员会在讨论 PGD 政策时，委员表示，那种杜绝父母希望的态度，无疑是令人难以接受的。对社会而言，PGD 技术带来的好处同样无法忽视，这种好处符合人类追求幸福生活、避免遭遇不幸的伦理观念，得到人们普遍的支持，因而在各国均可得到认可的态势。

在风险方面，科学研究相当关注 PGD 对胚胎是否会构成后续发育能力的伤害。2009 年，一家研究机构发现经过卵裂球活检操作的胚胎有发育滞后的趋势；2010 年，荷兰科学家发现经过技术操作而出生的婴儿更易发生肌张力失调。[1]可见，PGD 过程本身有着技术上的内在风险，对此需加以控制。由此，许多国家将 PGD 应用限制在重大遗传疾病的范围内，因与罹患重大遗传疾病相比，上述潜在对胚胎的伤害可能性，属可容忍之范畴。另一方面的危险则是前述的侵犯人之尊严的危险，相对抽象。与收益相比，各国对 PGD 的此种风险的认知及价值衡量却有较大差异。德国因历史上优生学之阴影，对 PGD 态度相当谨慎和保守，美国法律之哲学基础源自民主自由的思想，对于 PGD 至今无联邦层面的直接法律调整。

四、我国 PGD 法律规范的现状与完善

（一）PGD 的规范现状

在我国，PGD 是伴随着技术的进步而在实践中悄然展开的。法律从未禁止过 PGD，当然在较高层级的立法中也从未正面规定过 PGD，只在一些行政性规范中有所涉及。PGD 的实施带来的社会正面效益得到了肯定，而其负面效果虽然也引起了一些关注和忧虑，但是并没有遭遇诸如在德国、英国等西

---

〔1〕 参见何梦珏、崔婷：《植入前遗传学诊断技术的进展与评价》，载《江苏医药》2013 年第 10 期。

方国家那样强烈的公众抵制。可以说，在其他国家饱受争议的 PGD，在我国却没有经历论战的硝烟就和平"上位"了。这一方面为 PGD 的发展提供了自由空间，另一方面也掩盖了一些隐患，未经砥砺的 PGD 所潜藏的伦理与法律风险没有被充分地暴露出来。

相对于现实的发展，PGD 的立法是滞后的。相关的规定主要有：《人类辅助生殖技术和人类精子库伦理原则》《人类辅助生殖技术与人类精子库评审、审核和审批管理程序》《人类辅助生殖技术管理办法》《人类辅助生殖技术规范》以及《产前诊断技术管理办法》。这些规范主要是伦理守则和技术性规范，颁布时间均已逾十年，内容上多侧重行政对辅助生殖机构之资质管理。与其他人工生殖技术相比，PGD 作为一项新技术有许多特殊之处，需要法律给予特别的考虑。相对于技术的突破，法律的跟进与回应似显不足，进一步完善的必要性日渐凸显。

我国目前对 PGD 的规范主要是行政监管，由卫生行政部门归口管理。国家对 PGD 实行资质准入管理，只有获得批准的机构才能开展。根据卫计委2013 年 3 月 1 日公布的《经批准开展人类辅助生殖技术和设置人类精子库的医疗机构名单》，截至 2012 年 12 月 31 日，在全国 356 家经批准开展人类辅助生殖技术的机构中，共有 16 家被批准进行植入前胚胎遗传学诊断。2014 年 2月，为了整顿市场乱象，卫计委和食药监总局联合发布通知，紧急叫停了包括 PGD 在内的所有带有临床医疗性质的基因检测。2015 年 1 月，卫计委发布了《关于辅助生殖机构开展高通量基因测序植入前胚胎遗传学诊断临床应用试点工作的通知》，重新批准了 13 家试点机构开展 PGD 业务。2015 年 5 月，卫计委发布了《人类辅助生殖技术配置规划指导原则（2015 版）》（国卫妇幼发〔2015〕53 号），对包括 PGD 在内的辅助生殖技术实行严格的《配置规划》（5 年一个周期）管理。卫计委制定了《人类辅助生殖技术配置规划指导原则》，并要求各省（区、市）卫生计生行政部门按该《指导原则》制订本省（区、市）《人类辅助生殖技术配置规划（2015-2020）》，依据《配置规划》开展辅助生殖技术审批。地方《配置规划》应按照三大类别分别制定，PGD 是其中之一。按照《通知》要求，新筹建开展 PGD 技术应当配置在具备产前诊断资质的三级综合医院、三级妇幼保健院和三级妇产医院中。每省（区、市）的《配置规划》中应当结合当地实际，明确规划开展植入前胚胎遗传学诊断技术的辅助生殖机构数量。[1]同年，卫计委还颁布了《关于规范人类辅助生殖技术与人类精子库审批的补充规定》（国卫妇幼发［2015］56号）。根据该补充规定，申请开展人类辅助生殖技术需要向所在省级卫生计生行政部门提出申请，经批准后才能开展业务。这就确立了 PGD 需经省级卫生行政部门审批的基本监管机制。补充规定还针对 PGD 作出了特别规范："申请开展植入前胚胎遗传学诊断技术的机构至少实施常规体外受精——胚胎移植或卵胞浆内单精子显微注射技术满 5 年。经批准开展植入前胚胎遗传学诊断技术的机构方可开展植入前胚胎遗传学筛查技术。"此外还规定，植入前胚胎遗传学诊断技术的评审专家组由 7 名专家组成。

（二）PGD 法律规制的完善

鉴于 PGD 的高度敏感性、争议性与特殊性，应加强立法完善的工作。尽管当前 PGD 也在事实上运行着，行政监管也起到了一定的规范效果，但是当中的很多问题尚没有明确的规则指引，须以更高层级的立法明白地确立下来。

首先，立法应明确限定 PGD 技术的适用范围。何种情形下方可实施PGD？必须在法律上作出严格的限制，以免该技术的滥用损害人的尊严。应对不同目的之 PGD 应用进行区分，新出现的应用方式须经国家相关部门研究批准后方可实施。"缺陷胚胎剔除""救人婴儿"和"无癌婴儿"具有不同的伦理争议：在"救人婴儿"的场合下，健康受损的风险由救人婴儿负担，而治疗目的与健康收益归于其患病兄姐，救人婴儿还可能面临工具化的危险，对于此种应用，一般应采取相比于"缺陷胚胎剔除"更为谨慎的态度。"无癌婴儿"的应用，受人们对癌症发病机理研究所限，必须限制在研究已经相当明确的特定疾病范围内，对于研究尚不成熟的癌症基因，不可轻易允许进行PGD 筛选。而随着技术进步，未来还有可能出现更多的 PGD 应用方式，为控制可能出现的伦理危机，新的应用方式不可不经任何权威性的讨论便推广。因此，建立一个新型应用方式的审查机制是必要的，任何未经批准的应用方式都应当被认为违法。

其次，应建立操作细则的更新机制，对 PGD 的技术细节进行统一规范，

---

［1］ 卫计委：《〈关于印发人类辅助生殖技术配置规划指导原则（2015 版）的通知〉文件解读》，载 http://www.nhfpc.gov.cn/zhuzhan/zcjd/201506/197803ad6e8041ba99fb58832787a128.shtml，2024年 3 月 28 日访问。

并保持对技术发展的适应性和灵活性。对于 PGD，应本着比普通辅助生殖实施更为谨慎的态度，诊断方法及具体临床实施是否可得进行应有明确标准。譬如，规定实施 PGD 之前提：证明受术夫妻确有遗传基因或染色体异常的危险，并调查其危害之质与量；有效的遗传咨询；充分的知情同意，等等。此种监管的具体内容如能在国家层面得以统一规范，可应对其可能带来的负面效应。另外，生殖医学领域技术发展日新月异，具体的技术规范需要不断更新以适应技术的发展，此种工作更需专门监管辅助生殖的官方机构负责。

最后，除了机构资质管控，还应加强对 PGD 实施过程的监管。目前，卫健委对 PGD 的管理仅涉及机构资质审批，并不监管其实施过程中的负面效应。目前对 PGD 实施过程有一定监督作用的是"生殖医学伦理委员会"，其本身就存在很多问题。[1]事实上，我国多数从事辅助生殖的医务人员认为生殖伦理委员会的工作是多余的，对患者没有实质性的帮助，对 PGD 的监督作用有限。相比而言，卫健委作为国家政府部门，又已经承担着对开展 PGD 机构的资质认定责任，由其来进行负面效应的控制是一个合适的选择，其开展工作应当比伦理委员会更具效率。

---

〔1〕　参见李志光、梁宁霞、张馥敏、赵俊：《医学伦理委员会的发展历程、特点及思考》，载《江苏卫生事业管理》2011 年第 4 期。

第四章

就业基因检测的法律规制

基因检测在技术上日趋成熟以后，渐渐走出实验室在实践中被广泛应用，职场亦难以避免地成为"试验场"乃至"重灾区"。基因检测引发诸多社会、伦理与法律议题，而其对于就业的影响是最引人关注的焦点。在就业基因检测的特别背景下，牵涉的社会关系是劳动关系，受试者具体化为劳动者——一个典型的弱者群体，这使得就业基因检测具有特殊性。由于劳动权具有基本人权性质，防止基因检测对于这一基本权利的侵蚀，乃是基因检测法律规制的重中之重。

第一节　基因检测引入职场：问题与挑战

就业基因检测，在比较法上多称为职场基因检测（Genetic Testing in the Workplace）[1]，是指雇主对雇员或求职者进行的基因检测，是基因检测在就业这一特定领域内应用的具体形式。在现实的发展中，就业基因检测正在变得越来越普遍。就业基因检测按照检测对象的不同大概可分为两类：第一类是雇主在招录新员工的过程中对求职者进行的基因检测，以确定求职者是否携带致病基因，从而决定是否雇佣；第二类是对在职雇员进行的基因检测，特别是那些经常接触生物、化学、核辐射等危险工作环境而可能罹患疾病的雇员，以作为职业病防范的参考。入职前健康体检和员工年度健康体检几乎成为一种职场常态，而体检的内容也从传统项目逐渐扩展至包含基因检测。

在劳动就业这一特定场域内，基因检测具有特别的意义，衍生出特别的法律问题——突出表现为基因歧视但又不限于歧视。就业是个人赖以生存之

---

〔1〕 Samantha French，"Genetic Testing in the Workplace：The Employer's Coin Toss"，*Duke Law & Technology Review*，2002（1）：15.

根本，基因检测被引入职场的结果，就是雇主将雇员或求职者的基因状况与工作机会和待遇联系起来，检测结果被作为雇佣、解雇、岗位调动与报酬支付等决定的参考，而这种联系建立是否正当值得怀疑。就业基因检测并非天生的"贬义词"，并不必然侵害雇员利益，但整个社会对此持忧虑悲观立场，这种忧虑不无道理。劳动关系以从属性为本质特征，雇员相对于雇主本就处于弱者地位，对于雇主的基因检测要求很难开口说不。就一般的基因检测而言，受试者处于弱者地位而需特别保护，而劳动者又是"弱者中的弱者"。就业对于个人生存的重要意义以及劳动者的特别弱者地位，造就了就业基因检测的特殊意义，其较一般领域的基因检测更加重要、更容易受到侵害，因此也更加需要得到法律的特别"关照"。

当就业遭遇基因检测，一系列问题由之产生。近些年就业基因检测在实践中被越来越多地采用，然而在基因检测于职场大行其道的另一面，法律对于这一新兴事物却尚缺乏最基本的规范。规范缺位下的职场基因检测风险重重，劳动者的就业平等权、隐私权、信息自决权等诸多权益都面临被侵害的威胁。近年来就业基因检测侵害劳动者权益的事件呈现多发态势，其中尤以2010年广东佛山市公务员招录基因歧视案影响最大。在该案中，三名初试成绩优异的考生在复试体检中因被查出携带有地中海贫血基因而被拒绝录用，三人将佛山市人力资源和社会保障局告上法庭，成为进入诉讼程序的"中国基因歧视第一案"。[1]尽管社会舆论几乎一边倒地支持原告，但法院最终判决驳回其诉讼请求。该案判决凸显出我国反就业基因歧视的法治问题。[2]世界上一些先进国家如美国、德国已经立法对就业基因歧视作出了规范，相比之下我国在这方面立法尚处于空白。时至今日基因歧视第一案已经平息，大众的热情已经褪去，但是由此案所暴露出的问题却仍旧悬而未决，法律的真空尚未得到填补，对就业基因检测作出法律规制的任务仍旧任重而道远。劳动就业权乃是关系人之生存的基本人权，而日益泛滥的基因检测对该种基本权利构成了威胁，如何化解这种威胁是必须思考和妥善解决的问题。该问题不是通过简单的禁止就业基因检测就能够搞定的，而涉及雇主、雇员与整个社

---

〔1〕 参见邓新建：《佛山3考生打响反基因歧视第一案》，载《法制日报》2010年2月3日。

〔2〕 参见张艳、宦吉娥、李媛媛：《我国就业领域反基因歧视之法治困境》，载《青海社会科学》2011年第3期。

会间的利益风险平衡。

就业基因检测给劳动关系带来的影响与挑战是多方面的，而学界与大众关注的焦点集中在基因歧视与反歧视。这是其中的一个重要方面，但却不是全部。就业基因检测引发的法律议题起码包括以下几个层面：①基因歧视与反歧视——就业平等权；②劳动者隐私保护——隐私权；③防止污名化——人格尊严权；④劳动者个人信息保护——自决权。对于就业基因检测的法律规制应围绕上述议题系统化地展开，使其在受掌控的"预定轨道"上运行。

第二节　就业基因检测的"是"与"非"

基因检测被引入职场，对劳动关系造成的影响是现实存在的，无论是对于雇主还是雇员皆是如此。现实的局面是：一方面就业领域内基因检测的应用越来越普遍，另一方面批判抵制就业基因检测的声音越来越强烈。[1]雇主有权对雇员（或拟招录者）进行基因检测并作为雇佣决定的依据吗？其应当得到法律的认可抑或应被严厉禁止？对于这一核心争论，意见并不统一，在历史上经历了曲折的发展。[2]舆论较明显地偏向于否定立场，多数意见认为基因检测对雇主有利，对雇员不利，毕竟检测不合格的结果往往是丢掉工作。肯定观点看来只占少数，但是其提出的支持检测的理由确有一定道理，不应被忽视。论及就业基因检测，防止劳动者从中受害是一个主基调，不过保护弱者的目的正当性不能直接被拿来作为宣告就业基因检测违法的充足理由。保护雇员免受歧视和隐私侵害应是首要的政策考量，不过在这之外还必须深究的是：所有检测都应当被禁止吗？检测对雇员没有任何利益吗？雇主在检测中的利益是否全非正当而无需任何保护？如何更好地平衡基因检测中雇主、雇员以及社会的整体利益？对于就业基因检测的利与弊应当作出周详客观的评估，以作为制定规制策略的考量基础。

一、基因检测对于提升职业安全健康的科学价值与局限性

借助基因检测的科学手段，发现潜在的职场健康风险而加以预防，这是

---

〔1〕　参见袁正兵：《基因检测应有严格限制》，载《检察日报》2010年2月4日。

〔2〕　Laurie A. Vasichek，"Genetic Discrimination in the Workplace：Lessons from the Past and Concerns for the Future"，*Saint Louis University Journal of Health Law & Policy*，2009，3（1）：13-40.

就业基因检测赖以存在的正当性前提。基因检测的吸引力在于疾病防控，这种利益在就业领域同样是存在的。使劳动者远离职业病的风险、最大化地降低健康风险，这是劳动法的一个根本追求，与之配套的有一整套制度。职业安全健康权是劳动者的基本权利，雇主则负有维护雇员健康的义务。出于为雇员健康着想，这是就业基因检测的基本理由。只是，必须追问的是，劳动者对于拟进行的基因检测是否真的有职业健康的利益，抑或其只是雇主滥权的漂亮托词。

应当肯定，基因检测对于维护职场健康确实具有积极意义。科学研究表明，某些与工作环境相关的疾病确实只在某些特定人群中高发。早在20世纪30年代，英国科学家哈尔登（Haldane）就发现，在陶瓷工业一些工人死于支气管炎，但绝大部分工人并不会受此危害，如果能够找到引起该病的根源，就能够通过易感人群筛查与劳动力准入控制而防止职业病的发生。寻找工作环境与疾病联系的努力在历史上很早就开始了，只是筛查易感人群的手段随着科学的进步而不断升级。早期人们只能通过家族患病史、性别以及其他表型特征加以粗略的判断，今天人们可以通过基因检测的高科技来确定易感人群与特定职业病的联系，其实只是手段升级而已。20世纪60年代在韩国，一些军队人员患上了急性溶血性贫血症（acute hemolytic anemia），后来的观察研究表明，这些人都服用过一种叫作 antimalarial primaquine 的抗疟疾药，同时都有葡萄糖6磷酸脱氢酶缺乏症（glucose-6-phosphate dehydrogenase deficiency，简称"G6PD缺乏症"）。从那时开始，科学家认为：有G6PD缺乏症的工人如果接触一些化学物质（例如，硝基和氨基化合物、金属氢化物、染料等），在氧化压力下很有可能发展成贫血症。1963年，针对G6PD缺乏症使用就业基因检测的建议被提出，具有这种基因特征的人不能从事接触特定化学物质的工作。这是最早的就业基因检测之一。此后的几十年间，疾病与基因特征、工作环境的联系被越来越多地发现，如阿尔法1抗胰蛋白酶缺乏症、镰刀型贫血特质等。[1]

如果某些工作岗位本身是带有患病危险性的，而携带某些基因特征的人群长期身处该工作环境中的发病概率比一般人高出许多，则借检测发现这种

<hr />

[1]　Paul W. Brandt-Rauf1 & Sherry I. Brandt-Rauf, "Genetic Testing in The Workplace: Ethical, Legal, and Social Implications", *Annual Review of Public Health*, 2004, 25（1）: 139-153.

风险而不使其置于危险的工作环境，看起来是正当和必要的。对于基因技术发展给职场健康带来的福音，若弃之不用十分可惜，尽管这背后同时蕴藏着巨大的风险。

利用基因检测提升职场健康是一个美好的愿景，然而另一方面基因检测结果对于雇佣决定的参考价值可能是十分有限的。人类基因具有极高的复杂性，而基因检测也分为不同种类，其对于就业有着不同的影响。根据被检测者是否已发病，基因检测可划分为诊断性检测和预测性检测，前者是指对已经出现症状的发病者进行的检测，后者则是对健康者未来发病的可能性进行预估的检测。诊断性检测有现实的必要性，现实中争议的焦点是预测性基因检测。由于预测性检测的结果只是一种未来发病的可能，充满不确定性，在就业领域雇主能否以一个捉摸不定的患病可能性而为雇佣决定值得怀疑。进而，预测性基因检测根据结果显示的患病风险高低不同又有若干种区别情形：①带因者确定发病。携带某些基因的人确定将发生某类疾病，主要是由单基因引起的疾病。②带因者发病的风险增高。即带因者并非百分之百发病，只是较一般人发病的概率更大。例如，携带 BRCA1 或者 BRCA2 基因的女性患乳腺癌的概率高达 80% 至 90%，而普通女性只有 10% 的患病概率。再者，不同疾病基因的风险高低又是千差万别的。③带因者本身并不发病，而是在后代中发病。对于就业产生影响的只有前两种，后一种只是对于生育有影响而无关就业。对确定发病的带因者的检测看来具有更大的合理性，对只是患病风险增高的带因者的检测则面临更多的争议——毕竟其还存在着不患病的可能性。

评估基因状况对于就业的影响，除了单纯的发病概率之外，还应当考虑其他的因素，诸如，①发病的时间。有些疾病会随时暴发，有些疾病则会推延发生，例如只会在晚年发作，若是如此对于就业的影响就甚小——特别是劳动合同采取固定期限形式的情形，那么雇主基于此作出不利的雇佣决定就是不公正的。②治愈的可能性。随着医学技术的进步，现在无法医治的疾病可能在未来被攻克，在未来到来之前一切不得而知，而现在就根据劳动者携带风险基因而拒绝录用等于提前判"死刑"。③人为因素的影响。疾病基因携带者的行为、生活习惯、个人努力、环境因素对于是否发病、发病时间、健康状况的改善同样具有重要影响，无视这些人为因素将陷入基因决定论。

人类基因技术尚处在发展之中，远未发达到百分之百准确预测疾病的程度。在绝大多数情况下，所谓就业基因检测预测的只是一种患病可能性而非必然性，这种可能性或可信度相对较高，或虚无缥缈。由于受诸多复杂因素的影响，基因检测结果对于雇佣决定的参考价值是极为有限的。[1]在现实的背景下，预测结果的模糊性很可能成为雇主滥用基因检测的突破口。雇主基于十分不确定的检测结果决定劳动者在就业中的命运与未来，是抱着一种"宁可信其有不可信其无"的逻辑。这样的悲剧结果与就业权保护的法律价值是背道而驰的。就业基因检测对于职业健康的意义可能被夸大而成为挡箭牌，到底是为劳动者健康考虑采取的必要行动，还是雇主的过度风险规避，需要一个证明的过程与制约机制。很重要的一点是看对疾病的预测是确有实据抑或只是捕风捉影，这在很大程度上是一个科学问题而不是法律问题。而科学能提供的也只是模糊的结论，是否足以作为雇主决定的依据需慎之又慎。

二、雇主在基因检测中攸关的利益

在就业基因检测中雇主常是于道义上受谴责的一方，然而正确的立场应当是放下成见，对雇主在基因检测中是否享有应受保护的利益作出公平判断。雇主何以如此执着于获得雇员的基因信息？有各种可能性的解释，核心的目标则是规避风险，这当中可能同时夹杂着合理的和不合理的因素。[2]

（一）雇主管理权

受劳动关系从属性影响，在雇主享有管理权这一点上，不存在太大的争议。[3]雇主有权指挥雇员，对工作完成的情况作出监督考核，对劳动过程中的各个环节加以统筹掌控使生产经营得以有序高效地展开。与雇主管理权相对，雇员则有接受管理的义务。根据《中华人民共和国个人信息保护法》（以下简称《个人信息保护法》）第13条第1款第2项规定，如果是"实施人力资源管理所必需"，则雇主可以通过基因检测手段收集处理雇员的个人基因信息。

---

[1] Amy Foster, "Critical Dilemmas in Genetic Testing: Why Regulations to Protect the Confidentiality of Genetic Information Should Be Expanded", *Baylor Law Review*, 2010, 62 (2): 537-572.

[2] Samantha French, "Genetic Testing in the Workplace: The Employer's Coin Toss", *Duke Law & Technology Review*, 2002, 1 (1): 15-26.

[3] 参见田思路：《智能化劳动管理与劳动者隐私权的法律保护》，载《湖湘论坛》2019年第2期。

(二) 保障工作场所安全的强制性义务

在劳动法上，维护工作场所与环境的安全健康是法律课以雇主的强制性义务，而疏于履行该义务或者履行不当的结果可能是法律责任的承担。为了避免被追究法律责任，防止职业安全事故与职业病发生，对求职者或雇员进行各种健康检查是重要的手段。基因检测在职业病筛查方面有着传统医学检查手段不可比拟的优势，即不仅可以发现已发作的疾病，还能预测未来可能发生的疾病。特别是如果某些疾病是除基因检测外的其他手段所不能发现的，基因检测就更体现出其意义。

(三) 侵权法上的雇主责任

在侵权法上，对于雇员在执行工作中给第三方造成的损害雇主需承担赔偿责任。雇主责任是一种替代责任，并且实行无过错责任原则。对于这种严格的法律责任的通常解释是"选任过失"理论，即第三人的受害被视为是雇主未能选任合格、安全的雇员之过失所致。一些损害事故可能由于雇员的健康原因引起，为了确保选任的员工对于第三人不存在健康方面的危险性，基因检测就成了重要的筛选工具。

(四) 雇主的经济"算盘"

成本效益是雇主热衷于基因检测的最主要因素，前两个方面因素也与此相关。企业既是市场上的营利性组织，经济利益最大化永远是其终极的目标，为此要把各种可能的成本降到最低。对于雇主而言，雇员的健康会影响到成本效益计算，这是显而易见的道理。如果雇主选任的雇员在尽可能长的时间里保持健康状态，则其成本是最低的，效益是最高的。相反如果雇员患病，则会增加各方面成本，例如，雇主依法需要负担的治疗费、职业病赔付、缺工期间却仍要持续支付的工资、寻找替代工人的支出、雇员因患病对其他人造成损害而应由雇主负担的赔偿责任，等等。

雇员健康给雇主经营带来的风险，在某些行业领域——如运动领域表现得尤为突出。例如，在美国职业篮球联赛（NBA），篮球俱乐部与球员签订的雇佣合同年薪以几百万美元为常态，超级球星年薪更是能达到两千多万美金，如果球员在赛季期间患病而整个赛季或数个赛季报销而无法出场比赛，则球队没有从该球员身上获得任何回报却要支付巨额工资。为了保证球员健康，签订合同前的体检是必经程序，但是否可以对球员进行基因检测则是有争议的。前 NBA 球星埃迪·科里事件就是这方面的一个典型事例。2005 年，作为公牛队球员的科里在一次身体不适的健康检查中，被发现可能患有遗传性的心肌肥厚症，这是一种可能——但并不是一定——影响球员运动生涯的疾病。球队管理层想要对科里进行基因检测，以此作为是否续约的条件，而科里本人不同意接受基因检测。事件最终以科里转会到纽约尼克斯队画上句号，后者同意不对科里进行基因检测。该事件在美国篮球联盟掀起轩然大波，各方对此的评论立场并不统一。来自 NBA 的意见倾向于抵制对球员进行基因检测，不过另有评论认为，运动领域具有特殊性，相比于其他行业领域进行基因检测有更充分的理由。[1]

成本效益考虑是否作为职场基因检测的正当理由着实值得探讨。应当看到，企业并非慈善机构而是营利性组织，成本效益的考虑本无可厚非，雇主希望雇佣到最健康优秀的雇员也是理所当然的。关键在于，雇主的众多经济考量中哪些是合理的、哪些是不合理的因素，对此必须一一加以辨明。现实的状况是，雇主往往只顾着打自己的如意算盘，不愿意承担哪怕是一点点风险。从技术的角度看，雇员携带缺陷基因只是存在患病的可能性而非必然性——极少数单基因疾病除外，大多数情况下患病的概率很小。而雇主即使知道雇员患病的概率仅有百万分之一，也不愿意承担这哪怕只有百万分之一的概率可能带来的风险。事实上每个人的基因都可能存在或多或少的小瑕疵，允许雇主挑选基因没有缺陷的"完美"雇员是不公正的，也是不可能的。因此，一般意义上的成本效益考虑不能使职场基因检测获得正当性。当然这也不可一概而论，而需在个案中结合具体情形加以特别的判断。

三、雇员在基因检测中的利益与风险

(一) 积极利益

一般的观点认为，就业基因检测对于雇员一方是不利的。不过客观来看，雇员对于检测并非没有任何积极意义，主要体现在职业安全与健康方面。如前所述，借助基因检测筛查使劳动者远离本人特殊体质不宜从事的工作岗位，

---

〔1〕 Paul D. Trumble, Knickel and Dime Issues, "An Unexplored Loophole in New York's Genetic Discrimination Statute and the Viability of Genetic Testing in the Sports Employment Context", *Albany Law Review*, 2007, 70 (2): 771-794.

可以在一定程度上降低职业病的风险。现实中就业基因检测通常是雇主方发起的，不过雇员基于职业安全权亦可主动向雇主提出对自己进行基因检测的要求，乃至于追究雇主怠于提供检测服务的法律责任。在美国就曾发生过一些这方面的真实案例。陶氏化学公司的一名已去世雇员的妻子起诉公司，声称公司没有对去世的丈夫进行基因检测以及时发现其在工作中接触苯物质可能患白血病的风险。

（二）损害风险

雇员在基因检测中面临多重风险，似乎多过利益。①基因歧视。这是首当其冲的风险，是公众对就业基因检测最大的疑虑。劳动者因为特殊的基因状况而在就业中受到区别对待，这是对劳动者就业平等权的侵犯。基因歧视的结果可能是劳动者丢掉饭碗，这是直接关系劳动者生存的大事。②隐私泄露。隐私权是自然人享有的一项基本人格权，在劳动法视域下的雇员亦享有隐私权。雇员的基因信息具有高度的私密性，与人格尊严密切相关。雇主在对雇员的基因检测中，获取了雇员的基因信息，若不当披露、使用，极可能造成对雇员人格的侵害。特别是那些缺陷基因信息的泄露，将损害雇员的尊严。再者由于基因的家族性，缺陷基因信息一旦泄露，还可能带来家族污名化的问题。这些信息一旦扩散到社会上，会给雇员的生活在更大范围内造成麻烦，事实上泄露隐私常常是与歧视联系在一起的。如此观之，应对雇主获取雇员的基因信息严加管制。③个人信息安全。个人信息权与隐私权有着密切的联系，但又是一种独立的人格权益，其在大数据时代背景下显得尤为重要。基因信息是一种特殊的个人信息，属于《个人信息保护法》第28条规定的敏感个人信息中的生物识别信息范畴，受到比一般个人信息更严格的保护。就业基因检测给雇员个人基因信息带来风险，而大数据和人工智能的兴起使该风险进一步加剧。人工智能人力资源管家对求职者和雇员信息的收集趋于自动化，使个人自我决定的权利直接被略过。在大数据经济利益驱动下，雇员基因信息可能会被基因检测机构批量出售给生物制药公司等第三方。

四、就业基因检测对社会的影响

就业基因检测除了对劳动关系当事人产生影响之外，还可能对劳动关系之外的第三人乃至整个社会产生一定影响。最直接的影响就是对公众安全与健康的威胁。携带致病基因的雇员以工作岗位为媒介，可能将疾病带来的风险由个人扩展至他人和社会。这种风险主要来自两个方面：一是疾病的传染性；二是特定工作岗位对于公共安全的特殊意义。例如，飞行员、铁路扳道工，其若发病直接影响的是公共交通的安全。从这个意义上来讲，借助基因检测筛查掉有风险的雇员，是对公众负责任的做法，具有正面意义。更深层面的是对社会意识形态的影响。无节制的就业基因检测可能助长基因决定论，每个人都被贴上基因标签，供雇主选择完美雇员之用。

就业基因检测，是诅咒还是福音？恐难以一概而论。综上所述，在就业领域基因检测利益与风险并存。社会的关注似乎更多聚焦在就业基因检测的风险之上，表达着深深的忧虑。鉴于就业对于个人生存之根本意义，对就业基因检测加以严格法律管制具有充分的正当性。然而另一方面，由于就业基因检测的积极价值——即使有限，法律也不可能对其完全禁绝。以严格管制为根本立场，兼保留适度的灵活空间，似乎是折中的不二方案。纵观各国立法，对就业基因检测大多采取了原则禁止，例外许可的模式。关键在于，怎样的法律规制才是宽严适当的？既能发挥就业基因检测的积极效用，又能成功避开其风险，这一目标说起来容易，实现起来却十分不易。

第三节　就业基因歧视与反歧视

就业基因检测所诱发的问题并不限于基因歧视，但基因歧视的确是其中最引人关注的一个。围绕就业基因歧视的议题主要有：什么是基因歧视？针对基因状况的区别待遇为何不对？基因歧视真的大量存在吗？如何治理基因歧视？

一、基因歧视的概念界定

基因歧视作为就业歧视的一种特殊表现形态，是歧视行为在科技进步下的"变种"，其本质都是一样的——对就业平等权的侵犯。不过，与普通的就业歧视相比，基因歧视确有其特殊性。就业基因歧视最根本的特征是，雇主是基于带因者未来患病的可能性而为区别对待，即歧视是基于患病倾向而做出的。普通的就业歧视——如性别歧视、民族歧视、疾病歧视等都是雇主基于劳动者已现实存在的状况而为的差别对待。如果受到歧视的劳动者已经发病，则并非真正意义的基因歧视，而应归入疾病歧视。[1]基因歧视的特质恰恰在于，雇主为了规避未来不确定的劳动者健康风险，对携带缺陷基因的求职者或者雇员给予差别对待。

歧视是一种差别对待，但反过来讲并不是所有的差别对待都是歧视。在劳动法上，并不禁止对劳动者的差别对待，而是仅禁止不合理、不公正的差别对待。具体到就业基因检测问题上亦是如此，基于基因检测结果对劳动者的差别对待并不必然构成基因歧视，只有缺乏合法依据的区别对待才构成歧视。[2]究竟是歧视还是正当的差别对待，需要一个判断的过程，而这恰恰是该问题的焦点和难点所在。歧视的甄别需参考多重因素、借助各种标准，诸如科学标准、社会伦理标准、利益衡量标准等。[3]基因歧视不是一个可以鲜明立判的问题，而是具有相当大的模糊性。立法应提供尽可能明晰的判断标准，但无论如何自由裁量的空间都将是巨大的。

二、反基因歧视的理论基础

雇主利用检测对雇员的基因优选行为为什么是不正当的，在理论上有各种各样的解释，最通常的解释有二：一是自然属性说，二是目的——手段关联说。按照自然属性说，人不应当因为个人意志无法控制的因素而受到谴责，否则就是不公正。基因状况是与生俱来的，个人无法掌控、无法改变，因此基于基因状况的差别待遇是不合理的。按照手段关联说，若所采取的区别对待的手段与欲达成的目的之间没有合理的联系，则该区别对待即构成歧视。[4]例如，某求职者携带某种疾病基因，但该种疾病即使发病也不会对求职者拟从事的工作造成任何影响，那么基因状况与拒绝录用之间就没有合理的关联。

在法律视角下，反基因歧视的权利基础是平等权。平等是基本层面的法律价值，在不同的部门法下又有不同的表达。首先是宪法层面的平等权，其具有基本权利的性质。其次是民法层面的平等权，属人格权的范畴。最后是

---

〔1〕 参见张艳、宦吉娥、李媛媛：《我国就业领域反基因歧视之法治困境》，载《青海社会科学》2011 年第 3 期。

〔2〕 参见陈庆、田侃、陈常义：《就业中基因歧视差别性待遇的国际考证》，载《医学与哲学（人文社会医学版）》2013 年第 9 期。

〔3〕 参见吴万群：《就业基因歧视界定的三维分析》，载《求索》2012 年第 12 期。

〔4〕 参见李成：《我国就业中基因歧视的宪法问题》，载《法学》2011 年第 1 期。

劳动法层面的平等权，即就业平等权。上述不同层面的平等权是一脉相承的，本质同一。具体到基因领域，则个性化地表达为基因平等权。我国学者普遍认可反就业基因歧视的权利基础是就业平等权。[1]

三、基因歧视：假想还是现实

基于对就业基因歧视的忧虑，对反就业基因歧视立法的呼声日益高涨。一些国家已经兑现了这样的立法，如美国、德国。然而另一方面，一种观点对特别立法的必要性提出疑问。一个关键的前提性问题是，由检测带来的职场基因歧视真的大量存在吗？抑或仅是理论上的假想？从法院判例的角度观察，基因歧视的案例在国内和国外都已经出现了，这在一定程度上证明对基因歧视的担忧并非杞人忧天。然而从另一个角度看，现实可搜集到的就业基因歧视的案例屈指可数。在我国，上述的佛山公务员招录歧视案是就业基因歧视第一案，迄今为止也是唯一一案。即使是在反歧视诉讼盛行的美国，各州的就业基因歧视案例的累计也仍以个位数计。就业基因歧视的规模是否已经达到了非进行专门立法不可的地步，是一个尚有争议的问题。[2]质疑者还认为，如果现行的立法已经能够对就业基因歧视提供保护，则就没有必要专门立法。

美国在制定《反基因信息歧视法》时，即遭遇了该种质疑。在该法案制定之时，美国只有两起就业基因歧视的判例。另外，反对者认为，美国的其他立法如《民权法案》《残疾人法案》以及一些州法足以对受到基因歧视者给予保护，制定《反基因信息歧视法》属于重复性立法。即使是在该法案生效之后，仍有声音认为该法案的制定时机是不成熟的，导致很多规定是不完善的。[3]不过，尽管有质疑的声音存在，民众对于这样的立法仍是满怀期待的，国会的立法态度也是坚决的。立法机构给出的理由是，由于技术上的成熟与市场化带来的便于获取性，基因检测被越来越多地应用于职场不可避免。尽管并不是所有的基因检测最终都将导致就业歧视，但是这种风险是客观存

---

〔1〕　参见王康：《基因平等权：应对基因歧视的私法政策》，载《东方法学》2013年第6期。

〔2〕　Patricia Nemeth & T. W. Bonnette, "Genetic Discrimination in Employment", *Michigan Bar Journal*, 2009, 88（1）: 42-45.

〔3〕　Erin M. Hillstrom, "May an Employer Require Employees to Wear Genes in the Workplace——An Exploration of Title II of the Genetic Information Nondiscrimination Act of 2008", *The John Marshall Journal of Computer & Information Law*, 2009, 26（4）: 501-546.

在的，为此提供风险的应对机制就是必要的。另外的立法考量是，明确的立法保护将使公众克服对于基因检测的恐惧，鼓励更积极地检测参与，这有利于基因科学的发展。[1]

就我国而言，笔者认为针对就业基因检测作出立法规范是必要的。尽管歧视并非职场基因检测的必然结果，而仅是低概率的可能性，但这种概率却是真实存在的，不能仅仅因为该类案件不多发就不立法。如果没有针对此的保护性立法，潜在的风险就可能转化为现实的损害。当然，就业基因歧视立法未必意味着对此制定一部专门的法律，可以在其他综合性劳动立法或法律修订中加入有关基因歧视的内容。无论如何，对就业基因歧视不能是零立法的。

四、反基因歧视的比较法规范

（一）美国法

1. 《民权法案》第 7 条

美国早在 1964 年出台的《民权法案》中就针对就业歧视作出了规范。该法案第 7 条禁止对求职者因种族、肤色、地域、性别、原始国籍不同进行歧视。由于某些基因特征往往与种族、地域、性别等有关，雇主在进行基因检测时，如果基于这些因素对雇员因给予差别对待，将会受到该法案的调整。Normon-Bloodsaw v. Lawrence Berkeley Laboratory 是这一领域的典型案例。该案被告劳伦斯伯克利实验室是一家由州和联邦机构运作的研究组织，在原告申请成为被告职员的强制性检测程序中，被告秘密检测了原告的血液、尿液用于确定其是否携带梅毒、是否患有镰刀型血红细胞贫血症（sick cell Anemia）以及女职工是否怀孕，但并未将此告知被检测的雇员。雇员以《民权法案》第 7 条提起诉讼，认为被告侵犯了联邦宪法及州宪法下的隐私权。由于镰刀型血红细胞贫血症检测仅针对非裔雇员进行——基于种族的区别对待，而怀孕检测仅针对女性雇员进行——针对性别的区别对待，因此符合了《民权法案》第 7 条适用范围的要求。法院最终支持了原告的诉讼请求。不过，对于规制职场基因歧视而言此法案有其局限性，只有被检测的基因涉及种族、性别、原始国籍等因素时才受到此法案的调整，若仅涉及自身原因或是家族的

---

〔1〕 Laurie A. Vasichek，"Genetic Discrimination in the Workplace：Lessons from the Past and Concerns for the Future"，*Saint Louis University Journal of Health Law & Policy*，2009，3（1）：13-40.

遗传疾病便不受此法规制。

2.《残疾人法案》

美国《残疾人法案》（Americans with Disabilities Act，ADA）颁布于1990年，其禁止雇主对于残障人士在雇佣、晋升、报酬、职业训练或者其他劳动条件方面予以歧视。该法在2008年作出修正，于2009年1月起生效。修法的一个重大改变是扩大了残疾人概念的外延，根据ADA新规，那些由于具有特殊的基因状况而受到雇主区别对待的人亦可被视为残疾人——即使带因者未显露出任何症状。ADA限制对求职者和雇员进行的医学检查，但并不完全禁止。①雇主不能在正式发出雇用要约之前对求职者进行检查；②雇主可以在已提供了附条件的雇用要约之后进行医学检查——即使该检查与雇员从事的工作性质不相关；③雇主可以对现有雇员进行检查，如果该检查与工作性质密切相关或者具有商业上的必要性。即使获得许可进行检查，也不得使用这些检查获得的信息对残疾雇员区别对待。

在EEOC（Equal Employment Opportunity Commission）v. Burlington Northern Santa Fe Railway一案中，被告伯灵顿北圣达菲铁路公司对患有腕管综合征的雇员进行了基因检测。被告确实对被检测的雇员进行了告知，但告知的内容是查明腕管综合征是不是与工作相关，并确定可能存在的致病因素，而未告知检测的内容中包含基因检测。被告采集了雇员大量的血液样本，送往马萨诸塞州的一家基因检测机构。在那里进行的基因检测是为了查明是否有17号染色体断臂的碱基对缺失，该缺失暗示着一种罕见的基因状况——遗传性压力敏感性周围神经病（Hereditary Neuropathy withliability Pressure Palsies，HNPP）。这是一种慢性、遗传性的神经肌肉紊乱，使个人神经系统在压力性、持续性和重复性的使用状况下容易遭受损害。HNPP在人群中的发生概率只有两万分之一，并且其非常不可能与工作相关的腕管综合征存在关联。美国公平就业委员会（EEOC）起诉圣达菲铁路公司称，上述检测违反了ADA关于对现有雇员进行医学检查的条款规定。根据该条款，在针对雇员的检测进行前，必须确保该检测是与工作相关的以及具有商业上的必要性，以确定该雇员是否适于从事该种特殊工作，以及是否会给本人及他人带来威胁。本案中被告进行的基因检测是为了寻找腕管综合征的诱因，而不是这种状况是否对雇员构成威胁，因此不符合ADA关于工作相关性和商业必要性的要求。被告则答辩称，在ADA下基因检测是不被禁止的，没有证据表明被告将基于检测结果对雇员采取不利行动，这样做的目的仅是为了确定损害到底是不是与工作相关，并且根据联邦法律雇主有查明这种相关性的义务。案件最终以调解结案，被告赔偿了雇员 220 万美元。该案是美国职场基因检测诉讼的典型案例，由于是调解结案，错过了法院判决正面表明立场的机会，不过赔偿的结果也可说是雇员方获得胜利的表现。其提供的启示是，对残疾雇员的检测只有在满足特定条件时才能进行，而所谓"残疾"，包含了携带某种特殊基因的状况——即使未发病，这一点在 ADA 修正后更臻于明确。

3. 《反基因信息歧视法》

美国《反基因信息歧视法》（Genetic Information Nondiscrimination Act，GINA）是一部有争议的法律，对此已如前述。尽管存在不同意见，出于对基因歧视顾虑的回应和风险防范的考量，这部法律还是出台了。无论如何不可否认的是，作为一部专门的反基因歧视立法，其具有进步意义。GINA 没有涵盖所有基因信息歧视，而是仅针对就业和保险领域的基因歧视作出规范。这部法律颁布于 2008 年 5 月 21 日，有关就业的部分生效时间是 2009 年 11 月 21日。公平就业委员会（EEOC）是针对该部分负责贯彻执行的行政机构，其为了增强 GINA 在实践中的可操作性，又进一步对该法作出了细化解释性行政规范。GINA 连同 EEOC 的管制规范树立了就业领域基因检测反歧视的基本规则，这些规则严格限制受约束的实体（包括但不限于就业机构）获取雇员（求职者）的基因信息、禁止基于这些基因信息作出不公正的雇佣决定、并保护基因信息的私密性。另一方面，获得基因信息并未被绝对禁止，而是存在一些具有合法性的例外情形。

GINA 的调整范围较为宽泛，这突出体现在对一些关键概念的界定上。基因信息是该法案围绕的一个关键词，而从法条对其的定义来看包含的范围十分广泛：①对个人的基因检测；②对个人所在家庭成员的基因检测；③个人所属家庭成员疾病或基因失序的表现。上述定义将基因信息的范围扩张至家族医疗史。进而，对于受该法调整的家庭成员的范围的界定也是十分宽泛的，包括：①受抚养的家属；②任何四代以内的亲属，包括通过婚姻、生育、收养等各种方式形成的亲属关系。四代亲属意味着高祖父（玄孙）的基因信息也属于该法的适用对象。再者，即使是没有血缘关系的亲属也被纳入其中，既然没有血缘关系也就意味着没有基因信息的关联，这样的规定有些令人费解，EEOC 对此的解释是：雇主可能基于雇员配偶或收养子女的基因信息对雇员加以歧视——因为担心家庭成员的状况会抬高健康保险成本。受保护的对象是雇员和求职者，而根据 EEOC 的解释规范，以前的雇员也包含在雇员含义内，因此将曾经的雇员的基因信息揭露给未来的雇主是违法的。对基因检测的界定是：对人类 DNA、RNA、染色体、蛋白质、代谢物所进行的可以发现基因型、突变、染色体变化的分析。对于蛋白质或代谢物所进行的分析如果不能发现基因型、基因突变或者染色体变化，则不属于基因检测。根据这一定义，对那些不包含人类 DNA、RNA、染色体、蛋白质、代谢物的病毒进行的分析不属于基因检测，例如艾滋病病毒检测就不属于该法所称的基因检测。对于酒精和药物的检测不属于基因检测，但是对于酗酒和药物使用基因倾向的检测属于基因检测。

GINA 绝对禁止基于基因信息的就业歧视，没有例外情形。所禁止的行为包括在雇佣、解雇、劳动条件、赔偿、就业权利等方面鉴于雇员或求职者的基因状况而给予歧视，采取限制、隔离、分类等方法剥夺或试图剥夺雇员的就业机会或影响其作为雇员的身份地位。

对基因信息的获取没有被绝对禁止，但是受到严格管制。作为一般原则，雇主询问、索要、购买雇员（求职者）或者其家庭成员的基因信息是非法的。在这个一般原则之下，存在着一些例外情形。①雇主不经意（inadvertently）获得的基因信息。例如，雇主在询问雇员（求职者）一般问题时，被提问者的回答超出了提问的范围而包含了基因信息。②根据《家庭医疗法案》（Family and Medical LeaveAct）的规定，雇员请假时雇主对其家庭医疗史的询问。③雇主从购买的公众可自由获得的文献上（包括报纸、杂志、期刊、图书，但不包括医疗数据库和法院记录）获取的家庭医疗史。④对工作场所的有害物质及其生物效果的基因监视中涉及的基因信息。不过这种情形必须满足以下条件：第一，雇主需要向雇员提供书面的监视通知；第二，雇员对于由州或者联邦法律规定的基因检测须提供事先知情的、自愿的、书面授权；第三，基因监视必须是联邦法律或者州法律所要求的；第四，雇员需要被告知监视的结果；第五，基因监视必须符合联邦和州关于基因监视的法律规定，例如《职业安全与健康法》《联邦矿山与健康安全法》《原子能法》；第六，用人单位、劳动组织、仅能接受整体的检测结果而不得披露个体雇员的身份。⑤雇主为雇员提供健康服务或者基因服务——例如职工健康计划，为此需要采集基因信息。这种情形的基因信息获得也有着严格的条件限制：第一，雇员作出了事先的、自愿的、书面的同意；第二，可识别个人身份的基因信息仅能由雇员本人（或者涉及其中的家庭成员）、有资质的健康照护提供者和参与到该项健康服务中来的被授权的基因咨询者获得；第三，可识别个人身份的基因信息仅能在该项健康服务目的下才能被利用，而不能提供给雇主——除非以集合的不揭示特定个人身份的方式提供。第四，GINA 对雇主基于上述例外情形获得的雇员基因信息给予高度的私密性保护，雇主需为其建立独立的档案，并不得于合法目的外使用。

4. 后 GINA 时代的反基因歧视判例

2013 年，EEOC 提起了第一例违反 GINA 的法律诉讼。在该案中，Fabricut 公司（全球最大的装饰性纺织品经销商）的一名临时工申请在该岗位成为长期正式雇员，Fabricut 公司要求其填写健康调查问卷，其中包含大量有关家族医疗史的询问，诸如心脏病、癌症、糖尿病、精神紊乱等。健康检查引起了腕管综合征的关注，尽管该员工的个人医生指出其并不患有该病，但公司最终还是拒绝给予其工作机会。EEOC 指出 Fabricut 公司在两个方面违反了GINA：第一，搜集属于个人基因信息的家族医疗记录；第二，基于个人基因状况实施歧视。Fabricut 公司最终同意支付 5 万美元，并采取有效措施防止未来可能发生的基因歧视。该案具有里程碑意义。GINA 在 2008 年就颁布了，但直到 2013 年才出现首例诉讼。不过，这表明 EEOC 已经开始出手。[1]此后，EEOC 又提起了两件违反 GINA 的诉讼。在 EEOC V. Founder Pavilion 案中，EEOC 也是指控被告非法搜集雇员的家族医疗信息，被告在和解协议中同意支付 37 万美元。而 EEOC V. Abatti Group 的案件尚未审结。这些迹象表明，EEOC 加强了执行 GINA 的力度，对雇主非法的基因信息获取和基因歧视绝不容忍，同时也表明 GINA 并非形同虚设。

（二）德国法

德国在 2009 年颁布的《人类基因检测法》当中，明确禁止利用基因检测进行歧视。该法第 4 条规定，涉及基因检测及基因检测的结果分析时，任何人不得因他人的基因特征而歧视该个人或者将其置于不利境地。该法第 19 条规定，禁止雇主在雇佣关系前后要求雇员做任何形式的基因检测。禁止雇主要求雇员提供之前所做的基因检测的结果或分析数据。该法 21 条规定，在雇

---

　　〔1〕 Chelsea Weiermiller, "The Future of Direct-to-Consumer Genetic Testing: Regulation and Innovation", *North Carolina Journal of Law & Technology*, 2015, 16 (1): 137-171.

佣关系形成时、雇佣过程中，以及雇佣关系终止时，禁止雇主因雇员的基因特性或者与雇员有基因关联的人的基因特性而将雇员置于不利境地。此法案适用于公务员、士兵、联邦法官、社区服务提供者、私企求职者、已经终止私企雇佣关系的人、公共部门的求职者以及终止在公共部门就业的人。但是该法案同时规定了许可检测的例外情形，通过基因产品分析进行的诊断性基因检测在职业健康检查和与工作相关的筛查中是被允许的，如果这种诊断性基因检测对于确定某种基因特性的存在是必需的，且这种基因特性与特定的工作场所或者特定的工作活动中经常发生的某种严重疾病或者严重的健康状况有关的话。在职业性健康检查和与工作相关的筛查中，基因检测不得超越雇佣保护措施。基因检测应采取一种合适的检测方法，并且对于受雇者而言是确定基因特性的侵害性最小的方法。

从美国法和德国法的规定来看，对职场基因检测大都采取了一般禁止与有限例外相结合的原则，即在一般情况下不允许对雇员进行基因检测，但是出于工作的原因和职业性之必要，允许对雇员进行基因检测。比较来讲美国法上规定了更多许可就业基因检测的情形。归纳这些被许可检测的情形，实质要件是，检测与工作具有真实的关联性，检测将会给雇员带来安全健康福利，不检测将会给雇员个人或者其家庭、他人、社会安全造成严重威胁，以及基于特殊政策考量的特别立法规定。

五、我国反基因歧视的路径困惑与抉择

(一) 反就业歧视抑或侵权救济：保护雇员基因信息的两条道路

对雇员的基因信息应给予保护当无疑义，然而在法律上具体通过何种路径给予保护则值得探讨。该议题跨越劳动法和民法两个部门法，有劳动权和民事权利（所攸关的主要是人格权）两种权利基础，并衍生出反就业歧视与侵权救济两条不同的道路。二者的关系设置决定了雇员基因信息保护法律调整的基本范式。

在我国，关于保护雇员基因信息法律模式的探讨很早就展开了。[1]学者

---

〔1〕 较早探讨这一问题的文章是邱格屏教授发表于《法学》2001 年第 7 期的《就业基因歧视与我国未来法制设计》。在该文中，邱格屏教授将保护模式划分为四种：（1）禁止使用基因模式；（2）告知后同意模式；（3）反歧视模式；（4）基因保险模式。

习惯上将雇员基因信息保护的模式归纳为两种，即隐私权模式和禁止歧视模式。[1]从民法的角度看，隐私权显然是雇员基因信息保护的重要关切点，然而仅以隐私权为限看待这一问题存在疏漏。在雇员基因信息上存在的除了隐私权之外，还有其他权益类型。即使基因信息已经不再是隐私，仍有自我决定等其他人格利益存在。在大数据时代背景下，个人信息权的独立地位日益彰显，从隐私权向个人信息权的演进是当代民法人格权发展的重大趋势。因此，突破传统的隐私权局限，从个人信息保护视角重新审视雇员基因信息保护问题，方是与时俱进之举。再者，肯定雇员享有个人基因信息权是正面赋权式保护，而该权利一旦遭受侵犯将带来损害赔偿问题，进入侵权法损害救济的反面保护轨道。对雇员基因信息而言，人格权和侵权如同一个硬币的两面，共同构成了完整的私法保护模式。由于侵权责任是私法救济的归宿，因此私法进路在一定意义上也可表述为更具体化的侵权救济模式。

劳动法上的禁止歧视模式和民法上的人格权与侵权救济模式，对雇员基因信息保护的着眼点不同，所采取的方法和效果也有所不同。后者注重事前保护，从对信息收集行为本身的规范入手，严格限制雇主索取雇员的基因信息，旨在维护雇员作为民事主体的人格尊严。前者则注重事后保护，其并不禁止职场基因检测和其他基因信息的获取行为，只是禁止基于这些信息对雇员进行不合理的区别对待。[2]按照后者，雇主根本就不应该收集雇员基因信息，在前者，则不禁止收集行为，仅以雇员是否受到了不公正待遇的结果为判断标准。目前，我国立法对此问题尚无正面规定，司法实践层面事实上以禁止歧视模式为主。在理论层面，比较普遍的观点认为隐私保护模式相比于禁止歧视模式而言具有更多优点，特别是将保护时点前置到信息收集阶段。[3]有学者建议我国可借鉴域外经验，以隐私权保护作为优选模式。[4]

在笔者看来，上述两种关于雇员基因信息的保护模式不是相互对立和排斥的关系，二者本就是不同部门法上的保护手段，各欲实现不同的法政策目标。从效果看，若反歧视之诉成立，雇员获得的救济将是消除歧视、恢复平

---

〔1〕 参见李双元、刘琳：《美国规制职场基因歧视立法研究》，载《浙江社会科学》2013 年第 7 期。

〔2〕 参见邱格屏：《就业基因歧视与我国未来法制设计》，载《法学》2001 年第 7 期。

〔3〕 参见李成：《公务员录用中基因歧视法律问题研究》，载《四川大学学报（哲学社会科学版）》2011 年第 1 期。

〔4〕 参见李双元、刘琳：《美国规制职场基因歧视立法研究》，载《浙江社会科学》2013 年第 7 期。

等待遇，以使扭曲的劳动关系得到匡正，若侵权之诉成立，雇员则有权获得损害赔偿等救济，以使受损的人格尊严得到修复。两种模式可以兼容并且理应并存，共同实现对雇员权利的周全保护。唯需继续深入探讨的是，两种模式之间如何更好协调，如何各扬其长、互补彼短。应当看到，在理论上两种模式本无优劣之分，但在一国现实的社会背景和司法惯性下，两种模式得以贯彻的难易程度则可能是不同的。再者，两种保护机制并不是截然分开的，而是相互交错的，在对雇主收集雇员基因信息是否侵权的判定中，是否违反劳动法对加害行为违法性的识别、过错的证明、抗辩事由等都可能存在影响。

（二）反歧视路径之困

尽管在客观上起码存在两条保护雇员基因信息的路径供自由选择，然而在涉及职场、雇主、雇员的问题时，常常不由自主地落入劳动法的思维轨道，私法路径则常常被遗忘。在司法实践中，雇员起诉雇主侵犯人格权的案件十分鲜见。然而在选择了劳动法反歧视的救济路径之后，却发现这是一条艰难的路，想要获得支持并不容易。

从劳动立法来看，尚未能对基因技术进步提出的挑战作出及时有效的回应，现行法中没有任何条文对就业基因歧视作出专门规定。《中华人民共和国劳动法》（以下简称《劳动法》）、《中华人民共和国就业促进法》（以下简称《就业促进法》）等法律中关于反就业歧视的原则性规定有一定适用价值，例如《劳动法》第3条规定"劳动者有平等就业和选择职业的权利"，《就业促进法》第3条第2款也规定"劳动者就业，不因民族、种族、性别、宗教信仰等不同而受歧视"，该款中的"等"可解释为包含基因信息的元素。此外，《就业促进法》第30条关于疾病歧视的规定也有一定的借鉴意义。[1]以典型的乙肝歧视为例，隐性携带病原但并未发病者，只是有患病的可能，雇主依法不得对其实施差别对待，而风险基因携带者的状况与此非常类似。有学者认为可通过对该条的扩张解释，弥补基因歧视规范的漏洞。[2]为填补法律漏洞所作的这些解释性工作具有一定意义，不过总体来看，高度概括性的条款

---

〔1〕《就业促进法》第30条规定："用人单位招用人员，不得以是传染病病原携带者为由拒绝录用。但是，经医学鉴定传染病病原携带者在治愈前或者排除传染嫌疑前，不得从事法律、行政法规和国务院卫生行政部门规定禁止从事的易使传染病扩散的工作。"

〔2〕参见李成：《公务员录用中基因歧视法律问题研究》，载《四川大学学报（哲学社会科学版）》2011年第1期。

难免失于泛泛，导致法律适用上极大的不确定性。《就业促进法》第 30 条的扩张解释也有其局限性，基因歧视毕竟不同于疾病歧视。尽管反歧视的立场在我国从未遭遇质疑，但是对基因信息收集利用行为是否构成歧视，却没有明确具体的判断标准。从比较法来看，许多国家对收集雇员基因信息的行为作出限制与反歧视规制，更有国家特别立法设计了十分细致的针对性规范。在我国，劳动法对雇员个人基因信息保护问题尚无任何特别回应。

从司法实践来看，保护雇员基因信息的反歧视之路也步履维艰。在加强个人信息保护呼声日益高涨的社会舆情下，雇员的基因信息保护亦受到普遍的声援。然而，实践中基因信息受到侵害的雇员往往并不能得到有效救济。这一困境在佛山基因歧视第一案中得到了淋漓尽致的体现，因携带"缺陷"基因被拒绝录用的三名考生的诉讼请求在一审和二审中均被驳回——尽管舆论一边倒地支持原告。[1]本案有两个焦点问题：一是公务员招录体检中是否能够包含基因检测项目；二是招录机关是否可以基于检测结果揭示的基因状况而拒绝录用。针对这两个问题，法院判决给出的理由是：公务员体检表中不包含基因检测的项目，但是体检官有权自主决定增设体检项目。同样，在没有法律禁止性规定的情况下，对于是否录用有特定基因状况求职者的自由裁量权被交由录用机关。这一标志性案件的判决是我国雇员基因信息保护法律难题的一个缩影。雇主能否收集雇员的基因信息？基于基因信息作出的拒绝录用决定是否构成歧视？对此我国现行立法没有明确的条文规定，立场不明。在缺乏规则指引与刚性约束的情况下，法官在自由裁量权的运用上对雇主采取了高度宽容的态度，将收集雇员基因信息解释为雇主自决事项。两审法院均不认为在就业体检中加测常规项目以外的其他项目构成违法，也不认为拒绝录用疾病风险基因携带者的行为构成歧视。[2]法官在对雇主"慷慨"的另一面则是对雇员人格尊严与平等就业权保护的"吝啬"。一项针对 708 名受访者进行的问卷调查结果显示，70%的人认为本案的判决结果不公平。[3]法

---

〔1〕 参见张艳、宦吉娥、李媛媛：《我国就业领域反基因歧视之法治困境》，载《青海社会科学》2011 年第 3 期。

〔2〕 参见李成：《公务员录用中基因歧视法律问题研究》，载《四川大学学报（哲学社会科学版）》2011 年第 1 期。

〔3〕 参见朱姝等：《"保护基因隐私，防止基因歧视"调查与分析》，载《医学与哲学（人文社会医学版）》2013 年第 1 期。

院也意识到了问题的严重性，作为对舆情的回应，佛山市中级人民法院向人社局发出进行相关调研的司法建议书。时至今日，公众对于"基因歧视第一案"的关注热度已经褪去，然而该案所暴露出的问题却仍旧悬而未决。

（三）雇员基因信息的私法保护

在反歧视路径遇阻的情况下，转向私法对雇员基因信息给予保护可能是一条富有希望的道路。

劳动关系的存在对雇员人格权客观上产生一定的遮蔽效应，必须拨开迷雾予以阐明的是，雇员作为人的尊严并不因置身于劳动关系而沦落丧失。在雇主与雇员之间，同时存在两种不同性质的法律关系及其权利义务，在劳动法律关系中，雇员从属于雇主，受雇主指挥和监督，享有劳动权利并履行劳动义务，雇主一方面享有使用劳动力和监督管理的权利，另一方面则需善尽劳动法上对劳动者保护的各项义务。在民事法律关系中，雇主和雇员均是具有平等独立人格的人，雇员的私权利——特别是人格权应得到包括雇主在内的其他民事主体的尊重，并不因劳动关系的存在而沦丧。从另一方面讲，雇主亦在潜在侵权人的范围之内，雇主收集雇员基因信息造成侵害的，仍可适用民法上关于人格权保护和侵权责任判定的一般规则。

雇员仍旧享有人格权，雇主亦是潜在的侵权人。另一方面也要看到，劳动关系的存在确实给雇员人格权带来一些影响，使之有别于普通民事主体的人格权。这就要从就业的意义和劳动关系的本质特征说起。就业是个人赖以生存之根本，雇主收集雇员基因信息，其可能结果是将雇员的基因状况与工作机会和待遇挂钩，就业基因检测的结果可能被作为雇佣、解雇、岗位调动与薪酬调整的依据，而这种联系的建立是否正当值得怀疑。[1]劳动权关系人的生存和发展，具有宪法权利和基本人权的属性。[2]雇员基因信息的收集利用因对该基本权利构成威胁而需得到特别的关注与规范。与平等自由的民事关系形成对比的是，劳动关系以从属性为本质特征，雇员要接受雇主的指挥管理。[3]该种从属性引申出雇员基因信息保护两方面的困局：第一，雇员相

---

〔1〕　Brent B. Clarka, Chet E. Barneya & Tyler Reddingtona, "The Ethical Implications of Using Genetic Information in Personnel Selection", *Ethics & Behavior*2016（26），144.

〔2〕　参见王德志：《论我国宪法劳动权的理论建构》，载《中国法学》2014年第3期。

〔3〕　劳动关系的从属性具体表现为人格上的从属性和经济上的从属性。参见黄越钦：《劳动法新论》，中国政法大学出版社2003年版，第94~95页。

对于雇主处于弱者地位，对于雇主获取基因信息的要求很难开口说不，因此其个人信息较普通的民事主体更容易遭受侵害；第二，由于雇主经营管理权的存在，以及职业安全健康维护等政策考量，不能当然推断所有的基因信息收集行为均为非法，雇员的基因信息权可能要受到一些特别限制。基于上述两方面的特殊性要明确两个立场：一者要肯定保护雇员个人基因信息权的正当性；二者要正视其特殊性，探索该权利在劳动关系下的合理边界。

在私法保护路径下，雇主基于基因信息对雇员实施区别对待的，可构成对雇员一般人格权（基因平等权）的侵害，得适用《中华人民共和国民法典》侵权责任的规定对雇员进行损害救济。这在一定程度上可以弥补劳动法反歧视路径的不足。

第四节　就业基因检测的系统化规制

一、事前规范：就业基因检测的范围界定

雇主是否可以对雇员或求职者实施基因检测？在满足何种条件时方可进行该种检测？这是一个重要的前提性问题。如前所述，就业基因检测利益与风险并存，鉴于就业权对生存的基础意义，各国对此都加以严格的法律管制，但罕见有绝对禁止的立法例，而是或多或少留有一定的灵活空间——划定容许检测的特别情形。原则禁止、例外许可，这应当被奉为就业基因检测的指导方针。在此大原则下，问题的关键即在于如何界定就业基因检测的适当范围，亦即据以判断一项检测究竟是正当抑或是越界侵权的准绳。为了增强实践中的可操作性和避免混乱，检测范围的界定标准越明晰越好。由于不允许检测是原则，容许检测是少数例外，因此检测范围界定的入手处就在于列明为数不多的可以进行就业基因检测的情形，超出这些情形的检测皆属违法行为。在一些国家的相关立法中，明确列举了容许在就业中实施基因检测的少数情形，典型的就是美国的《反基因信息歧视法》。

我国当前反就业基因歧视困境的关键原因即在于规则不明，对于何时可以检测无章可循，实践中用人单位抱着法无明文即为许可的态度致使基因检测在职场被滥用。未来，我国应明确划定得以实施就业基因检测的合理范围。划定检测范围的规范应当具有权威性，以劳动立法为佳。对容许检测情形的

列举应当从严，尽可能具体明确，慎用弹性条款。界定检测范围的实质性标准是：基因检测是否确有其必要，对于劳动者拟从事的工作岗位而言是否具有真实的关联性。检测范围的确定还要考虑科学因素，区别对待不同类型的基因检测：带因者确定将发病的检测的必要性相对较高，但也要考虑发病的时间等因素；只是增加患病风险的基因检测——即预测性的患病倾向检测，应当加以更加严格的限制；对于那些只是增加后代患病风险的带因者的检测，以及其他科学上尚无法证明的基因风险，则应排除在容许检测的范围之外。

具体而言，应当甄选、列举哪些情形作为容许就业基因检测的范围，尚待进一步的研究。首先，为了劳动者职业安全健康目的的基因检测应当被许可，这正是就业基因检测的最大利益所在。从比较法的规定来看，这是普遍被接受的可以实施就业基因检测的例外情形，对此较少有争议。用人单位为了降低职业病的发病概率而对求职者进行入职前的体检，以及对现有员工进行周期性的健康筛查，必要时可以采取基因检测的手段。需要特别说明的是，是否真为职场健康考虑，在实践中应当严加判断和控制，否则极易成为滥用检测的托词。对此用人单位应当负担适当证明责任，职业健康风险应当达到相当程度的可能性，而不能仅凭主观臆断。在个案判断中，可以结合工作岗位的特殊性，是否接触具有危险性的生物、化学、和辐射性物质与环境，在科学上是否某类基因携带者处于该环境将导致特别高的患病风险。另一比较法上常见的就业基因检测合理情形是为了公共安全目的检测，主要是针对某些关涉公共安全的特殊行业和岗位。例如，对铁路扳道工应允许进行腕管综合征基因的检测，此病症会导致手指异常麻木或酸痛，大大影响手指的活动能力，若因未检测使不适合此类工作的人实际走上了岗位则可能诱发重大的铁路事故。

二、事中规范：就业基因检测的流程

在许可进行就业基因检测的情形下，仍需加强对于检测流程的规范，特别是在其中的每一环节关注对雇员人格权的保护。[1]首先，检测程序的启动需贯彻知情同意原则。知情同意是基因检测的核心原则，对劳动者的基因检

---

〔1〕　Amy Foster, "Critical Dilemmas in Genetic Testing: Why Regulations to Protect the Confidentiality of Genetic Information Should Be Expanded", *Baylor Law Review*, 2010, 62（2）: 537-572.

测亦必须遵守该原则。就业中的基因检测不得秘密进行，检测前必须将相关事项告知雇员或求职者并取得其书面同意。根据《个人信息保护法》第29条规定，"处理敏感个人信息应当取得个人的单独同意"，由于基因信息属于敏感个人信息，因此就业基因检测需要获得比一般个人信息处理更严格的单独同意。值得探讨的是，当劳动者拒绝接受基因检测时，个人自决权与雇主的检测主张发生冲突，应如何协调。笔者认为，若出于公共安全的目的而确有检测之必要，特别是当法律法规对于检测有强制性的要求时，劳动者个人利益应让位于公共利益，劳动者拒绝检测则视为放弃就业机会，用人单位可不予雇佣。若不涉及公共利益与安全，而仅关系劳动者个人职业安全与健康，则拒绝检测不得推定为体检不合格或致使劳动者在雇佣中遭受任何不利后果，但可以相应减轻或者免除雇主本应负有的职业安全与健康照护责任。无论如何在劳动者不同意的情况下，不得强制实施检测。检测后，应当将检测结果与结论告知劳动者本人，并作出相应的解释说明。同时，应尊重劳动者的不知情权，若劳动者选择决定不知悉检测结果，则检测机构或雇主不得对其披露。检测机构应当按照雇主的委托申请，将体检结论告知雇主，但仅限于体检结论，而不应将检测所得的详细基因信息转交给雇主，因其属于个人隐私信息应由劳动者本人控制。实践当中，检测机构常常将检测数据连同体检结论一并交给用人单位，这实际上是不合理的做法。

三、事后规范：雇员基因信息的合理使用

在许可检测的范围内，依规范的程序进行检测，对业已获得的雇员基因信息仍有合理使用的问题，核心是不得超出目的范围而利用。我国《个人信息保护法》第6条第1款规定："处理个人信息应当具有明确、合理的目的，并应当与处理目的直接相关，采取对个人权益影响最小的方式。"该条确立了目的原则，就业基因检测中的个人信息处理亦应遵循这一原则。对《个人信息保护法》第13条第1款第2项规定的"实施人力资源管理所必需"应当作严格解释，雇主对于雇员基因信息的使用应限于雇员健康状况的维护、职业病的防治，以及改善工作环境等正当目的。超出目的范围的使用皆属不当使用，特别是不得基于劳动者的基因状况进行歧视性的雇佣。由于基因信息属高度私密的个人信息，雇主在获得雇员的基因信息后，必须严格遵守保密义务，禁止向他人、研究机构和社会泄露。雇员和雇主可就保密义务增设保密

条款，约定一定数额的损害赔偿。雇主对于雇员基因信息的保护负有积极作为义务，应建立健全相关管理措施。由于基因信息的特殊性，雇主应将雇员的基因信息建立专门档案，与雇员的普通信息档案分开保管并加密保存。另根据个人信息处理最小化原则的精神，雇主收集的雇员基因信息不能长期保存，而应在实现管理目的后的合理期限内销毁。

直接面对消费者的基因检测的法律规制

基因检测，这个看起来颇具有高科技色彩的字眼，正在走进平常百姓家。随着技术上的不断成熟，经济成本不断降低，基因检测业已成为一项普通人也有能力享受的一项服务消费。基因检测成为一桩生意，消费者付费，从商业性检测机构购买检测服务，获得有关个人的基因信息。初看上去这与有形商品或一般服务的消费没什么两样，本质上都是一种交换。不过必须看到，这种消费与普通的消费相比确实具有某些方面的特殊性，涉及更加复杂的法律、伦理议题。在消费的视域下，消费者权益保护是永恒的主题。这种新型消费令人感到新奇、兴奋，但隐藏的风险亦足以令人忧虑。如何在产业化、市场自由、消费者权益保护、法律管制之间作出平衡，是消费性基因检测的核心议题。

第一节 认识 DTC 基因检测

直接面对消费者的基因检测（Directly-to-consumer Genetic Testing，简称"DTC 基因检测"），是指消费者从市场上向商业性检测机构自由购买的基因检测服务。[1]这一概念的关键词是"直接"，所谓"直接"是与"间接"相对的。在 DTC 基因检测兴起以前，基因检测主要存在于医疗领域和研究领域，由医生和科学家实施，个人鲜有直接接触基因检测的机会，除非在疾病的诊疗中通过医生间接获得。而现在，个人可以消费者而非患者身份，越过医生，直接从市场上获得检测服务。[2]在这个意义上，DTC 基因检测是与医疗性基

---

〔1〕 亦有学者将 DTC 基因检测称之为商业化基因检测。参见睢素利：《试论商业化基因检测中的社会伦理问题》，载《首都师范大学学报（社会科学版）》2007 年第 2 期。

〔2〕 Azofra，María Jor，"Some Ethical and Regulatory Aspects Involved in Direct-to-Consumer Genetic Testing"，IN Roberto Bin，Sara Lorenzon and Nicola Lucchi（Ed.），*Biotech Innovations and Fundamental Rights*，Milano：Springer，2012，p. 183.

因检测相比较而言的。医疗性基因检测具有明确的诊疗疾病的目的，而 DTC 基因检测则是咨询性的，目的在于获取个人基因状况的信息，以作为改善健康、调整生活习惯和行为方式等方面的指导。

目前消费者购买基因检测服务十分便利，通常通过网络进行。[1]消费者在网上注册一个账号，登录后即可预订基因检测服务。消费者下订单后，检测公司会向消费者邮寄一套获取基因样本的简易工具包，消费者利用这个工具包提取身体组织，通常是用棉签刮取口腔内壁的黏膜细胞，或者是用试管收集两毫升唾液，也有的是利用毛发或抽取少量血液。消费者将采集好的样本邮寄给检测公司，等待检测结果。检测结果出来后，检测公司会将检测报告通过电子邮件发送给消费者，消费者也可以登录订购服务的网站查询下载检测报告。许多公司提供检测后的咨询服务，往往需要另外付费。由于数据库不断更新、分析方法不断改进，对原有检测结果可以得出新的发现，消费者可以额外付费购买更新的检测报告，这些都可以通过网络进行。

DTC 基因检测有不同种类，根据检测对象范围的不同区分为 SNPs 检测和基因组测序。SNPs（Single Nucleotide Polymorphisms）即单核苷酸多态性检测，只针对某一特定生物特征检测单一的核苷酸，以发现基因变异导致的个体间差异。基因组测序（Genome Sequencing）则是对个人的全部 30 亿碱基进行检测分析，得出有关受测者所有基因状况的全面性报告。后者较前者更加复杂，费用亦高出许多，目前市场上的检测公司以从事 SNPs 服务者居多，少数提供全基因组测序服务。消费者选择购买基因检测服务可能出于各种不同的动机，而市场上迎合消费者需求的检测项目亦种类繁多，诸如，基因携带状况筛查、确定亲子关系、营养遗传学检测、宗族溯源、疾病易感性的预测、运动基因检测、儿童天赋检测等。[2]在这些五花八门的检测项目中，有些是与健康相关的，有些则与健康无关。其中与健康相关的 DTC 基因检测引起的争议最大，这些检测对受试者患病的风险做出预测，虽不同于严格意义的医疗性检测，但事实上会对医疗产生心理暗示和引导的影响。此类检测是围绕

---

〔1〕　Kayte Spector-Bagdady & Elizabeth Pike, "Consuming Genomics: Regulating Direct-to-Consumer Genetic and Genomic Information", *Nebraska Law Review*, 2014, 92（4）: 677-745.

〔2〕　Andelka M. Phillips, "Only A Click Away — DTC Genetics for Ancestry, Health, Love... and More: A view of the Business and Regulatory landscape", *Applied & Translational Genomics*, 2016（8）: 16-22.

DTC 基因检测争论的焦点，也是法律规范应关注的重心所在。

顾名思义 DTC 基因检测是一种服务消费，故有消费质量确保的问题，从事检测服务的公司应保证提供给消费者的结果信息是科学有用的。然而，基因检测技术在目前尚难称成熟，检测结果的科学性和价值性保障不容乐观。与专业的医疗性基因检测相比，DTC 基因检测显得更不正规，故可信度更低，公众也因此存在更多的担心。另一方面与普通的消费相比，基因消费牵涉的问题又复杂得多，由于基因信息的人格性、高度私密性、家族性特征，会衍生出一系列特殊的社会、伦理与法律议题，诸如隐私保护、个人信息自决、歧视等。[1]近些年，DTC 基因检测产业红红火火发展的同时也饱受诟病，批评的声音不绝于耳。这种针对人类生命密码的敏感消费，不能如普通商品一样同等对待，法律若不禁止这种消费，则应以较普通商品消费更高的水准予以规范，对消费者给予更审慎的保护。[2]

第二节　DTC 基因检测的产业化与规范化

基因检测的触角不断扩张，进入消费领域是其向纵深发展的重要一步，其结果是开辟了一个基因咨询服务的新兴产业。2007 年，著名的 23andMe 和 DeCodeme 两家公司率先推出商业性基因检测服务，这被视为是 DTC 基因检测的开端。2008 年，直接面向个人的基因检测服务被美国《时代》周刊评选为年度全球 50 项最重要发明的首位。作为一个新生事物，DTC 基因检测吸引了足够多的公众目光。比尔·盖茨、乔布斯等名人都曾花费数十万美元接受基因组测序服务，比尔·盖茨更是预言，下一个世界首富将出自基因领域。著名影星安吉丽娜·朱莉基于基因检测的结果毅然切除乳腺，"朱莉效应"使基因检测的热度持续升温。[3]基因检测产业被寄予厚望，普遍的观点认为这一产业的潜力巨大，现有的市场不过是冰山一角。尽管具有"超高人气"，DTC 检测产业看起来红红火火，但现实的局面并非万事大吉。从 DTC 基因检测产

---

〔1〕　Emilia Niemiec & Heidi Carmen Howard, "Ethical Issues in Consumer Genome Sequencing: Use of Consumers' Samples and Data", *Applied & Translational Genomics*, 2016, 8 (C): 23-30.

〔2〕　Andrew S. Robertson, "Taking Responsibility: Regulations and Protections in Direct-to-Consumer Genetic Testing", *Berkeley Technology Law Journal*, 2009, 24 (1): 213-244.

〔3〕　参见王丹、谭嘉:《朱莉的手术与基因检测》，载《健康管理》2014 年第 1 期。

生的第一天起，就毁誉参半，批评的声音从来都没有停止。[1]DTC 基因检测的产业化之路并不平坦，从国外到国内皆是如此。

一、国外 DTC 基因检测的发展——以美国为例

（一）概况

美国是世界上 DTC 基因检测最早出现的国家，也是产业化程度最高的国家。2007 年，23andMe 掀开了 DTC 基因检测服务的序幕，消费者支付 999 美元就可获得 13 份基于检测所得的健康报告。2008 年，Knome（读作 Know-me）成为首家提供真正的全基因组测序服务的公司，价格是 350 000 美元。2013 年，23andMe 主打一份 99 美元的 DTC 检测产品，可提供 250 份健康报告。2010 年，美国有 30 多家基因检测服务公司，提供 400 多种不同的 DTC 检测服务。[2]2010 年以后，由于联邦政府和各州的管制加强，许多公司停止了 DTC 检测服务，只剩下为数不多的几家公司苦苦支撑，以 23andMe 为代表。不过进入 2015 年，又出现了新的转机。在十年左右的时间里，DTC 基因检测的发展是显而易见的，表现在检测范围不断拓宽、成本不断下降，并从单一基因检测向基因组测序转变。随着技术上的不断突破，DTC 检测可预测的疾病种类越来越多，目前涵盖了两千多种疾病。检测服务的价格越来越低廉，普通 SNPs 检测的价格被控制在 100 美元以下，个人全基因组测序服务的价格也降至惊人的 1000 美元。十几年前破译人类基因图谱的工程花费了数十亿美元，其间的价格落差令人难以置信。

（二）对 DTC 基因检测的政府调查报告

DTC 基因检测产业的快速发展引起了美国政府的严重关注，政府对出自公司的检测报告的准确性和有用性怀有质疑，担心消费者的利益受到损害。为了获得实证的数据作为政策制定的参考，一些政府部门进行了实践调查研究。政府问责办公室（Government Accountability Office，GAO）曾经于 2006年和 2010 年两次开展实证调查。在 2006 年的调查中，GAO 的雇员以消费者

---

〔1〕 James P. Evans & Robert C. Green，"Commentary，Direct to Consumer Genetic Testing：Avoiding a Culture War"，*Genetics in Medicine*，2009，11（8）：568-569.

〔2〕 Arthur L. Beaudet & Gail Javitt，"Which Way For Genetic-Test Regulation?"，*Nature*，2010，466（7308）：816-817.

的身份向四家 DTC 基因检测公司购买检测服务，结果证明被调查的四家公司提供的检测报告十分模糊，几乎没什么价值。一些公司提供的建议只是单纯的生活方式指导，诸如少吸烟。有的公司在检测中有市场推销行为，向消费者推荐购买每年 1200 美元的膳食补充剂——在零售商店只需 35 美元即可买到满足同样需要的营养补充剂。[1]在 2010 年的后续调查中，GAO 招募了 5 名志愿者，向四家 DTC 基因检测公司分别购买了 10 份检测报告，得出的结果同四年前一样令人忧虑。来自四家公司的报告彼此不同，推销行为仍旧存在，并有夸大宣传的情况。[2]此外，隶属于人类健康服务部秘书处的基因、健康与社会咨询委员会（Secretary's Advisory Committee on Genetics, Health, and Society）也分别于 2008 年和 2010 年开展了调查，出具的报告也对 DTC 基因检测的质量表示了严重关切，指出了对这一产业加以规范的必要，并提出了一些建议。[3]

（三）FDA 介入监管与 DTC 产业的低谷

在 2010 年之前，美国政府对 DTC 基因检测产业没有实质性的干预和管制举措——即使通过上述实证报告表达了关注，DTC 产业也在此时达到了高峰。[4]不过 2010 年成了一个分水岭，此后政府加强了对于 DTC 基因检测的管制，DTC 产业随后出现严重萎缩。

在美国有多个政府部门牵涉 DTC 基因检测的监管，包括 FDA（美国食品药品管理局）、CMS（美国医疗保险与医疗辅助中心）、FTC（美国联邦贸易委员会）和 EEOC（美国公平就业委员会）等，其中 FDA 负担最主要的监管

---

[1] U. S. GOVT ACCOUNTABILITY OFFICE, GAO‐06‐977T, NUTRIGENIC TESTING: TESTS PURCHASED FROM FOUR WEB SIES MISLED CONSUMERS, TESTIMONY BEFORE THE S. SPECIAL COMM. ON AGING (July 27, 2006), available at http://www. gao. gov/new. items/d06977t. pdf [hereinafter GAO‐2006].

[2] U. S. GOVT ACCOUNTABILITY OFFICE, GAO‐10‐847T, DIRECT‐TO‐CONSUMER GE‐NETIC TESTS: MISLEADING RESULTS ARE FURTHER COMPLICATED BY DECEPTIVE MARKETING AND OTHER QUESTIONABLE PRACTICES (July 22, 2010) (statement of Gregory Kutz, Managing Dir., Forensic Audits & Special Investigations), available at http://www. gao. gov/assets/130/125079. pdf [hereinafter GAO TESTIMONY].

[3] SEC'Y's ADVISORY COMM. ON GENETICS, HEALTH, & Soc'v, U. S. DEP'T OF HEALTH & HUMAN SERVS, DIRECT‐TO‐CONSUMER GENETIC TESTING (Apr. 2010), available at http://oba. od. nih. gov/obalsacghs/reports/SACGHSDTCReport_ 2010. pdf [here‐ inafter SACGHS‐20101.

[4] 当时全美从事这项业务的公司达到了 30 多家，提供 400 多种检测服务。

职责。FDA 将 DTC 基因检测纳入监管范围的依据是认为 DTC 基因检测属于医疗器械。根据食品、药品和化妆品法案的规定，Medical Device 是指用于疾病或状况的诊断，或用于疾病的治疗、缓解、处理、预防的各种仪器、设备、工具、器械、体外试剂以及其他相似或相关物品，这一定义的外延十分宽泛。具体而言，DTC 基因检测被划入体外诊断产品（In Vitro Diagnosis，IVD）的范畴。FDA 将医疗器械根据对消费者的风险高低分为三类，风险越高管制越严格。[1] 医疗器械在进入市场销售前，经营者必须满足与其风险级别相应的管制要求。Class Ⅰ 医疗器械由于造成损害的可能性极低，只需满足一般的控制要求即可（包括经营者的注册、列出产品及活动清单、良好的制造程序管控和产品标识）。Class Ⅱ 医疗器械除了要满足上述一般管控要求外，还要接受更严格的控制。生产者必须提交一份售前通知（premarket notification），在通知中应当证明拟销售的器械与市场上已经合法存在的医疗器械具有实质同等性（substantially equivalent）。如果 FDA 认为该器械与市场上已存在的器械具有相同的用途或技术特征，不会出现新的安全性和有效性问题，至少是同样安全和有效的，则会许可该器械进入市场销售。这一医疗器械售前通知程序是根据美国《食品、药品和化妆品法案》第 510（K）条款产生的，故被称为 510（K）程序。通过这种程序取得合法市场地位的方式被叫作 clearance。在发展中暴露的一个问题是，一些新颖独特的医疗器械在市场上无法找到实质等同的对象，即使其仅具有很低程度的风险，也无法获得认可。为此，FDA 在 2011 年发布了新的指导规则，建立一套 de novo 程序，允许只具有低度缓和风险（low-to moderate-risk）的医疗器械进入市场，即使找不到实质同等的产品。这一标准特别适合于 DTC 基因检测产品，实践中被较多地应用。Class Ⅲ 医疗器械风险等级最高，必须接受最严格的售前批准（premarket approval）程序。对于公司而言，要取得进入市场的资格，售前通知与售前审批程序相比，前者要容易简便得多。[2]

　　DTC 基因检测一旦被认定为医疗器械，如果没有获得 FDA 的 clearance 或

---

　　〔1〕　Classify your medical device，FDA，http://www.fda.gov/MedicalDevices/Device Regulation and Guidance/Overview/Classify Your Device/default.htm（last updated Dec.3，2012）〔hereinafter FDA-Classify Your Device〕.

　　〔2〕　Kayte Spector-Bagdady & Elizabeth Pike，"Consuming Genomics：Regulating Direct-to-Consumer Genetic and Genomic Information"，*Nebraska Law Review*，2014，92（4）：677-745.

approval 就在市场上销售，则构成违法。事实上在 2010 年以前，美国市场上几乎所有的 DTC 基因检测公司都没有经过上述入市前的认定或批准程序，等于是抢在 FDA 插手管制之前取得了短暂的繁荣。2010 年之后 FDA 的一系列通知，几乎使 DTC 产业全军覆没。FDA 向公司发送的通知分为两种：Untitled Letter 和 Warning Letter。Untitled Letter 是对于轻微违法的提醒，Warning Letter 则是严重警告，若不改正可能导致强制执行诉讼。[1]

一个导火索是 Pathway Genomics 公司宣布与最大的连锁药品经销商 Walgreen 合作，在全美 6000 多家药店销售 DTC 服务产品，这引来了 FDA 的关注。2010 年 5 月 10 日，FDA 向 Pathway Genomics 发出 Untitled Letter，指出其推销的检测产品向消费者提供包含 70 多种健康状况相关基因倾向的报告（包括基因药理、疾病罹患倾向、带因状况等），因此用于检测的工具包"可能"（appear）符合医疗器械的定义。值得注意的是信件中使用的措辞是"appear"，表明了 FDA 比较缓和的态度。事实上，在两年前 Pathway 就在网上开展 DTC 基因检测服务。不过，在药店销售增加了这项服务的医疗色彩。正如 FDA 体外诊断器械安全评估办公室负责人 Alberto Gutierrez 指出的，市场上有很多家提供 DTC 基因检测服务的公司，商业模式多种多样，很难确定其中哪些属于 FDA 监管范围。不过一旦通过实体药店销售，就很容易判断该种产品落入 FDA 管辖的范围。[2]Walgreen 最终放弃了与 Pathway 的合作计划，Pathway 调整经营策略，只在网上开展业务，并且只将检测结果提供给医生。此后，FDA 又陆续发出了 22 封 Untitled Letters。FDA 的突然发力使 DTC 产业陷入寒冬，各大公司不得不调整商业模式。一些公司被迫终止了与医疗、健康相关的 DTC 基因检测服务项目，只提供原始的检测数据而不包含对结果的分析说明，一些公司引入医疗专家作为中间方，只将检测结果提供给专业医生而非消费者，另有一些公司则彻底退出了 DTC 市场。

23andMe 也在收到信件的公司之列，但并未完全停止业务，成为当时市场上仅存的继续开展健康相关 DTC 基因检测服务的公司。同时，23andMe 与 FDA 展开频繁的沟通，就一百多项检测产品向 FDA 提起售前认证程序（premar-

---

[1] Kayte Spector-Bagdady & Elizabeth Pike, "Consuming Genomics: Regulating Direct-to-Consumer Genetic and Genomic Information", *Nebraska Law Review*, 2014, 92 (4): 677-745.

[2] Andrew Pollack, "Walgreens Delays Selling Personal Genetic Test Kit", N. Y. TIMES, May12, 2010, atB5 [hereinafter*Pollack-WalgreensDelays*].

keting clearance），积极谋求合法市场地位。不过最终 FDA 还是认为 23andMe 没有做出实质性的富有诚意的行动，没能提出充分的证据证明其产品与市场已合法存在的产品具有实质同等性。2013 年 11 月，FDA 向 23andMe 发出了更加严厉的 Warning Letter，责令其立即停止一切与健康相关的 DTC 基因检测。在这封警告信中 FDA 指出，23andMe 的 DTC 产品符合《食品、药品和化妆品法案》关于医疗器械的定义。公司网站上的广告宣称可以提供包括 254 种疾病的健康报告——包括带因状况、健康风险、药品反应等，并宣称检测产品是对抗糖尿病、心脏病、乳腺癌等重大疾病采取行动的第一步，所列举的这些用途完全符合 201（h）of the FD&C Act 条款下的医疗器械使用的定义。这些产品使用没有经过 FDA 的分类界定或者是售前批准，而对此 FDA 已多次提醒其注意。FDA 还以乳腺癌相关检测为例在信件中详细分析了 DTC 产品可能给消费者带来的危害。对乳腺癌的基因检测可能得出错误的积极或消极的风险评估报告，进而对消费者造成不良诱导。例如，若检测报告错误预示了患乳腺癌的风险，则消费者可能贸然采取预防性手术切除乳腺、接受化学预防以及其他激进措施。相反，一份不准确的负面风险报告可能使消费者对事实上存在的高风险疏忽大意。再者，对药品反应的检测产品可能错误地诱导消费者自我管理用药和治疗方案，出于对评估报告的信赖，消费者可能没有医生的指导而自行改变剂量甚至停止用药。[1]在 FDA 的明确立场下，23andMe 不得不调整商业模式，终止了所有与医疗沾边的检测服务项目，将经营范围限缩在血缘关系检测、不附带分析报告的原始基因数据提供等狭小的领域。公司网站的广告宣传也做了如下修改："我们希望在未来增加与健康有关的基因检测服务，但究竟是怎样的服务以及何时提供在目前尚不得而知。"这样到了 2014 年，在美国市场上已经没有真正意义上的与健康相关的基因检测产品，DTC 产业降至冰点。

不过，23andMe 始终没有放弃，一直与 FDA 展开斡旋，即使是在收到警告信之后。2014 年 6 月，23andMe 向 FDA 提起了就 Bloom Syndrome（布鲁姆综合征，一种罕见的遗传疾病）开展基因检测的售前认定 510（K）程序。

〔1〕 Letter from Alberto Gutierrez, Dir., Office of In Vitro Diagnostics and Radiological Health, Ctr. for Devices &Radiological Health, Food & Drug Admin., U. S. Dep´t of Health & Human Services, to Ann［e］Wojcicki, C. E. O., 23andMe, Inc. （Nov. 22, 2013）, available at http://www.fda.gov/iceci/enforcemen-tactions/warningletters-/2013/ucm376296. htm［hereinafter Warning Letter to Wojcickil.

2015 年 2 月 19 日，23andMe 收到了 FDA 的通知，授权其在市场上销售该种检测产品。[1] 针对 Bloom Syndrome 的检测是一种基因携带者检测，受测者并没有症状发作，检测的目的仅是发现基因突变及预测这种基因变异遗传给后代的可能性，而不涉及检测结果失真诱使消费者不当医疗行为的问题。这一点与针对乳腺癌相关的 BRCA1/2 基因检测有重大差别，后者的肯定或否定评估报告将实质影响消费者的医疗导向。FDA 将该种检测列为二级医疗器械，并认为消费者不需要执业医师对检测结果进行解释说明。FDA 还宣布考虑使该项检测产品免于售前监管，并将发布一则通知，给公众保留 30 天的讨论期。吸取以前的教训，23andMe 这次做了充分准备，进行了大量调查研究、获取了大量数据。为了证明检测的准确性，23andMe 进行了两个独立的研究，在第一项研究中在两个实验室检测了 70 份样本，第二项研究中于相同的两个实验室检测了 105 份样本，两个研究都表明了相同的布鲁姆综合征基因携带状况结果。23andMe 还进行了对 302 人进行的检测可用性（usability）研究，以及另外一项针对 667 名随机招募的参与者（代表不同年龄、性别、种族和教育水平）的研究，以证明检测指令容易遵照执行、检测结果容易理解。FDA 在对这项检测授权的同时，也对其实施作出了限制，如果要通过柜台销售，必须向消费者告知如何获得有资质的分子基因专家的检测前及检测后咨询。再者，尽管 FDA 并未限制谁可以购买该产品，但是其要求 23andMe 在产品标识中向消费者说明检测结果对于未来的父母意味着什么。

Bloom Syndrome 检测产品获得 FDA 授权是一个标志性事件，这是美国首个获得授权的 DTC 产品。尽管可检测的疾病种类相比授权的范围十分有限，但这却是一缕弥足珍贵的曙光，使此前几近消亡的 DTC 市场再次看到了希望。更重要的是，由此可以看出 FDA 的立场在缓和，其并非想禁绝 DTC 基因检测，相反也认为有质量保证的 DTC 产品对消费者是有利的，并且 FDA 正在尝试采取一种风险分类的模式处理 DTC 监管问题，中低风险的检测产品可能受到较少的管制而在未来可能获得可观的发展空间。以此为开端，未来市场上获得授权的基因检测产品或许将越来越多，这对 DTC 产业发展而言可谓是一

---

[1] FDA Authorizes Marketing for 23andMe Bloom Syndrome Carrier Status Test，http://www.ge-nengnew—s.com/gen-news-highlights/fda-authorizes-marketing-for-23andme-bloom-syndrome-carrier-sta-tus-test/81250948.

个柳暗花明式的转机。而历经十年的曲折和磨难，23andMe 也成长为这一领域内不折不扣的独角兽企业。

二、我国 DTC 基因检测产业的发展与监管

（一）基因检测的产业化

DTC 基因检测的产业化是生物经济的一部分。基因科技的进步带来的不只是知识的增长，附带的还有金钱。这不单纯是市场的自发行为，也有国家积极推动的力量。事实上生物经济战略是国家总体发展战略的一部分。基因检测背后是一个令人垂涎的数百亿乃至千亿级大市场，各国在积极争夺基因领域科学高地的同时，也积极争夺生物经济产业高地。2022 年 5 月，我国国家改革与发展委员会发布了专门的《"十四五"生物经济发展规划》，其开宗明义地指出："科学规划、系统推进我国生物经济发展，是顺应全球生物技术加速演进趋势、实现高水平科技自立自强的重要方向，是前瞻布局培育壮大生物产业、推动经济高质量发展的重要举措，是满足生命健康需求快速增长、满足人民对美好生活向往的重要内容，是加强国家生物安全风险防控、推进国家治理体系和治理能力现代化的重要保障。"该规划 3 次提及"基因检测"，对之采取积极推动的立场。规划还指出，"我国是全球生物资源最丰富、生命健康消费市场最广阔的国家之一"，其中明确提出了"生命健康消费市场"的概念。在全球基因检测产业化浪潮下，在国家生物经济战略的大格局下，我国的 DTC 基因检测产业获得了快速发展。

基因检测在我国同样具有庞大的市场和诱人潜力。统计显示，中国每年有 2000 万左右的孕妇，单单产前基因检测一项，市场就达到 100 多亿元。另据业内人士估计，我国整个基因检测市场有望形成每年 1000 万人次、1000 亿元的庞大规模，这无疑是一个无比诱人的大蛋糕。[1] 仅就目前而言，基因检测的市场尚未得到充分的开发。巨大的市场潜力吸引了投资不断涌入，近些年基因检测公司如雨后春笋般生长。国际基因检测行业巨头对进入我国市场虎视眈眈，与国内企业展开竞争与合作。本土的基因检测公司也迅速成长起来，取得了不小的进步，目前市场上约有 200 多家基因检测公司。据研究统

---

〔1〕　参见付海天：《深度分析：中国消费级基因检测市场报告》，载 http://medical.ofweek.co m/2017-01/ART-12003-11104-30088478.html，2023 年 10 月 8 日访问。

计："中国消费级基因检测服务的累计用户数，已从 2016 年 150 万，增长至 2018 年的 470 万和 2020 年的 1210 万。"[1]

围绕着基因检测有一条复杂的产业链。处于产业链上游的是测序仪器设备及耗材试剂的生产销售，处于产业链中游的是基因测序服务，下游则是基因数据的分析及相关咨询服务。目前测序仪器市场被一些国外大公司垄断，Illumina 公司占据了一半左右的市场份额，Life Tech 以及 Roche 紧随其后。国内公司则大多采取与国外生产商合作的方式，获得授权或者买断产品，在国内贴牌。例如，华大基因收购了 Complete Genomics，采用其 BGISEQ1000 测序平台，并投入量产。少数企业如紫鑫药业探索自主研发测序仪。我国基因公司主要处于产业链的中游即基因测序服务。[2]总体观之我国基因检测产业尚处于起步阶段。在测序仪器设备方面我国企业正在努力走向独立自主，但目前尚不能完全摆脱对国际垄断巨头的依赖。就中游的测序服务而言，目前最成熟的无创产前基因检测。但总体上服务的项目范围与国外相比有些狭窄，未来有待进一步拓展丰富。另一个重要的发展瓶颈是基因大数据的缺乏，基因检测最终要通过对结果数据的分析与疾病建立关联，这有赖于大规模的基因数据库。基因状况与疾病关联性分析赖以建立的数据越大，则结果准确率越高。国外公司掌握包含丰富信息的基因数据库，但由于人种上的差异，这些数据库却不能如同硬件设备一样直接为我国引进使用。我国的基因数据库建设相对落后，基因大数据尚未建立起来，这必将极大制约基因检测产业的发展。[3]因此，加强针对我国人口的基因数据库建设是当前一项紧迫的任务。此外，为使基因检测有章可循，标准和规范的建立至关重要。与基因检测产业的增长速度相比，发展的质量则令人忧虑。市场混乱、缺乏标准与规范，这是当前基因检测行业的真实写照。

在美国 DTC 基因检测是被作为与临床医疗性基因检测相对的独立问题加以讨论和规范的，在我国这二者的界限则比较模糊，DTC 基因检测的概念较少被提及讨论。在实际操作中，检测公司往往与医院展开合作，以第三方机构的身份提供基因检测服务。由于基因检测对实验室的稳定性和操作的专业

---

〔1〕 参见李秀芝：《消费级基因检测：智商税还是生命密码?》，载《中国企业家》2021 年第 10 期。

〔2〕《我国基因检测行业的核心与现状》，载 http://news.bioon.com/article/6658530.html，2020 年 2 月 6 日访问。

〔3〕 参见赵展慧：《抽个血，就能知晓前世今生？》，载《人民日报》2015 年 8 月 31 日。

性具有较高的要求，基于技术、成本等因素的考虑，目前医院自主进行此类基因检测服务的可能性较低，主要采取外包给独立基因检测服务提供商的模式。而在美国 DTC 基因检测的典型特征恰恰在于绕开医院，由商业性公司独立进行。我国的这种外包模式使得基因检测兼具有医疗性和消费性的特质。从基因检测的使用终端来看，相对于作为经营者的检测公司，所谓"消费者"除了自然人消费者（又包括健康人和患者）之外，在广义上还包括没有能力自行开展基因检测的医疗机构和科研机构。再者，一些检测机构的业务范围往往跨越医疗性检测和纯消费性检测，且二者之间的界限并不清晰。相关文献在讨论基因检测产业发展时，较少区分医疗性检测和消费性检测，而是模糊地将其统统包含其中。上述诸多因素造成了，在我国没有一个清晰的 DTC 基因检测概念。在整个基因检测市场的大盘子里，临床医疗性基因检测占据绝对大头儿，DTC 基因检测目前只占到 5% 左右的份额。可以说我国 DTC 基因检测是在医疗性检测的影子下生长的。不过有评论认为，从长远来看 DTC 基因检测的独立产业化和市场比重攀升是大势所趋。[1]

由于国家对临床应用的基因检测实行高度严格的管制，而对纯消费性的基因检测几乎零管制，巨大的落差使得 DTC 基因检测在近些年获得迅猛发展。如今直接针对个人的基因检测服务是一桩异常火爆的生意，在网络上基因检测广告铺天盖地。商业性检测机构增长迅速，比较知名的有 23 魔方、We-Gene、360 基因、Hi 基因、比特基因、一脉基因、水母基因，等等。这些企业大多处于初创成长阶段，其中一些获得了社会融资支持。[2]DTC 基因检测的目标人群是对自己好奇的人，检测的目的不是获得医疗诊断，而仅是通过基因信息的获取更加了解自己。市场具体的检测项目则是五花八门，检测价格从几百元到数万元不等。DTC 基因检测是一个名副其实的新兴产业，目前尚处于起步阶段，在火爆的市场发展背后，也隐藏着许多问题。首先，这一行业有拔苗助长的嫌疑。基因检测目前在技术上尚不十分成熟，检测报告的有用性科学性还值得推敲。而实践中有检测机构把一些还尚处于科研阶段的东西直接搬到了市场，急功近利带来了风险的增加。其次，行业标准缺失，

---

〔1〕 参见张蓝飞：《基因检测 To B 到 To C 有多远》，载《医药经济报》2015 年 11 月 2 日。

〔2〕 有统计表明，2005 年至 2013 年，中国基因测序行业累计获得 20 笔投融资，2014 年至 2016 年 3 月，行业投融资数则激增至 28 笔。2017 年初，23 魔方 A 轮融资成功，共获得 2000 万元人民币，成为目前我国据公开资料可查的首家公布超千万融资的 DTC 基因检测企业。

监管不足，导致市场乱象丛生。[1]其中，儿童天赋基因检测受到的批评最多。现在的基因检测在很大程度上是在炒作一种概念，检测报告对于消费者而言究竟有多大真实价值值得怀疑。最后，一些基因检测打着"消费"的名义，实质上具有医疗的性质，极易对消费者造成误导。目前DTC基因检测总体上的状况是看起来很热闹，但真正赚钱的却不多。[2]资本看好的是基因检测公司未来的市场空间，所以大多数消费级公司靠烧钱不断融资开拓市场。[3]现在的问题是，后天或许很美好，只是会有一些公司倒在明天晚上。[4]

（二）我国对DTC基因检测的法律监管

基因检测过热导致的市场乱象引起了政府的关注，并开始着手对检测市场的规范。2014年2月9日，食药监总局办公厅和卫计委办公厅联合发布《关于加强临床使用基因测序相关产品和技术管理的通知》（以下简称《通知》），叫停一切与临床相关的基因检测产品。[5]《通知》首先指出了基因检测的重要性和特殊性，表明了政府对这一问题的重视："包括产前基因检测在内的基因测序相关产品和技术属于当代前沿产品和技术研究范畴，涉及伦理、隐私和人类遗传资源保护、生物安全以及医疗机构开展基因诊断服务技术管理、价格、质量监管等问题。目前，基因测序相关产品和技术已由实验室研究演变到临床使用，对此，国务院有关部门高度重视。"《通知》将符合一定条件的基因检测产品认定为医疗器械，要求经营者获得事先注册："按照《医疗器械监督管理条例》、《医疗器械注册管理办法》、《体外诊断试剂注册管理办法（试行）》等规定，基因测序诊断产品（包括基因测序仪及相关诊断试剂和软件），通过对人体样本进行体外检测，用于疾病的预防、诊断、监护、治疗监测、健康状态评价和遗传性疾病的预测等，符合医疗器械的定义，应作为医疗器械管理，并应按照《医疗器械监督管理条例》及相关产品注册的规定申请产品注册，未获准注册的医疗器械产品，不得生产、进口、销售和

---

〔1〕 参见严慧芳：《吴一龙：莫把基因检测当"算命先生"》，载《南方日报》2016年12月14日。

〔2〕 参见刘宇、郭秀娟：《百亿基因检测市场不好啃》，载《北京商报》2016年12月13日。

〔3〕 这十分像"滴滴打车"前期的运营策略。

〔4〕 《基因检测可以测出孩子的"洪荒之力"？别被忽悠了》，载http://money.163.com/16/0812/17/BU9LVJOH00253B0H.html，2023年12月16日访问。

〔5〕 参见梁占超：《解析基因检测叫停》，载《医药经济报》2014年2月24日。

使用。"据此，一切未经审批注册的基因检测产品皆为非法。"自本通知发布之日起，包括产前基因检测在内的所有医疗技术需要应用的检测仪器、诊断试剂和相关医用软件等产品，如用于疾病的预防、诊断、监护、治疗监测、健康状态评价和遗传性疾病的预测，需经食品药品监管部门审批注册，并经卫生计生行政部门批准技术准入方可应用。已经应用的，必须立即停止。"

这样，继美国 FDA 以警告信叫停 DTC 基因检测之后，我国食药监总局和卫计委也以通知形式叫停了临床基因检测产品，所持的理由也与前者十分相似——检测产品构成医疗器械。《通知》并未明确区分医疗性基因检测和 DTC 基因检测，不过值得注意的是《通知》确对责令停止的检测产品作了特别的限定，即只有"医疗技术需要应用"的产品，且用于"疾病的预防、诊断、监护、治疗监测、健康状态评价和遗传性疾病的预测"，才被纳入禁止之列。若从反面解释，非医用、不以诊疗为目的且非以健康评估和疾病预测为目的的基因检测似乎仍是合法的。

《通知》的出台意义重大，表明我国政府对于基因检测行业不再袖手旁观。这一举措对于产业发展造成了很大影响，火热的市场骤然降温。即使是业已十分成熟、在临床上被广泛应用的产前基因检测也同样被叫停，这使从事这一行业的检测机构受到重创，消费者也感到不适。不过，叫停仅是暂时的，政府并非想消灭基因检测，而是要将其纳入监管轨道。不到半年，基因检测的大门重启，一些公司和机构陆续获批产品注册。2014 年 6 月 30 日，华大基因的两款二代测序仪和检测试剂盒率先获得批准。2014 年 11 月 4 日，食药监总局再次批准了达安基因的基因测序仪和胎儿染色体非整倍体 21 三体、18 三体和 13 三体检测试剂盒医疗器械注册。2014 年末，卫计委医政医管局又发布了《关于开展高通量基因测序技术临床应用试点工作的通知》，公布了北广两地第一批高通量测序技术临床应用试点单位，涉及 3 个专业（遗传病诊断、产前筛查与诊断、植入前胚胎遗传学诊断），7 家机构，其中包括安诺优达、博奥、华大、达安基因在内的第三方检验机构。不久，卫计委妇幼保健服务司又发布了《关于产前诊断机构开展高通量基因测序产前筛查与诊断临床应用试点工作的通知》，审批通过了 109 家医疗机构开展高通量基因测序产前筛查与诊断临床试点。可见，国家对基因检测技术创新与应用采支持、鼓励和规范立场。

值得注意的是，无论是《通知》还是此后的解禁行动，直接面向的都是临床性基因检测，DTC 基因检测只有在越界进入临床领域时才成为被管制的对象，而不具有临床性质的基因检测仍旧逍遥自在。因此，关键在于：DTC基因检测与临床基因检测的甄别标准是什么？对此，《通知》并未给出正面的解释。应当看到，DTC 基因检测涵盖多种类型，有些与健康相关，有些与健康毫不相干，如祖源检测、天赋检测。灰色地带主要存在于与健康相关的DTC 基因检测，所谓"与健康相关"存在着两种可能性：①构成医疗，②虽与健康有关联，但并不构成医疗。但麻烦在于这两者之间的界限并不清晰，例如，疾病易感基因检测，通常讲这并不是对受试者直接作出诊断，只是使其了解未来可能患病的风险程度而作出健康管理。然而检测结果不可避免地影响着受试者的心理，乃至于影响医疗方案的选择。该类检测是否构成《通知》所称的"健康状态评价和遗传性疾病的预测"，存在着灵活解释的空间。

DTC 基因检测不可避免地涉及人类遗传资源样本和信息，因此受《中华人民共和国人类遗传资源管理条例》调整。条例第 3 条第 1 款规定："采集、保藏、利用、对外提供我国人类遗传资源，应当遵守本条例。"DTC 基因检测对受试者样本的提取可解释为该条所称的"采集"。条例第 7、8、9 条规定，采集、保藏、利用、对外提供我国人类遗传资源，不得危害我国公众健康、国家安全和社会公共利益，应当符合伦理原则，并按照国家有关规定进行伦理审查，应当尊重人类遗传资源提供者的隐私权，取得其事先知情同意，并保护其合法权益，应当遵守国务院卫生健康主管部门制定的技术规范。上述规定对于 DTC 基因检测原则上都适用，不过这些一般规定都是高度概括的，《中华人民共和国人类遗传资源管理条例》并未正面具体规定 DTC 基因检测问题。根据条例第 9 条，只有采集我国重要遗传家系、特定地区人类遗传资源或者采集国务院卫生健康主管部门规定种类、数量的人类遗传资源的，才需要经过行政审批许可。而 DTC 基因检测通常不涉及此类人类遗传资源，因此免于审批。

迄今为止，对于 DTC 基因检测，我国仍旧没有专门的规范出台，管制缺位的状态持续存在。

三、DTC 基因检测产业的未来展望

DTC 基因检测产业的前景被普遍看好，不可估量的市场潜力令人垂涎。在国家发展的宏观层面，这一产业也具有战略意义，其有望成为继网络信息

技术之后又一划时代性的新经济增长点。正因如此，各国政府都不忍割舍这一利益，规范但并不禁止这一产业的发展。DTC 产业的未来看起来无限美好，但是在目前这一产业距离成熟尚相去甚远。有评论称其为"理想丰满，现实骨感"。[1]现有的发展仅是刚刚起步，尚未步入正轨，市场混乱、标准规范缺乏、消费者保护机制不健全，是客观的现实。一种担忧是，DTC 基因检测这一富有希望的产业如果未得到良好的引导与规范，可能在真正的繁荣出现之前就夭折，如果是如此则十分可惜。因此，普遍的观点认为应加强对 DTC 基因检测行业的规范，使其具有发展的可持续性。[2]而如何规范才是恰当的，在目前尚没有一条成熟的路径可循，只能在长期摸索中前进。

第三节　DTC 基因检测的价值与隐忧

近年来围绕 DTC 基因检测的争论十分激烈，对于这一新兴事物既有追捧也有质疑。对消费者而言，这项高科技服务产生了个人赋能（empowerment）效果，使其有能力轻松获取个人基因信息，并因此对个人健康事务作出自我管理，另外，基因检测背后隐藏着诸多风险，特别是在当前缺乏法律规范的背景下，消费者未经医生把关而直接从市场上获得的基因检测服务是否真的"靠谱"尤其让人担忧。[3]

一、DTC 基因检测的价值

（一）获取便捷，价格亲民

与医疗基因检测相比，DTC 基因检测更易于获得，成本更低。消费者可以摆脱对医生的依赖，从市场上直接选择购买检测服务，并且价格更加低廉。随着检测技术的不断成熟，检测服务产品的价格不断降低。检测服务可以通过网络订购，检测结果可上网查询得知，克服了地域的限制，消费者享受到

---

〔1〕 参见王悦：《基因检测：理想丰满　现实骨感》，载 http://tech.sina.com.cn/it/2014-12-02/01569842954.shtml，2014 年 12 月 2 日访问。

〔2〕 参见王国青：《基因检测市场须规范和引导》，载《光明日报》2015 年 9 月 5 日。

〔3〕 Laura Hercher, "Is That a Threat or a Promise? Direct-to-consumer Marketing of Genetic Testing", IN Janice L. Berliner (Ed.), *Ethical Dilemas in Genetics and Genetic Counseling*, Oxford University Press, 2015, p. 138.

高度的便利。[1]

(二) 对消费者自由的尊重

基因信息既属个人所有，消费者作为自主的个体，当然有权获取和知晓自己的基因信息、了解自己的身体，他人无权干涉。DTC 基因检测增强了消费者对个人基因信息的获取能力，基于对基因状况的知情，消费者能够做出有关健康的更合理的决定，理智行使自主权。消费者有权获得其个人基因信息，这被普遍认可为一项基本权利。尊重消费者自由，这是抵制对 DTC 基因检测管制的核心论据。不可否认的是，DTC 基因检测的发展给消费者带来了利益，使消费者能够方便地获得自身的基因资讯，进而指导有利于健康的生活习惯、行为方式，避免疾病发生。若要对消费者的自由作出限制，必须回答的是，限制的正当性何在？保护消费者免遭侵害是通常的解释，不过评论回应认为，消费者作为理性的市场主体有能力管理好自己的行为及其风险，在缺乏任何 DTC 检测损害消费者利益的确实证据的情况下，法律草率禁止消费者直接订购这种服务，是对基因资讯自决权的侵犯。强制性地将医疗机构放置在消费者与检测公司之间，消费者获得基因资讯的便利性将大打折扣，价格也可能因管制而大幅上涨。[2]个人基因资讯自决是被置于较高位阶的法价值，因此若管制是不可避免的，也不能完全剥夺该种自由而起码应保留适度的自治空间。

(三) 预知健康风险

有助于消费者管理自己的健康风险、防控疾病。通过基因检测预知健康风险，消费者就可以未雨绸缪，调整个人的行为方式和生活习惯，预防疾病的发生或者降低发病概率。DTC 基因检测有助于推动个性化医疗，根据个人特殊的基因状况制定特定的疾病预防、治疗方案。客观地讲在目前 DTC 基因检测在疾病预测方面尚难以做到高度准确，不过这至少可以引起消费者对潜在健康问题的重视，具有一定程度的积极意义。

---

[1] Azofra, María Jor, "Some Ethical and Regulatory Aspects Involved in Direct-to-Consumer Genetic Testing", in Roberto Bin, Sara Lorenzon and Nicola Lucchi (Ed.), *Biotech Innovations and Fundamental Rights*, Milano: Springer, 2012, p. 182.

[2] Michele D. Irick, "Age of an Information Revolution: The Direct-to-Consumer Genetic Testing Industry and the Need for a Holistic Regulatory Approach", *San Diego Law Review*, 2012, 49 (1): 279-340.

（四）私密性

支持者还认为，由于 DTC 基因检测不需要经过医生这一环节，检测结果不会作为医疗记录被他人保存，因此降低了隐私泄露的可能性，消费者可得到更好的隐私保护。

二、DTC 基因检测的风险

（一）科学性疑虑

DTC 基因检测作为一项有偿服务提供给消费者，其应当是有价值的，即对消费者能够在某些方面提供帮助。DTC 检测是否有价值的判断通常借助两个标准，即确效性（validity）和实用性（utility）。确效性又区分为分析确效性（analytical validity）和临床确效性（clinical validity），分析确效性是指执行检测的实验室是否能够准确检测出特定的基因变异，临床确效性则是指该基因变异是否与特定疾病或被测者的身体状况有关。临床实用性（clinical utility）是指该检测必须提供有助于诊断、治疗、预防某一疾病或情况的信息。只有同时满足上述要求的检测对消费者才是有意义的。然而实践中的真实情况堪忧，DTC 基因检测服务的品质缺乏保证。[1]一个前提性的问题是，究竟何谓确效性和实用性，目前尚缺乏权威的统一标准，对针对某项特定疾病风险的基因检测结果，还没有明确的科学评判指标。各个从事检测的实验室是各自根据本机构所累积的基因信息库资源，依据各自的算法对受测者基因样本进行分析，因此所得出的结果难求一致。从世界各国的情况来看，都尚缺乏行政主管机关公布的评价检测结果确效性和实用性的官方标准，充其量只有一些高度概括性的指导原则。现实的困境是，即使要对 DTC 基因检测加强行政监管，却面临评判标准不明的瓶颈。如果某项 DTC 基因检测只是查明了受测者的某个基因发生了变异，却不能确定与某种健康风险的关联，或者虽然能够确定但却不能为改善该不利状况提供任何有益的指导，则该检测结果可能徒增受测者的焦虑而无实益。更为严重的后果则是，缺乏科学保障的检测报告对受试者的决定产生误导，高估或者低估疾病风险而使消费者选择错

---

〔1〕 Laura Hercher, "Is That a Threat or a Promise? Direct-to-consumer Marketing of Genetic Testing", in Janice L. Berliner （Ed.）, *Ethical Dilemas in Genetics and Genetic Counseling*, Oxford University Press, 2015, pp. 139-145.

误的医疗方案。[1]

（二）市场风险

当基因检测作为一项消费品在市场上被销售，不可避免地存在市场风险，给消费者造成威胁。相比于普通产品市场，基因检测服务市场更加混乱。检测公司为了吸引消费者眼球，大多会在网站上发布广告，而宣传用语极为诱惑，有的甚至直接宣称检测准确率高达99.99%。[2]然而从科学的角度看，基因并非一切疾病发生的决定性因素。对于单基因疾病而言，基因发生功能突变就意味着疾病笃定要发生，但是对于更为复杂的多基因疾病而言，这一直线联系就完全不成立了。那些更为复杂的疾病要归咎于多个基因的相互作用以及环境的影响，而要辨明这些多基因之间的联系以及与环境之间的关系，还需要相当长的时间进行探索发现。刻意夸大某种基因对于疾病的影响，而回避其他重要但尚未知的致病因素，将会误导消费者。受技术水平的制约，并非所有疾病都是可以通过检测预知的，能检测的仅占一小部分。一些检测机构不负责任地夸大宣传称可检测一切疾病，甚至延伸至与健康无关的其他人格特征。基因检测具有高度的科技性，普通消费者难以充分理解，充斥在市场上的虚假宣传对本就处于信息不对称地位的消费者而言无疑是一种伤害。很多基因检测项目事实上成了一种消遣，甚至被称为"娱乐性基因检测"。而购买这些时髦的"高科技"服务的消费者，可能只是在缴纳"智商税"。有调查显示，在一份天赋基因检测报告中，用于检测孩子智力情况的一个叫作CPXCR1的基因，在国际权威基因数据库中根本查不到。[3]据《中国青年报》报道，一名老人在购买某公司的基因检测后，300多页的检测报告预测老人有严重的患癌风险，而公司推荐的解决办法是大量购买该公司的保健品。最终该名老人花光30多万元的毕生积蓄，在得知被骗后投河自尽。[4]

---

〔1〕 Jessica D. Tenenbaum, Andra James, and Kristin Paulyson-Nun'ez, "An Altered Treatment Plan Based on Direct to Consumer (DTC) Genetic Testing: Personalized Medicine from the Patient/Pin-cushion Perspective", *Journal of Personalized Medicine*, 2012, 2 (4), pp. 192~200.

〔2〕 参见李金涛等：《我国基因检测服务存在的问题和建议》，载《健康研究》2010年第1期。

〔3〕 参见李彤辉、徐向宇：《能预知未来？"基因检测"真有这么神奇吗?》，载 http://www.chi-na.com.cn/news/2017-06/26/content_41094805_2.htm，2023年6月26日访问。

〔4〕 参见高珮菁：《藏在基因里的野心与欺骗》，载《中国青年报》2016年8月17日。

（三）伦理问题

由于基因的遗传特性而牵涉复杂的伦理问题。首先就是隐私保护问题，尽管支持者们乐观地认为 DTC 基因检测因为省去了医生环节而有利于保护隐私，但事实可能恰恰相反。在市场混乱、缺乏监管的情况下，消费者的基因隐私还是可能被检测公司泄露，甚至该种泄密风险可能比医生泄密的风险更高，尽管大多数公司都宣称为消费者保密。其次是基因歧视问题，现实的案例已经证明了这一问题并非凭空臆断，而是客观的存在。最后是个人自主问题。在一定意义上讲，DTC 基因检测扩展了消费者自主的空间，使其可以自由获得个人的基因信息。不过从另一个角度看，如果消费者从商业性机构所获得的检测结果是缺乏足够科学性保障的，且消费者仅得到有限的告知而无法透彻理解检测的意义，则个人自主可能被误导到错误的方向乃至做出有害的行为决定。另一个问题是对缺乏同意能力人基因检测的自主保护，父母代替儿童所做的检测决定对于孩子是否真的好，孩子的自主是否得到了足够的尊重值得商榷。

（四）心理负担

DTC 基因检测的结果如果预示了未来的健康风险，则可能给消费者带来严重的心理负担。[1]有些疾病只会在几十年后发作，检测可能使消费者早早地就背上了心理包袱，而到时医学的发展或许已经能够治愈这样的疾病。并且，一些疾病风险的预测可能是不准确的，则消费者所承受的心理压力是无辜的。鉴于检测可能给受测者带来的负面心理影响，有效的心理干预和辅导机制十分必要。

第四节　DTC 基因检测法律规制的路径

一、对 DTC 基因检测的立场分歧：自由抑或管制

DTC 基因检测在实践中的蓬勃发展给法律提出了挑战，加强对 DTC 基因

---

〔1〕 本节内容作为课题研究的阶段性成果，发表于《武汉理工大学学报（社会科学版）》2014年第6期，编入本书时进行了整理。Oliveri S et al., "Anxiety Delivered Direct-to-consumer: Are We Asking the Right Questions about the Impacts of DTC Genetic Testing?", *Journal Of Medical Genetics*, 2016, 53（12）: 798-799.

检测规范的呼声越来越强烈。然而各方立场并不统一，支持者认为对消费者获取个人基因信息的自由应给予充分的尊重，另一种观点则主张应严格管制 DTC 基因检测以免贻害消费者。如何在自由与管制间做出平衡，是 DTC 基因检测规范的关键。

（一）争点：DTC 基因检测是"医疗"吗

对 DTC 基因检测应当加以规范吗？如果答案是肯定的那么依据何种规范？若要将其纳入规范轨道，必须首先解决法律适用问题，而这又有赖于对 DTC 基因检测的定性。由于 DTC 基因检测是一个新兴事物，既有的法律对其鲜有专门的规范。由于法律的真空，将 DTC 基因检测纳入调整范围的努力只能寄希望于从周边的相关法律中寻求规范依据。将 DTC 基因检测与医疗建立联系是一条可能的路径。各国对于医疗行为均有着较为完备的法律规范，DTC 基因检测一旦落入医疗的范畴，即可适用有关医疗的法律，从而姑且化解无法可依的困局。事实上，由于该问题的前沿性，各国尚未来得及对其立法，或者说立法时机并不成熟，目前对 DTC 基因检测的规范主要是依赖医疗法。如前所述，美国 FDA 对 DTC 基因检测实施管制的理由就是该种检测——起码是其中的一部分实质上具有医疗的性质，检测用的仪器与试剂盒则构成医疗器械。与此相反，提供 DTC 基因检测服务的公司则努力地辩解说该种服务产品并不具有诊断和医疗的意义，仅旨在为消费者提供个人的基因信息，是"消费性""咨询性"的，望借此避开监管。对于 DTC 基因检测公司的辩解，政府监管机构并不总是买账，认为许多 DTC 产品是打着"消费"的幌子行"医疗"之实。由此，自由抑或管制，焦点在于 DTC 基因检测是医疗吗？

对于 DTC 基因检测是否属于医疗有不同的见解。否定观点认为，DTC 基因检测是一种针对特定的基因特性进行检测的技术，尽管技术的实施结果要配合医学知识才能解读，但它本身并不提供诊断和治疗信息，因而不属于医疗。肯定观点则认为，DTC 基因检测不仅包括对特定基因特性的检测即确定某种遗传特性是否存在，还包括对可能或者已经罹患遗传疾病的个人提供遗传诊断信息，基因检测的目的不是要单单获取检测数据，而是要取得与此数据相关的医疗信息，所以基因检测并非单纯的技术操作，而是医疗过程的一个环节，故应当按照医疗活动来管理。

在笔者看来，对 DTC 基因检测行为的定性不能简单依靠概念分析，而应看基因检测的实质内容。基因检测是对遗传物质以及代谢物质所进行的检验，检验者通过读取基因上所带序列或者透过观察相关代谢物质的构造和形态，借此判断上游基因是否有缺陷、突变或者发展成疾病的可能。从环节来看，基因检测大体分为两个步骤：一是对样本实施检测获得原始基因数据，二是运用数据库和一定的科学算法对所获得的原始数据进行分析，形成检测报告，而分析报告的核心内容常常是一定的基因特征与特定疾病的联系。如果仅是第一个环节——原始基因数据的提供，显然不构成医疗。可是对消费者而言，若无解释性的分析报告，通过检测仅是获得了一些难以理解的抽象数据，则毫无实际意义可言。而一旦进入第二环节，将基因信息与疾病建立关联，则就不可避免地与健康发生了关联，或者说具备了医疗的特征。尽管 DTC 基因检测服务商努力地以信息性、消费性、咨询性面目示人，但现实上却很难与健康划清界限。消费者不会单纯地为了获得基因信息而购买检测服务，而是希望借助检测对健康提供有意义的指导。消费性检测和医疗性检测，这两个看似独立的概念，在现实中的界限却是相当模糊的。在理论上，可能存在一部分确不构成医疗的纯消费性检测，另一部分直接针对消费者的基因检测则可能构成医疗。究竟如何判断，有待未来的规范予以澄清。在美国，FDA 通过一系列警告信叫停与健康相关的 DTC 基因检测以后，产业出现了分流的现象，一部分服务商仅从事原始基因数据提供的服务，另一些公司则专注于开展基因数据分析服务。总之，DTC 基因检测是否构成医疗应在个案中加以判断，依检测服务项目的实质内容而定。对于那些以消费性为名、行医疗之实的基因检测，理应纳入医疗监管的现有体系。

（二）政策考量：个人自由、产业发展与消费者保护的平衡

对构成医疗的 DTC 基因检测应加以监管自不待言，退一步讲即使是不属于医疗的纯"消费"性检测，亦并非不需任何管制。出于保护消费者的考虑，仍有国家干预的必要性。不过，仅仅是保护消费者的目的正当不能作为对 DTC 基因检测施加管制的正当性基础，尚需综合考量消费者自由、产业发展等众多因素而为决定。消费者有权了解自己的身体，有权获取个人的基因信息，此乃自由价值使然。对该种自由权利，法律应予以适度尊重。再者，从经济发展的视角，DTC 基因检测是一个朝气蓬勃的新兴产业，对于国家发展具有战略意义，故不应绝对禁止，而应引导其健康发展。进而，在 DTC 基因检测市场上，徒消

费者不足以自保，现实表明国家介入是必要的。在个人自由、产业发展与消费者保护之间寻求最佳平衡点应被作为 DTC 基因检测规范的核心政策考量。

二、DTC 基因检测监管的比较法观察

随着 DTC 基因检测普及的程度越来越高，法律规范的需求提上日程。然而从全球范围来看，对 DTC 基因检测的规范都处于一种滞后的状态。迄今为止尚没有一部直接针对 DTC 基因检测的专门立法，各国将 DTC 基因检测纳入监管，都只能依赖对既有相关法律的解释作为依据。

(一) 美国法

美国作为 DTC 基因检测产业最为发达的国家，不过相对于 DTC 实践的蓬勃发展而言，法律层面存在巨大的缺口。专门立法并不存在，多个部门机构依据多部相关法律，共同负担对 DTC 基因检测的监管职责。①FDA 是美国监管最主要的主体，其依照《食品、药品和化妆品法案》，将检测所用工具解释为医疗器械从而纳入管制范围。②联邦医疗保险及医疗辅助中心（Centers for Medicare and Medicaid Services，CMS）依据《临床实验室改进修正案》（Clinical Laboratory Improvement Act）对于在实验室内所进行的检测加以管制。根据该法案，CMS 为提供健康相关信息的实验室设置了标准，但是并没有针对基因检测的特殊标准。根据这些标准，实验室基因检测的分析确效性能得到确保，但是临床确效性和临床有用性则无法确保。③联邦贸易委员会（Federal Trade Commission，FTC）依据《联邦贸易委员会法案》（Federal Trade Commission Act），在执法程序中对不公平和欺诈性的贸易行为实施监管。从 2014 年开始，FTC 首次开始对 DTC 基因检测服务贸易加以监管。Genelink 公司在广告中声称其营养产品有助于弥补缺陷基因的不足，FTC 认为该公司从事欺骗性的贸易行为。这表明 FTC 要在 DTC 基因检测监管方面扮演更重要的角色。④公平就业委员会（EEOC）依据《反基因信息歧视法》，对就业领域的基因检测实施监管。⑤州法。美国各个州关于是否应对 DTC 基因检测施加管制立场并不一致，大概分为三种类型。第一种类型是承认其合法，但设置种种限制。加利福尼亚州、缅因州、蒙大拿州、密歇根州等 13 个州采此模式，其在特定目的范围内允许消费者不必借助医疗途径而从市场上直接订购基因检测服务，超出该特定目的的检测必须由医师订购，但是检测结果可以直接由检

测实验室寄给终端消费者。第二种类型为完全禁止 DTC 基因检测，亚利桑那州、佛罗里达州、田纳西州等 13 个州采此模式，其中田纳西州是以法律条文的方式明文禁止。另一些州则采开放模式，对 DTC 检测不加管制，有 25 个州及哥伦比亚特区持此立场。有评论认为，美国 DTC 基因检测的监管呈现碎片化，有待于整合完善。[1]

（二）欧洲法

1. 德国

德国对基因检测持高度严格管制的立场。《人类基因检测法》是针对基因检测的专门立法，但这部法律并未特别提及 DTC 基因检测的概念。虽然没有正面规范，但是从相关条文可以判断出该法对于 DTC 基因检测的立场。根据该法规定，基因检测只能由获得资质认证的专业医疗人员实施，从反面解释这意味着一切非由医生实施的商业性的基因检测都是被禁止的。这种严厉禁止的立场，与德国特殊的历史背景有关。德国因受纳粹危害颇深，对关涉人类自身尊严的基因检测采取了极其谨慎乃至保守的态度。有批判的观点认为这样的立法过于严厉，侵害了民众自由获取健康信息的权利。但更多的人对此持肯定立场，认为这是防止重蹈纳粹覆辙的必要之举。[2]

2. 英国

英国对于 DTC 基因检测的态度较为宽容，虽并非完全放任，但总体管制力度较弱。英国于 2002 年成立人类基因组委员会（HGC），该委员会并非基因检测的主管机关而是一个咨询机构，其职责是针对基因检测的市场及发展向政府提供管理建议。依据该委员会 2003 年发布的报告《直接向大众提供的基因检测服务》，基因检测被定义为"寻找个人在 DNA、基因或染色体上所带的生物资讯的差异而进行的任何检测，不限于基于医疗上所为的诊察"。这一定义表明了政府的如下态度：DTC 基因检测可以参与医疗上之诊察，但是无需作为医疗活动来管理。之所以采取如此宽容态度，是因为政府对这一高新技术背景下的新兴产业的未来发展方向还不确定，发展初期不宜过多限制，

---

〔1〕 Peter M. Kazon, "Regulatory Issues Facing Genetic Testing", *Journal of Health & Life Sciences Law*, 2010（3）：111.

〔2〕 Benjamin P. Harbuck, "Lessons for Gernany's Gendiagnostikgesetz from Europe's Protocol on Genetic Testing for Health Purposes", *Washington University Global Studies Law Review*, 2011, 10（2）：371-396.

而应进行自律管理。然而近年来的情况表明，自律的作用仅在发展初期有效，随着市场竞争压力的加大，英国多数民众倾向于对 DTC 基因检测进行法律规制。2010 年，HGC 制定了一个针对 DTC 基因检测的指导规范框架，内容包括对消费者的信息披露、咨询与心理辅导、同意、实验室流程控制、救济程序等。不过由于 HGC 并非管制主体，该指导性规范是非强制性的，而是自愿遵守的规则。[1]

3. 法国

在法国，对基因检测的控制比较严格。健康背景下的基因检测受到较好的规范，这些规范在一定条件下可适用于 DTC 背景。根据法国《民法典》第16-1 条，针对个人的基因检测仅能为了医疗或科学研究的目的而进行。这意味着，除此之外为了其他目的——如单纯为了获得信息——的基因检测都是不可能的。2004 年，法国对 1994 年颁布的《生物伦理法》（Biomethics Law）作出修正，其规定：不得为自己或者第三人请求实施基因检测，除非具备法律规定的条件。违反这一规定的行为将构成犯罪，承担罚金刑。实施基因检测的条件由该部法律作出限定。对个人基因特征的研究以及通过 DNA 确定身份的行为仅能由获得授权或委托的实验室实施。该法赋予法国生物医药局（Biomedicine Agency）一项新的使命，使公众便于获得直接面对消费者的基因检测信息，并阐明检测质量评估的标准。

4. 欧盟立法

在欧盟层面，对于 DTC 基因检测没有直接的规范，但存在一些相关性规范。首先，欧盟十分重视个人数据保护，颁布了一系列指令，其对于个人基因数据保护亦具有一定的适用空间。再者，《人权与生物医学公约》及其议定书对于 DTC 基因检测的规范也具有指导意义。《人权与生物医学公约》第 12条规定，对遗传疾病的预测性检测、致病基因携带者检测、基因倾向（genetic predisposition）检测、疾病易感性（susceptibility to a disease）检测只能为了健康目的或者是与健康相关的科学研究的目的实施，并且应以适当的基因咨询为前提条件。2008 年的《为健康目的的基因检测附加议定书》更进一步，第 7 § 1 条规定所有为健康目的的基因检测只有在个性化的医疗监督之下才得

---

[1] Pascal Borry el., "Legislation on Direct-to-consumer Genetic Testing in Seven European Countries", *European Journal of Human Genetics*, 2012, 20 (7): 715-721.

以实施。该议定书的解释性备忘录中指出，该条旨在使潜在的受测者有机会获得充分的信息及咨询以作出正确的决定。对拟受测者状况的准确评估至关重要，这可能要求进行面对面的交流，仅仅是与医生电话交谈不足以确保准确的评估。议定书还要求基因检测应满足被普遍接受的科学有效性和临床有效性标准。

在全球范围内观之，对 DTC 基因检测的规范尚处于萌芽状态，立法远远落后于实践。迄今为止尚没有一部专门立法面世，各国都只能依赖对相关规范的解释暂解燃眉之急。这或许是由于对 DTC 基因检测这一新兴事物到底应如何规范，尚没有十足的把握确立明确的法律规则。

三、将 DTC 基因检测纳入规范轨道的路径探索

普遍的观点认为，在市场上消费者不足以自保，为了避免其遭遇到有问题的基因检测服务，DTC 基因检测需要被纳入国家监管。然而，对于究竟应当如何纳入监管，则没有统一的认识。[1] 如前所述，在全世界范围内，DTC 基因检测的规范都是一个讨论中的课题，怎样的监管能够最有效地保护消费者，又不伤及个人获取基因信息的自由，尚没有形成足够成熟的模式。在理论上，学者们提出了各种各样的 DTC 监管模式的主张，其科学性、实效性有待证明。

（一）将医疗监督引入 DTC 基因检测

许多研究者指出，DTC 基因检测的种种弊病，皆根源于没有专业医生的介入。检测公司是营利性组织，在缺乏医疗监督的情况下，其检测结果的科学性和有用性存疑。因此，一种管制模式主张是，将医疗监督引入 DTC 基因检测，使专业医生介入其中把关，从而确保 DTC 基因检测服务的质量。该种观点虽不能谓是通说，但却是有着相当多支持者的代表性学说。在某些国家——如德国，法律强制规定基因检测只能由专业医生实施。在美国，一些 DTC 基因检测公司为了摆脱诟病，渐渐聘请了一些医生参加到检测程序中。

以往 DTC 基因检测与医疗性基因检测被作为两个对立的领域加以区分，许多问题由此而生。医生介入 DTC 基因检测的模式主张，正是试图打破这条

---

〔1〕 Arthur L. Beaudet & Gail Javitt, "Which Way for Genetic-test Regulation?", *Nature*, 2010, 466 (7308): 816-817.

鸿沟，在二者之间建立一座衔接的桥梁，以医生的专业权威为 DTC 基因检测加一道保障。[1]实施这一模式的一个关键在于介入 DTC 基因检测医生的独立性，该医生若由检测公司出资聘任而成为其"内部人"，很难对检测作出客观公正的监督把关。至于医生介入的时机，则有着不同的主张。有观点认为，从一开始医生就应当介入进来并全程把关，起到信息守门者的角色，经过过滤仅将有用的信息传递给消费者。另一种观点则认为医生未必需要介入每一个检测，而仅需介入必要的 DTC 基因检测，当 DTC 基因检测初步的结果数据得出后，若有严重的健康风险暗示或具备其他重要情形时，则向医生披露，由医生给出专业化的建议，乃至于最终向医疗过渡，相关监管主体在 DTC 基因检测向医疗转换的过程中应当发挥引导作用。

医生介入一定能提升 DTC 基因检测的可靠性吗？对此存在不同的认识。有批判的观点认为，医生介入 DTC 并不是理想的管制模式。基因检测具有高度的专业性，普通的初级护理医生未必有能力给消费者提供真正有用的建议。医生的介入将使检测服务的获得增加不必要的负担而影响其便利性，并增加隐私泄露的风险。另外，并没有切实证据证明没有医生建议，消费者就会做出不明智的健康决定。[2]

（二）以风险分层为基础的 DTC 监管

对 DTC 基因检测实施监管的目的在于降低对消费者的损害风险，而实践中 DTC 基因检测的具体形态多种多样，在不同类型的检测产品中消费者所面临的风险是不同的，因之以整齐划一的方式加以管制未必是明智的选择。据此有观点主张，应实行以风险分级为基础的监管模式，对不同风险级别的 DTC 基因检测实行宽严不同的管制。[3]事实上从比较法来看，美国正在朝这个方向前进。FDA 在 2013 年向 DTC 基因检测公司发布一系列警告信，禁止一切与健康相关的基因检测产品。在 2015 年则打破坚冰，批准著名检测公司 23andMe 的布鲁姆综合征检测项目，将其归类为三类风险医疗器械，实施宽

〔1〕 kyle T. Edwards & Caroline J. Huang, "Bridging the Consumer-Medical Divide: How to Regulate Direct-to-Consumer Genetic Testing", *The Hastings Center Report*, 2014, 44 (3): 17-19.

〔2〕 Kathryn Schleckser, "Physician Participation in Direct-to-Consumer Genetic Testing: Pragmatism or Paternalism?", *Harvard Journal of Law & Technology*, 2013, 26 (2): 695-730.

〔3〕 Kayte Spector-Bagdady & Elizabeth Pike, "Consuming Genomics: Regulating Direct-to-Consumer Genetic and Genomic Information", *Nebraska Law Review*, 2014, 92 (4): 677-745.

松管制。风险分层监管的好处是，使消费者得到必要程度的保护，又能够较好地平衡信息获取自由与产业发展。我国在设计自己的 DTC 基因检测监管体系时，也可借鉴这一思路。

（三）后市场监管

DTC 基因检测管制的特殊性在于要于检测之时预测其风险十分困难，这一点与药品不良反应问题十分相似，因此在实施监管时可考虑借鉴药品不良反应的监管模式，将监管的重点放在 DTC 基因检测产品投放市场后而非上市前，即所谓后市场监管模式。

四、DTC 基因检测监管的完善建议

（一）明确监管主体

谁应当担负起对 DTC 基因检测的监管职责，是构建监管体系的首要问题。DTC 基因检测市场乱象丛生，在很大程度上是由于监管权威不明造成的，实践中往往发生相关机关互相推诿的情形。工商部门的解释是基因检测关系人的生命和健康，工商部门不专业，建议医疗执法部门介入调查后工商部门再开展行动，而卫生行政部门则认为谁发证谁监管，DTC 基因检测机构属于商业机构，不属于卫生行政监管范围。[1] 这种状况必须得到改观，要填补 DTC 监管的真空，首先必须明确监管主体。

关于监管主体的设置，总体上有两条可能的路径：一是构建统一的 DTC 监管机构，有观点认为这种模式可以克服管制碎片化带来的种种弊病；二是将监管职责配置给不同的主体，共同协调合作实现监管目标。笔者认为第二种模式更加合理，DTC 基因检测可能涉及不同的领域，产生不同的问题，因此落入不同机关的管辖范畴，故应搭建起一个各机构协同配合的管制框架体系。首先，国家卫生健康行政主管部门对于带有医疗性质的 DTC 基因检测负有监管职责。实践中 DTC 基因检测与医疗性基因检测的边界并不清晰，卫生行政部门应当合理界定管制范围，既不能放任不管，也应为真正的消费性检测保留必要灵活空间。鉴于基因检测的特殊性，可考虑在时机成熟时在卫健委下设立专门机构。其次，药品监督管理机构对于 DTC 检测用仪器、设备、

---

〔1〕　参见张庆申、孙安清：《基因检测监管面临法律难题》，载《政府法制》2009 年第 17 期。

工具盒等产品负有监管职责。可借鉴美国 FDA 的监管经验，对 DTC 基因检测器械及产品进行风险分层式的监管。再次，市场监督管理部门应当对 DTC 基因检测市场实施监管，特别是对虚假宣传、夸大广告等违法经营行为加以治理。此外，劳动行政部门、保险监管部门等应当对就业、保险等各自领域内的基因检测实施监管，尤其是将防止基因歧视作为规制重点。除了国家权力机关监管之外，还应当加强 DTC 基因检测的行业自律，建立健全行业协会，制定业界规则，引导产业朝正确的方向健康发展。

（二）检测机构及其从业人员的资质管控

DTC 监管的目的在于防止消费者受到质量有问题的检测服务，而基因检测服务的质量取决于检测机构的资质与水平。应当看到，由于基因检测具有高科技性，对检测机构的资质有着较高的要求。然而现实当中 DTC 基因检测市场则较为混乱，鱼龙混杂。由于基因检测的巨大获利空间，众多企业涌入市场，以生物科技公司、体检中心、健康中心等各种名义存在着。这些企业良莠不齐，一些不具有合法的资质，所提供的检测产品服务质量堪忧。究其根源，现行法当中对于 DTC 基因检测机构须满足怎样的条件才具备合法的资质，尚没有清晰的规则。卫计委和食药监总局 2014 年《通知》叫停基因检测，之后又陆续批准公布了几批可以从事基因检测的机构名录，表明基因检测机构的资质管控正在上路。不过，《通知》的规范层级较低，并且也没有从正面对基因检测机构的资质条件作出明确的列举规定。再者，《通知》仅是对临床基因检测作出规范，对纯消费性基因检测则无约束力，因此有些企业仍有可能打擦边球。事实上，即使是在《通知》发布后，市场上很多企业的基因检测业务仍在继续，以"消费"的名义。未来，我国应当以较高层级的立法对基因检测机构的资质作出明确规定，包括资金、技术条件、组织机构设置等。建议在检测公司的设立上应采取审核制而非准则制，应当明确审批主体以及企业设立的程序。此外，对于在基因检测机构从业的人员也应当实行准入制度。基因分析师、遗传咨询师是一个新型职业，法律应当严格限制此类人员的入行条件，设立专门的资格考试与认证制度，以确保从业者的整体素质和检测服务的质量。

（三）树立行业标准

当前 DTC 基因检测产业发展中的一个关键瓶颈在于，缺乏权威统一的标准。实践中各基因检测机构根据自建的数据库确定相应检测位点、进行分析判断的结果一致性较差，导致不同检测机构检测报告大相径庭成为常态，使其可信度、权威性大打折扣。普遍的声音认为，这一产业若要实现长久可持续发展，标准化是必由之路。[1]一些先进地区正在努力探索基因检测的标准化，如广东省质监局就联合深圳华大基因研究院将"基因测序技术规范、混合肉类鉴定方法及基因合成质量要求"三项科研专利技术转化为广东省地方标准。华大基因在这三项地方标准的基础上，参与美国 FDA 牵头组织的高通量基因测序 SEQC 标准，以实现基因测序结果的全球互认。在国家层面，也正在积极推进基因检测的标准化，如 2014 年 7 月 24 日，国家质量监督检验检疫总局和国家标准化管理委员会颁布了《高通量基因测序技术规程》（GB/T 30989-2014），2015 年 1 月 15 日国家卫生计生委发布《高通量基因测序产前筛查与诊断技术规范（试行）》。围绕基因检测应当制定一系列的行业标准，如基因测序、质谱关键技术、生物大数据分析核算、测序人员能力水平、测序仪生产制造等。通过树立完善的行业标准体系，就可以避免基因检测市场的混乱，使检测的科学性得到更好的保障，实现产业规范化发展，并掌握国际标准话语权，推动我国生命科学应用走向国际化。

第五节　消费者个人基因信息的法律保护

越来越多的消费者购买基因检测服务，由此产生出了大量的个人基因信息。这些具有极高利用价值的基因信息被检测机构收集、存储起来，形成规模庞大的基因数据库。基因信息是一种极为特殊和高度敏感的个人信息，DTC 基因检测的市场乱象给个人基因信息保护蒙上一层阴影。[2]检测公司不满足于仅仅收取检测服务的对价，而是野心勃勃地希望成为大数据公司，通过向研究机构、生物科技公司、药品企业、司法部门等有偿共享基因信息而获取丰厚利润。2018 年，美国警方借助 GEDmatch 公司的基因数据库提供的

---

〔1〕 参见贾岩：《基因检测呼唤行业标准》，载《医药经济报》2014 年 2 月 24 日。

〔2〕 Gaia Bernstein, "Direct-to-Consumer Genetic Testing: Gatekeeping the Production of Genetic Information", *UMKC Law Review*, 2010, (79): 283.

DNA 检测将一名臭名昭著的罪犯——"金州杀手"绳之以法。[1]案件的侦破令人拍手称快,然而基因检测公司擅自向公权力机关分享个人基因信息的合法性问题引起巨大争议。[2]在大数据时代背景下,保护消费者的个人基因信息是规制 DTC 基因检测的一条重要路径。

一、基因数据的商品化

随着基因检测产业化程度的不断提高,越来越多的消费者购买基因检测服务,基因检测公司借此积累了海量的基因数据。在数据被视为石油的数字时代,这些包含生命密码的基因数据库无疑是一笔巨大的财富。检测公司对基因数据的价值进行积极的挖掘利用而从中牟利,使基因数据成为一种被交易的商品。个人基因信息是一种高度敏感的个人信息,基因数据的商品化给消费者个人基因信息保护带来严峻挑战。

基因检测从科学实验室和医院走向市场,空间像天空一样广阔,获取基因检测服务的便捷和廉价使基因数据越来越多地被创造出来,拥有这些珍贵数据的检测机构则摇身一变成为大数据公司。经过十几年的发展,DTC 基因检测已积累的基因大数据规模十分庞大,并且仍在不断增长。《麻省理工科技评论》上的一份研究报告显示,截至 2019 年初,美国 4 家头部基因检测公司已累计获取了 2600 多万消费者的基因数据。[3]其中两大行业巨头 Ancestry 和 23andMe 各自拥有 1000 多万用户的基因数据。我国消费性基因检测的起步比美国晚,不过有研究显示到 2020 年底,我国基因检测的用户数也已超过 1200 万,其中 23 魔方拥有 60 多万人的基因数据,微基因积累了 50 多万人的基因数据。当然,相对于我国十几亿人口的庞大基数,基因数据库的扩张空间仍

---

〔1〕 从 20 世纪 70 年代到 80 年代,金州杀手制造了至少 12 起谋杀案、50 起强奸案、100 多起盗窃案,但一直到 2018 年"金州杀手"的真面目才被揭开——72 岁的迪安杰洛(DeAngelo)。这归功于一家叫作 GEDmatch 的基因检测公司,这家公司原本致力于提供寻找失散亲人的 DNA 样本,而在他们的开放数据库里,警方通过上传凶犯的 DNA 匹配到了"金州杀手"一位远亲的 DNA 样本,并顺藤摸瓜找到了金州杀手。

〔2〕 Teneille R. Brown, "Why We Fear Genetic Informants: Using Genetic Genealogy to Catch Serial Killers", *Columbia Science & Technology Law Review*, 2019, (21): 114.

〔3〕 Antonio Regalado, More than 26 Million People Have Taken an At-Home Ancestry Test, MIT Technology Reiew (Feb. 11, 2019), https://www.technologyreview.com/2019/02/11/103446/more-than-26-million-people-have-taken-an-at-home-ancestry-test/.

是巨大的。

在当下的大数据时代，掌握数据者为王，DTC 基因检测领域也不例外。值得玩味的是，在激烈市场竞争下基因检测价格被压低至几百元的时代，检测公司究竟通过什么实现盈利？2017 年 8 月，23 魔方公司将其基因检测产品的价格从 999 元降到 499 元，2018 年 6 月又再次降价到 299 元。对此，23 魔方自己给出的解释是，降价与烧钱补贴不同，目的是获取更多的用户，基因大数据成为基因检测企业竞相逐鹿的资本。[1]全球基因检测行业霸主 23andMe 也毫不掩饰这一动机，一名公司高管在一次采访中宣称，长远来看公司不是要靠卖基因检测包赚钱，尽管其对于获取基础数据必不可少。一旦拥有了数据，公司就将成为个性化健康服务领域里的"谷歌"。[2]这段采访暴露了基因检测公司成为大数据寡头的野心，检测机构不甘心于单纯提供检测服务的小角色，而渴望成为大数据领域里的狠角色。从表面来看，基因检测服务是交易的直接标的，收取价款是公司营利的直接来源，而获得基因数据只是其副产品。但从更长远和深刻的实质角度看，检测服务恐怕只是幌子和手段，积累基因数据才是终极目的。在野心勃勃的基因检测公司的未来蓝图里，检测价款在利润中所占的比重可能甚微，基因大数据才是财源滚滚的真正宝藏。消费者成为提供基因数据"原材料"的工具人，成千上万消费者的个人基因信息成就了检测公司的基因数据库。基因检测工具包不是产品，消费者自己才是。从一定意义上讲，这是大数据时代的背景使然，不能指望基因检测公司守着基因数据这个金矿而不动凡心。

基因检测公司的大数据战略并非只有蓝图，而是正在实施之中。基因数据的价值不是空头支票，而是现金。基因大数据的商品化正在悄无声息中一步步展开，一些头部公司已经初步尝到了甜头，从基因数据中获利丰厚。数据具有价值，基因数据作为一种特殊数据价值尤为突出。对科学研究而言，基因数据是珍贵的生物样本。对于医药企业而言，基因数据更是进行新药研发的基础性资源。在诸多领域基因数据皆大有用武之地。基因检测公司积极探索以各种方式兑现基因数据的潜在利用价值。首先，基因检测公司可能自

---

〔1〕　参见李秀芝：《消费级基因检测：智商税还是生命密码?》，载《中国企业家》2021 年第 10 期。

〔2〕　Sara A. Mahmoud-Davis，"Direct-to-Consumer Genetic Testing：Empowering EU Consumers and Giving Meaning to the Informed Consent Process within the IVDR and GDPR Frameworks"，*Washington University Global Studies Law Review*，2020，(19)：1.

己利用基因数据开展有关个性化健康医疗方面的研究。例如，23andMe 已经发表了数百篇科学研究论文。一些研究甚至可能获得专利，从而带来经济利益。23andMe 在 2008 年发起一项活动，号召消费者与公司开展攻克疾病的合作研究。消费者在疾病列表上投票，公司相应设计了一系列调查，要求参与者分享个人信息。公司宣传称该项目旨在帮助人们将个性化医疗从梦想转化到现实方面迈出一些步伐。可是，2012 年，针对该项目数据进行的研究诞生了一项关于帕金森综合征患病倾向判断的专利。许多消费者对此感到了背叛。[1]其次，基因检测公司也可能与其他机构合作开展研究。在合作中，基因数据是检测公司最重要的"出资"。各大生物科技公司、制药企业、研究机构都非常热衷于与基因检测公司合作，其看重的正是宝贵的基因数据。最后，基因检测公司可能直接出售基因数据库的访问权，以最直截了当的方式使基因数据转化为金钱。23andMe 就通过授予药业巨头葛兰素史克公司基因数据许可使用权而获利 3 亿美元。[2]这些事例表明，基因数据的商业利用不是假想的，而是正在发生的事实。当然，目前基因数据的商品化只是"小荷才露尖尖角"，未来将愈演愈烈。

二、消费者的个人基因信息危机

基因检测公司的基因大数据源自一个个消费者的基因信息累积，基因信息是一种极为敏感的个人信息，基因数据的商品化利用给消费者个人基因信息保护带来严峻挑战。

尽管所有基因检测公司都无一例外地均对保护消费者个人基因信息作出信誓旦旦的承诺——体现为隐私政策或检测协议中的相关条款，但现实则是另外一番景象。若从个人信息处理原则和规则的角度审视，在逐利动机下基因检测公司的很多操作均值得质疑。第一，超出目的范围的信息处理。基因检测中个人信息处理的原初目的本来是为消费者提供检测服务，在检测报告

---

〔1〕 Sara A. Mahmoud-Davis, "Direct-to-Consumer Genetic Testing：Empowering EU Consumers and Giving Meaning to the Informed Consent Process within the IVDR and GDPR Frameworks", *Washington University Global Studies Law Review* 2020, 19（1）：8-9.

〔2〕 Bloomberg, GlaxoSmithKline Is Acquiring a ＄300 Million Stake in Genetic-Testing Company 23andMe, FORTUNE（July 25, 2018, 10：36 AM），https：//fortune. com/2018/07/25/glaxosmithkline-23andme-gsk/.

出具后该目的即已实现，但检测公司却将从消费者个人基因信息提取的基因数据存储起来，用作后续商业上的开发利用，甚至反客为主地将攫取数据作为首要目的，远远超出提供检测服务的目的，违反了个人信息处理的目的限制原则。第二，检测公司永久保留消费者基因数据，违反了依据最小化原则的最长保存期限限制和销毁义务。第三，与更严肃的医疗性基因检测相比，DTC基因检测的科学性、准确性堪忧，检测结果报告可能对消费者造成误导，违反个人信息处理的质量原则。第四，DTC基因检测市场不规范，存在大量夸大宣传、虚假广告的现象，违反个人信息处理的诚信原则。第五，检测公司的告知义务履行不充分，消费者对基因检测的风险不能充分知情，检测公司在协议中通过格式条款为自己保留大量数据处理的权利，消费者的麻木同意徒具躯壳。第六，检测公司将取自消费者的基因数据与医药公司、研究机构等第三方分享而从中牟利，可能违反个人信息处理的分享规则。

如何平衡消费者个人基因信息保护和公司对基因数据商业化利用的关系，是主要矛盾之所在。尽管存在个人信息保护的种种疑虑，但现实地看不太可能因此彻底取缔DTC基因检测市场，特别是在国家积极推进生物经济发展的总体战略之下。还应当看到的是，基因数据的利用对于生物医学研究的进步、新药的研发、个性化医疗等皆具有积极意义，因此攸关公共利益。如果不能禁止DTC基因检测，那么通过良法善治使基因数据的商业化利用在合法合规的轨道上运行，以不侵害消费者个人基因信息权益为边界，是应然的不二选择。

三、消费者基因信息的匿名化困境与出路

匿名化是保护个人信息的重要技术手段之一。[1]《个人信息保护法》第4条第1款规定："个人信息是以电子或者其他方式记录的与已识别或者可识别的自然人有关的各种信息，不包括匿名化处理后的信息。"根据该条文，已识别或可识别是个人信息的基本特征，经过匿名化处理的信息因失去识别能力而不再是法律意义上受保护的个人信息。[2]在DTC基因检测商业模式下，这一规则成为检测公司的"法宝"，只要将基因信息加以匿名化处理，就可名正

---

〔1〕 根据《个人信息保护法》第73条第4项规定："匿名化，是指个人信息经过处理无法识别特定自然人且不能复原的过程。"

〔2〕 参见张新宝主编：《〈中华人民共和国个人信息保护法〉释义》，人民出版社2021年版，第40页。

言顺地将原本归属于消费者的个人基因信息转化为归自己控制的基因数据。当语境从"个人基因信息"转化为"基因数据",也就完成了权利的交接棒,消费者失去了个人信息保护法的庇佑,而检测机构可以施展成为大数据公司的抱负了,匿名化则是完成这一神奇转化的催化剂。[1] 问题的关键在于,匿名化对于个人信息的保护是令人放心的吗?匿名化后的消费者基因信息是否仍存在被再识别以及其他剩余风险?鉴于基因信息作为生命密码固有的超强识别能力,基因信息匿名化的可靠性比一般个人信息更加令人怀疑。

(一)基因信息的匿名化难题

通过匿名化实现基因信息的数据化,已成为基因检测公司的"常规操作"。各大头部检测公司的隐私政策或者用户协议格式条款中,均明确宣示对匿名化基因信息的数据主权。例如,23魔方公司的《隐私政策》就规定:"个人信息经匿名化处理后所得的信息不属于个人信息,23魔方有权对匿名化处理后的用户数据库进行挖掘、分析和利用,有权对产品/服务使用情况进行统计并与公众/第三方共享脱敏的统计信息。"该政策阻断了匿名化信息与个人的联系,赋予公司自由利用和与第三方分享的权利。美因基因的《用户服务协议》也规定:"美因基因在对可以指向特定个人的信息分离后的相关数据和信息享有所有权,有权与美因基因合作伙伴(包括但不限于科学研究机构,药品研发中心、医疗卫生组织、经销商、关联公司等)进行共享。"该条款将公司对匿名化数据信息的权利直接称为"所有权",对数据的权利欲一览无余。北京泛生子基因科技有限公司的《隐私政策》规定:"匿名化处理后的信息不再属于个人信息,因此不受本政策的约束和保护。"这一政策明明白白地将匿名化信息排除在保护范围之外。人和生命医学研究院有限公司的《隐私和安全》政策规定:"我们只会在达成本政策所述目的所需的期限内保留您的个人信息,除非需要延长保留期或受到法律的允许。存储期限届满时,我们会删除您的个人信息或将您的个人信息匿名化。"根据这一政策,对于即将存储期满的消费者基因信息,只要经过匿名化处理之后,就可以一劳永逸地永久保存,没有任何期限限制。由此观之,匿名化真是使基因检测公司获取基因数据"白化"的神器。既然匿名豁免规则是《个人信息保护法》明确肯

---

[1] Benjamin T. Van Meter, "Demanding Trust in the Private Genetic Data Market", *Cornell Law Review*, 2020,(105):1527.

定的，检测公司的上述做法可大概认为是商业模式对法律规则的合理运用。不过，对匿名化规则究竟应当如何理解和适用，还需抱着谨慎的态度。

从法律实施效果的社会评价来看，匿名化规则的适用面临不小的困境，DTC 基因检测则是管窥这一困境的绝佳场域。探究《个人信息保护法》匿名化规则的立法初衷，乃在于实现个人信息保护与利用的平衡。这样的立法目的无可厚非，在大数据时代信息处理的需求无时无处不在，为处理者保留一定的自由空间无疑是必要的。匿名化规则为信息处理者利用信息提供了极大的便利，其无需获得信息主体的同意，免除了个人信息保护法上的一切义务，并且是无期限限制的。[1]对于包括基因检测公司在内的众多信息处理者而言，这样的自由是弥足珍贵的。然而，立法确立的匿名化规则一直饱受诟病——无论在国际还是国内。批判的观点认为匿名化规则过于理想化了，真正的匿名化难以实现，试图通过匿名化技术手段保护个人信息被证明是失败的。[2]

匿名化规则获得正当性的预设前提是有关个人身份的识别性信息已经被有效剥离，不能再根据这些信息追溯到特定的个人，因此保护目标已经实现。然而在现实中这恐怕只是虚幻的理想，随着技术的进步对匿名信息的再识别变得越来越容易了，真正的匿名化很难做到。在谈论匿名化时，还必须关注到不同类型个人信息识别能力的差异。相比于一般的个人信息，基因信息的识别能力更加强大，匿名化基因信息被再识别的风险更高，这是由基因信息作为生命密码的本质所决定的。基因信息的再识别不是一件难事，有研究已经证明，使用被认为是匿名化的公共基因数据库中的一小段基因就能识别出其所属的个人。不仅如此，由于基因信息的家族性特质，通过对个人匿名基因信息的再识别还能揭示出数据库中没有的其亲属的身份信息。一项研究表明，60%的欧裔美国人可以通过基因数据库的家族树匹配被识别出身份。[3]如果说个人信息的匿名化难题是一个带有普遍性的问题，那么基因信息的匿名化则是难上加难。

---

〔1〕 参见王勇旗：《数字时代匿名化个人信息处理的正当性问题》，载《图书馆》2022 年第 1 期。

〔2〕 参见齐英程：《我国个人信息匿名化规则的检视与替代选择》，载《环球法律评论》2021 年第 3 期。

〔3〕 Benjamin T. Van Meter, "Demanding Trust in the Private Genetic Data Market", *Cornell Law Review*, 2020, (105): 1527.

匿名化的另一个弊病是使信息的利用价值降低。当信息与个人的身份联系被彻底剥离，其有用性也就大打折扣了，基因信息尤其如此。由于基因信息最重要的价值就体现在被用于有关人类健康的研究或药品研发，而基因信息只有在与特定人建立对应关系时，才能更好地揭示健康意义。基因检测公司将消费者基因信息共享给生物医药公司，后者在进行新药研发时，真正完全匿名化的基因信息的价值可能是有限的。在精准医疗和个性化靶向用药的场景下，基因信息的匿名化构成阻碍。要突破这些障碍而提升信息可用性，生物科技公司、制药公司有着对匿名基因信息进行再识别的冲动是不难理解的。

（二）基因信息匿名化困境的破解之道

1. 路径抉择：不可匿名抑或严格规制下的有条件匿名

匿名化不能为消费者个人基因信息提供有效的保护，需要探索走出困境的道路。在笔者看来，匿名化的解困之路大概有二：一是将基因信息作为不可匿名的特殊信息对待，排除在匿名化规则适用范围之外；二是在肯定匿名化规则仍适用于基因信息的情况下，对其适用予以严格的条件限制。显然前者是更为彻底和简单直接的改革路径，对极为特殊的个人基因信息给予了更高程度的尊重和保护，其潜在的疑虑是处理者获得数据信息的便利程度降低，从而对基因信息利用产生阻抑效应。不过，匿名化不是检测公司积累和利用基因信息的唯一正当化途径。在排除匿名化规则的适用后，基因信息即回归到个人信息的范畴而得适用《个人信息保护法》的规定，检测公司可依据该法第13条规定，使基因信息处理行为获得正当性基础，包括征得消费者的同意或者是存在无需同意的合理利用情形。后者是更为温和的道路，一方面为检测公司保留了仍得通过匿名化获得基因信息利用之便的可能，另一方面通过更严格的限制措施化解匿名基因信息的剩余风险，使消费者能够获得更好的保护。上述两条道路何者为优，不是一个非黑即白的是非问题而是政策取舍问题，其均具备一定的合理性和可行性，关键在于追求怎样的政策目标。相比较而言，第二条道路可能是阻力更小的路，更有利于实现利用与保护的平衡。在严格规制模式下，重点是通过各种限制措施矫正匿名化规则的当然、绝对豁免效果，使之成为受约束的有条件豁免。具体而言，可大概从两个面向上限制基因信息的匿名化适用，一是适度提高匿名化认定标准的门槛，二是对匿名化基因信息的处理进行动态风险控制，对检测公司等处理者仍课以一定程度的持续保护义务。

2. 基因信息匿名化的认定标准

检测公司对消费者基因信息身份剥离的技术处理达到何种程度方可认为是匿名了，这是一个至关重要的前提性问题。是否真正匿名，不应仅凭检测公司的单方宣告认定，而应依据客观合理的标准。因此，认定标准举足轻重。然而麻烦恰恰在于，匿名化的认定标准并不清晰。《个人信息保护法》第73条第4项规定："匿名化，是指个人信息经过处理无法识别特定自然人且不能复原的过程。"该条款对匿名化下了定义，但对于什么是"无法识别"，没有更详细的认定标准和解释。

是否可识别究竟应以谁的识别能力为参照系？围绕这一中心问题，在理论上对匿名化的标准有众多学说，包括一般人标准、处理者标准、专家标准、有动机的入侵者标准和任何人标准等。[1]这些标准从宽松到严格，跨度很大，在域外个人信息保护法中均能找到一些影子。例如，欧盟《通用数据保护条例》序言部分第26条规定，为确定自然人是否可识别，应考虑控制者或其他人为直接或间接识别自然人而可能使用的所有合理手段。确定什么是可能被使用的合理地识别自然人的手段，应当综合考虑识别的成本和时间等所有客观要素，同时考虑识别时的可用技术及技术的发展。另据欧盟第29条数据保护工作组发布的《关于匿名化的意见》，只有当信息处理者和任何第三方在使用所有合理可能的方法仍无法识别特定自然人且无法复原时，才能认为是达到了匿名化的标准。分选（single out）、联结（linkability）和推断（inference）三种形式皆可认定为"可识别"。可见，欧盟对匿名化采取了较为严格的"任何人标准"。英国信息专员办公室发布的《匿名化：数据保护的风险管理实务守则》（Anonymization：Managing Data Protection Risk，Code of Practice）采取了相对宽松的具备动机的入侵者标准，美国《健康保险可携性和责任法隐私规则》（Privacy Rule of Health Insurance Portability and Accountability Act）以特定领域专家的识别能力为判断标准。

匿名化标准的宽严程度差异反映了各国不同的法律政策导向。过于宽松的认定标准可能导致大量的信息被排除在法律保护之外而产生蚁穴效应，使

---

〔1〕　参见李润生：《个人信息匿名化的制度困境与优化路径——构建前端宽松+过程控制规制模式之探讨》，载《江淮论坛》2022年第5期。

个人信息保护的千里之堤被掏空，过于严格的认定标准则会阻碍信息的利用，应在利益平衡后作出取舍。再者，匿名化的认定标准不是绝对化的，应当放在特定的场景下进行讨论。具体到基因信息，考虑到其极高的敏感性和可识别性，宜采取从严的认定标准。原则上，对基因信息应采取类似欧盟的任何人标准。当然，在 DTC 基因检测的特定场景下，那些与检测公司合作而获取基因信息共享利益的生物科技公司、制药公司和研究机构应被作为"任何人"中的重点关注对象。事实上，由于天然的技术优势，科学家、生物科技公司对于基因信息的识别能力处于"任何人"中的顶层，如果连他们都不能还原匿名基因信息，缺乏科学背景的一般人更加难以做到。为了增强可操作性，逐步完善基因信息匿名化的技术标准十分重要，有利于消除匿名化的模糊性，匿名化标准是完整标准化体系中的重要一环。此外，在程序意义上，检测公司及其利益相关者应当对匿名化负担举证责任。

3. 匿名基因信息的动态风险评估

基因信息一旦符合前述认定标准而成立匿名化就可以一劳永逸了吗？处理者由此就可以免除一切义务了吗？答案是否定的，将匿名化豁免效果绝对化的倾向是有必要加以纠正的。

应当从动态的视角看待匿名化。当下暂时不能识别的基因信息，不代表将来不能识别。事实上随着技术的发展，对信息的识别能力不断增强，之前的匿名基因信息可能随着时间的推移而变得可识别。为了应对不断增加的再识别风险，十分有必要对匿名基因信息进行动态化的风险评估。《个人信息保护法》规定了个人信息影响评估制度，遗憾的是匿名化信息被排除在该法适用范围之外。不过，《中华人民共和国数据安全法》（以下简称《数据安全法》）规定了数据安全风险评估制度，其既可适用于可识别的个人数据，也可适用于匿名化数据。《数据安全法》第 30 条规定："重要数据的处理者应当按照规定对其数据处理活动定期开展风险评估，并向有关主管部门报送风险评估报告。风险评估报告应当包括处理的重要数据的种类、数量，开展数据处理活动的情况，面临的数据安全风险及其应对措施等。"该条确立的风险评估制度适用对象是"重要数据"。《数据安全法》第 21 条第 1 款规定："国家建立数据分类分级保护制度，根据数据在经济社会发展中的重要程度，以及一旦遭到篡改、破坏、泄露或者非法获取、非法利用，对国家安全、公共利益或者个人、组织合法权益造成的危害程度，对数据实行分类分级保护。国家数据安全工作协调机制统筹协调有关部门制定重要数据目录，加强对重要数据的保护。"根据该条规定，数据分类分级的标准是数据在经济社会发展中的重要程度，以及一旦遭受侵害可能造成的危害程度。按照这一标准，基因数据属于"重要数据"当无疑问。此外，全国信息安全标准化技术委员会于2022年发布的《信息安全技术 重要数据识别指南（征求意见稿）》规定："反映群体健康生理状况、族群特征、遗传信息等的基础数据，如人口普查资料、人类遗传资源信息、基因测序原始数据属于重要数据。"因此，可以肯定基因数据（包括匿名基因数据）作为重要数据应适用数据安全风险评估制度。

基因检测公司以及生物科技公司、药品企业、研究机构等共享基因数据的第三方应当共同履行对匿名化基因数据开展风险评估的义务，特别是关注基因数据被再识别的风险。根据《数据安全法》第30条的规定，风险评估应当是定期展开的而不是一次性的，因此检测公司及共享数据的第三方应当周期性地对基因数据利用过程中的风险进行动态评估。此外，针对评估发现的匿名基因数据的剩余风险，检测公司及共享数据的第三方还应当采取与风险水平相当的保护措施。如果说提升基因信息匿名化的标准是事前规制，动态风险评估则是事中的过程规制，二者相互协同可有效消弭 DTC 基因检测中匿名化豁免保护规则的风险。

四、消费者同意的虚化与实化

对于那些没有经过匿名化处理的消费者基因信息，检测公司要进行处理就落入《个人信息保护法》的规制范围之内。根据第13条第1款第1项的规定，获得信息主体的同意是个人信息处理的首要正当性基础。[1]基于这一规则，基因检测公司通过获得消费者的同意，实现基因信息的收集、存储、利用和共享等目标。从形式上看，检测公司遵循了法律的要求，但是从实际效果看，知情同意则有空洞化之嫌。在不充分的告知下，消费者往往并不透彻知晓自己的基因信息将被如何利用，特别是不知晓自己的基因信息可能会被出售或者用于其他营利目的，由此所作出的同意决定可能不是消费者内心真意

---

〔1〕 参见程啸：《个人信息保护法理解与适用》，中国法制出版社 2021 年版，第 118 页。

的表达而形同虚设。[1]如何使同意规则在 DTC 基因检测中发挥实效，是亟待解决的问题。

（一）消费者基因信息处理中同意作用的虚化

同意规则在 DTC 基因检测中有着十分广泛的应用。所有的检测公司都会在隐私政策或者用户协议中加入有关同意的格式条款，承诺未经消费者同意不会擅自处理其个人基因信息。例如，微基因公司的《隐私政策》规定："我们不会将您的个人信息转让给任何公司、组织和个人，但以下情况除外：1、事先获得您明确的同意或授权……"各色基因公司的《用户协议》规定："各色科技未经您的同意或者由于特殊法律要求，不会将您的个人信息泄露给第三方。"美因基因的《用户协议》规定："您对下列事项予以授权确认：您同意美因基因及其合作机构获得、保存、处理和分析您提供的样本、样品衍生物和经分析产生的相关信息并向您提供相关报告。同意美因基因将您的个人数据用于基因相关的数据挖掘，用于您的基因报告的更新和推送……您同意基于本人体检结果的数据和遗传检测信息用于相关科学研究。"23 魔方的《隐私政策》也规定："我们不会向第三方分享您的个人信息，但以下情况除外：a）在获取明确同意的情况下共享：获得您的明确同意后，我们会与其他方共享您的个人信息。"这些同意条款表面上看是为保护消费者的个人信息自决权，但从实质上看则是使基因检测公司的信息处理行为获得阻却违法的"洗白"效应。

在大数据时代背景下，被寄予厚望的"知情同意"规则陷入重重困境。海量场景下高频次的个人信息处理，冗长的隐私政策，使消费者疲于招架，不同意就不能获得服务和便利，同意常常空洞化为不假思索的麻木点击。[2]这一困境在 DTC 基因检测场景下表现得尤为突出。检测公司基于自身获取信息便利的需要精心设计了同意条款，消费者很少特别关注到这些条款，不透彻了解个人基因信息处理背后可能涉及的利益和风险，使同意徒具躯壳。[3]多

---

〔1〕 Brennan Canuteson, "The Risks of Relying on Direct-to-Consumer Genetic Testing Service Agreements to Protect Genetic Information", *Business, Entrepreneurship & Tax Law Review*, 2021（5）：35.

〔2〕 参见田野：《大数据时代知情同意原则的困境与出路——以生物资料库的个人信息保护为例》，载《法制与社会发展》2018 年第 6 期。

〔3〕 Brennan Canuteson, "The Risks of Relying on Direct-to-Consumer Genetic Testing Service Agreements to Protect Genetic Information", *Business, Entrepreneurship & Tax Law Review*, 2021，（5）：35.

方面的因素促成了这一困境。第一，在形式上，同意条款被"埋藏"于检测公司的隐私政策或与用户签订的服务协议中，不够引人注目。我国普通消费者的个人信息保护权利意识本就比较薄弱，对于隐藏在冗长政策或协议条款中的同意条款，很少给予特别的关注。第二，检测公司营造一种利他主义的氛围，使消费者沉浸其中。检测公司常常向消费者宣称，获取和利用基因信息是为了推动科学研究，用于找到攻克人类疾病的先进方法或者是研发新的药物，以更好地为消费者乃至提升全人类健康水平服务，而消费者通过个人基因信息处理的同意授权为此作出了积极贡献。第三，检测公司的告知义务履行不充分，特别是刻意回避可能将消费者的基因信息有偿销售给第三方或者用于其他营利目的这一关键因素。大多数检测公司的同意条款通常只是笼统地表述为公司可能为了科学研究等目的而与第三方分享消费者的基因信息，却不挑明公司可能从消费者基因信息处理中可能获得巨大的经济利益。这与消费者的利他情结是相悖的，如果消费者得知自己无偿贡献的基因信息却被检测公司拿去赚钱，就可能不会作出同意决定，但不了解检测公司商业模式的消费者没有机会作出这样的理性决定。美国的一项调查报告显示，40%左右的消费者不了解检测公司基因信息销售商业模式的存在。[1]充分知情是有效同意的前提，若知情不充分，则同意不自由。在检测公司的"攻略"下，大多数消费者都会就范，签署协议也就意味着作出了个人基因信息处理的同意授权。以行业巨头23andMe为例，约80%的消费者都会选择同意公司为研究等目的对个人基因信息的处理。现实的效果是，消费者一方面向检测公司付费，另一方面其向公司免费提供的个人基因信息被出售，公司获得两份利润。批判的观点尖锐地指出，这是伪装成"同意"的剥削。[2]

（二）消费者同意的"实化"

同意作用的虚化使保护消费者基因信息的一道重要关卡失守。如何摆脱这一困境，使同意得以真正发挥实效，值得我们更深入地思考。尽管对个人赋权的保护路径在学界受到不少质疑，批判的观点认为个人没有能力通过自

〔1〕　Aviad E. Raz et al. , "Transparency, Consent and Trust in the Use of Customers' Data by an Online Genetic Testing Company: An Exploratory Survey Among 23andme Users", *New Genetics and Society*, 2020 (39): 459, 467.

〔2〕　Reinaldo Franqui Machin, "Stop Looking at my Genes!: Direct-To-Consumer Genetic Testing and the Illusion of Privacy and Consent", *Revista de Derecho Puertorriqueno*, 2022 (61): 233.

我决定权保护自己，[1]但不可否认的是，同意仍位列《个人信息保护法》第13条规定的个人信息处理的正当性基础之首。[2]面对基因检测中的同意虚化，出路不应当是放弃同意，而是通过有效的方法使同意由虚转实。在笔者看来，可大体从同意的形式和内容两个方面着手来实现同意的实化。

1. 消费者基因信息处理的"单独同意"

在个人信息保护法上同意具有层次性，对基因信息这样高度敏感的个人信息，应当实行更加严格的同意规则。《个人信息保护法》第29条规定："处理敏感个人信息应当取得个人的单独同意；法律、行政法规规定处理敏感个人信息应当取得书面同意的，从其规定。"基因信息作为典型的敏感个人信息，根据该条规定应当适用"单独同意"规则。

单独同意是比一般同意要求更高的特殊同意类型。立法设置单独同意的旨意在于，鉴于特殊的个人信息处理活动的重大性和高风险性，以格外明显的方式提醒信息主体给予特别关注，审慎地作出决定。[3]"单独同意的要求本质上就是法律强制地要求个人信息处理者将个人针对某类处理活动作出的同意与对其他的处理活动作出的同意区分、凸显出来。"[4]将敏感个人信息与一般个人信息相混杂，或者对未来各种不确定的信息处理行为作笼统的一揽子同意，是单独同意重点对治的两个突出问题。

从DTC基因检测的实践来看，很多公司的做法实际上违反了单独同意的法律规定。一方面，绝大多数检测公司都没有置备专门针对消费者基因信息处理的知情同意书，而是将同意条款混杂在隐私政策或者服务协议中。消费者的隐私不限于基因信息，还包括姓名、地址、电话号码等其他隐私信息，服务协议则是关于检测机构与消费者之间权利义务的完整约定，包含各种各样的条款，将基因信息处理的同意条款混杂在这些条款中，起到了掩护和淡化的效应，不利于引起消费者的注意和重视。另一方面，大多数检测公司针对基因信息处理

---

〔1〕 参见任龙龙：《论同意不是个人信息处理的正当性基础》，载《政治与法律》2016年第1期；范为：《大数据时代个人信息保护的路径重构》，载《环球法律评论》2016年第5期。

〔2〕 参见石佳友：《个人信息保护的私法维度——兼论〈民法典〉与〈个人信息保护法〉的关系》，载《比较法研究》2021年第5期。

〔3〕 参见张新宝主编：《〈中华人民共和国个人信息保护法〉释义》，人民出版社2021年版，第245~246页。

〔4〕 程啸：《论个人信息处理中的个人同意》，载《环球法律评论》2021年第6期。

的同意条款都十分含糊，经常笼统地表述为基因信息可能被用于开展科学研究，或者是与第三方共享，至于用于何种研究、与谁共享等细节则言之不详。这样的一揽子同意条款为检测公司一方预留了极大的自由空间，却使消费者因一次不经意的同意就丧失了对个人基因信息的全面控制。这种状况应当得到改观。

要摆脱同意虚化的困境，就必须在 DTC 基因检测中真正贯彻单独同意的要求。首先，对消费者个人基因信息的处理必须采取独立的形式，不能与其他信息混杂在一起。在隐私政策或服务协议中加入同意条款的方式不符合这一要求，公司应当针对基因信息处理设计专门的知情同意书，具体形式可以是纸质书面的，也可以采取弹窗、界面、提示条、提示音等电子交互的方式。总之，要通过与其他一般信息的区分以足够明显的方式引起消费者的重视。其次，对消费者个人基因信息处理的目的必须予以特定，不能采取一揽子的概括同意。诸如"您同意对您的基因信息进行数据挖掘和相关科学研究"这样门户大开式的同意条款不符合单独同意的要求。数据挖掘活动到底指什么，相关研究是何种研究，如果在信息收集阶段尚无法确定，那么在该活动或研究实际展开时应当征得消费者单独同意。最后，需特别关注的是，对消费者基因信息的共享应当获得单独同意。《个人信息保护法》第 23 条规定："个人信息处理者向其他个人信息处理者提供其处理的个人信息的，应当向个人告知接收方的名称或者姓名、联系方式、处理目的、处理方式和个人信息的种类，并取得个人的单独同意。……"该条特别强调了信息共享的单独同意。根据这一规定，基因检测公司必须针对基因信息共享这一处理环节设置专门的同意程序，不能含糊地表述为"您同意对您基因信息的共享"，应当向消费者提供生物科技公司、药品企业、研究机构等信息共享第三方的详细联络信息，以及基因信息处理的目的、方式，等等。

2. 同意的透明度：对利用消费者基因信息牟利动机的披露

充分知情是有效同意的关键要素，这有赖于基因检测公司告知义务的适当履行。在既往的实践中，检测公司努力塑造利用消费者基因信息开展科学研究以增进人类健康福祉的高尚形象，使消费者作为样本捐献者而产生自豪感，却刻意回避和掩饰通过公司从中牟利的动机。[1]问题的关键不在于公司

---

〔1〕　Gauri Prabhakar, "To Gene or Not to Gene: Genetic Privacy Implications in the Age of Big Data", *Public Interest Law Journal of New Zealand*, 2021（8）: 60.

是否牟利，从发展生物经济的战略高度看，牟利无可厚非，关键在于透明度，检测公司应当将其可能从基因信息处理中获取经济利益这一点开诚布公地披露给消费者，使其充分知情。因此，同意条款不应是迷惑性地表述为"公司可能将您的基因信息与其他合作者共享"，而应是"公司可能从您的基因信息共享中获得经济利益"。[1]基因信息处理背后的利益，是影响同意决定的重要因素，因此是告知义务重点披露的对象。一部分消费者在得知公司的牟利动机之后，可能会拒绝授予同意，但有一部分消费者可能仍旧愿意作出同意决定。无论同意或者不同意，都是消费者在充分知情并权衡利弊之后的内心真意表达。消费者究竟是对什么作出同意，应该明明白白。透明度是同意正当性的保证。

---

[1] Reinaldo Franqui Machin, "Stop Looking at my Genes!: Direct-To-Consumer Genetic Testing and the Illusion of Privacy and Consent", *Revista de Derecho Puertorriqueno* 233（2022）.

第六章

为研究目的基因检测的法律规制

在生物科技时代，大量的基因检测是以科学研究的目的而进行的，由此在研究者和受试者之间产生一种特殊的法律关系。该种法律关系不同于医疗背景下基因检测形成的医患关系，也不同于纯粹消费背景下的基因检测商业服务关系，检测的目的是科学知识的获取。这种法律关系的基本框架是：受试者为研究者提供基因样本，研究者利用样本进行基因检测以方便开展科学研究。在法律规范层面，重心在于对受试者权益的保护，与之相应的则是研究者负担的各种义务。[1]在当代基因研究飞速进步的背景下，研究性基因检测衍生出很多新奇而复杂的问题，亟待在法律上作出回应。

第一节 概述

一、研究性基因检测中的法律关系架构

在研究性基因检测中，各方当事人形成一定的社会关系，该种关系并非单纯的道义关系，而是一种法律关系，具体而言是一种民事法律关系。[2]受试者、研究者就样本的提供、使用、检测和研究的进行各自负担一定的权利义务，违反这些义务则将承担相应的法律责任。相对于规范健全成熟的医疗法律关系而言，基因研究法律关系是一种普通公众不熟悉的非典型社会关系，相关的法理模糊不明而更加有待澄清。

研究性基因检测关系中的一方是提供基因样本接受检测的人，在文献研

---

〔1〕 参见姜柏生、郑逸飞：《人体生物医学研究中受试者权益保护对策》，载《医学与哲学（人文社会医学版）》2014年第2期。

〔2〕 基因研究法律关系并非有名民事法律关系，而是无名民事法律关系，在我国现行民法上没有明确列举，但可适用民法上的一般规定。

究中对其有三种常见的称谓：①受试者（Human Subject）；②捐献者（Donor）；③研究参与者（Research Participant）。这些概念在不同的场合被交叉使用，各自侧重表达不同的意义。"受试者"是最一般的表达，强调的是人作为被检测和研究的对象，普适于一般的基因检测。"捐献者"仅适用于研究背景，最直观地表达了样本捐献的意义。"研究参与者"则是对贡献样本的人在研究中所处地位的综合界定。在现代生物医学研究伦理下，贡献样本者不再仅是消极地捐献生物物质和被研究，而是扮演更积极的角色——作为科学家的合作者全程参与到研究中来。"参与者"的表述更能体现对人的价值的尊重。"参与者"是"受试者"在研究背景下的独特称谓。值得特别关注的是，2016 年颁行的《涉及人的生物医学研究伦理审查办法》使用的是"受试者"的概念，而 2023 年出台的《涉及人的生命科学和医学研究伦理审查办法》则使用了"研究参与者"的概念。概念表述上的变化传递的是一种法治进步。本章以下部分的探讨如无特别说明，均采用"研究参与者"（简称为"参与者"）的概念，区别于其他章节的"受试者"。捐献样本供作科学研究是一种利他行为，理论上只要是自愿任何人都可以成为参与者。参与者可以是健康的自然人，捐献纯为利益大众，也可以是患者，在接受治疗之外，另外作出捐献疾病基因样本以为科学作贡献的意思表示，此时其兼具有研究参与者和患者的身份，应区别对待而不可混为一谈。再者一些特殊的参与者值得格外关注，如未成年人、其他同意能力有欠缺的人以及多人构成的族群。

该法律关系的另一方当事人是研究者。所谓"研究"，既有由公共研究机构从事的纯以利益大众为目标的研究，也有由私人研究机构进行的带有营利性质的研究。在现实当中，研究者表现为各种不同的具体形态，既可能是个人，也可能是组织（又包括专业研究机构、医院下的临床研究机构等不同形式）。在最简单的研究关系中，对应参与者的只有一个研究者，这种法律关系较为单纯而易于识别，权利义务明确。然而在现代的生物医学研究背景下，往往形成一个由众多机构形成的复杂关系网，在分工合作中各自扮演不同的角色。就基因检测而言，从样本的采集、储存、检测的进行再到检测数据的科学分析和使用，涉及一套完整的流程，这些工作可能由同一研究者同时肩负完成，也可能由不同的研究者分别负责其中的某一环节。在存在分工合作的情况下，就不只存在一个研究者，多个研究者与参与者形成的法律关系也就不是唯一的，而是复数的。例如，在生物银行研究模式下，生物银行接受参与者捐献的基因样本，形成大规模的样本库，再将样本提供给二级研究者开展科学研究。而有些生物银行在作为科学平台的同时，自己也开展一部分研究活动。在涉及多方主体的研究背景下，法律调整面临一些特殊的难题，在对参与者的义务分配上有更复杂的法律规则。

二、研究性基因检测中的独特法律议题

为研究目的的基因检测，与应用于临床的基因检测相比，由于所欲达成的目标不同，决定了其所形成法律关系包含的问题焦点不同。在临床基因检测背景下，患者有强烈、直接而具体的利益诉求——获得某种疾病的有效诊断与治疗，医方则需努力满足这一针对性诉求，而这种交换关系是建立在有偿基础上的。围绕医疗患者享有各种权利，最直接的是生命权和健康权、身体权，此外还有隐私权、名誉权和知情同意权等，其贯穿于医疗过程的始终。医方则负有审慎医疗的义务，应时刻避免对这些权利造成侵犯，否则将官司缠身。在研究性基因检测背景下，双方法律关系的主线是基因样本的取得和使用，这种关系通常是无偿的。参与者捐献基因样本是自愿行为，且不求从研究者那里获得任何回报。研究者除了征得参与者知情同意外通常不负担任何积极的作为义务。双方的交集主要在样本采集阶段的知情同意程序中，此后再极少发生瓜葛。与医疗关系相比，这种研究关系看起来十分"素淡"。尽管如此，这种素淡的关系仍有法律味道，参与者仍有需得到保护的权益，忽略的结果仍可导致侵权诉讼。这种利益主要不体现为从研究者处获得某种积极回报，与生命、健康无关，[1]而主要关涉的是精神性人格的尊重——特别是以个人自决为中心。参与者的捐献行为具有明显的利他动机——为科学研究作贡献，对这些不求回报的参与者的法律保护，焦点就在于：使原本就不高的利益诉求得到最起码的保护。而问题的难点在于：所谓"最起码的保护"，究竟如何甄别界定。

研究性基因检测的法律规范，主要矛盾在于科学研究利益与参与者利益的冲突与平衡。基因研究是对人类健康有益的事业，研究的进步将使公众不

---

〔1〕　研究性基因检测不同于临床人体实验，后者是为验证新药或新的治疗方法的安全性而在人体上开展的试验，具有较大的危险性。研究性基因检测则是针对与人体分离的基因样本展开，无生理危险性可言，只有隐私、自主受损等伦理风险。

断获得对抗疾病的新武器，参与者也在获益的范围内，因此研究应得到全社会的支持，研究自由也应在法律上得到制度保障。基因研究离不开样本，对海量样本开展频繁的检测是研究的基本手段。样本是一种重要的资源，样本的缺乏是当前制约研究进展的重要因素。参与者捐献样本，是资源的提供者，进一步说是对科学进步的有功者。基于这种考量，对参与者在研究中的地位应当给予充分的尊重，并明确体现在法律之中。关键在于，什么是保护与尊重的合理限度？过低的保护是对参与者价值的蔑视和对公平正义的违背，过度的保护则可能对研究自由构成不适当的限制从而制约科学进步。

在现有的制度框架下，保护参与者的核心制度设计是知情同意。知情同意保护参与者的价值理念在于：样本取自参与者身体，参与者对于是否捐献样本，以及自己的样本被用作何种研究，有在充分知晓相关信息的基础上自主决定的权利。参与者的自主权贯穿于研究的始终，包括随时修改同意的范围乃至选择撤回同意而退出的权利。知情同意原本诞生于医疗领域，是处理医患关系的原则。[1]当被移植于研究领域时，由于研究不同于医疗的特殊性，知情同意即产生种种不适。在研究性基因检测的特殊背景下衍生出了很多特殊的法律议题，需要对传统的知情同意理论及规则作出反思与重构。[2]在原有的知情同意模式下，同意是一个点，一旦作出极少变动。在研究背景下，特别是在基因技术日新月异的影响下，对样本的使用常常超出初始同意的范围，知情同意需要成为一个持续更新的长效机制。参与者名副其实地全程参与到研究中来（并不是干预研究）而不只是作为旁观者，是最新的发展理念。一个不变的中心是：怎样充分地保障个人自主，又不至于对科学的发展构成阻碍。本章无意穷尽基因研究法律治理的一切问题，而只聚焦三个重点问题，后详述之。

第二节　研究者的经济利益披露义务

基因研究给人们带来的好处首要的是健康利益——对抗疾病的知识获得，

---

〔1〕 Janet L. Dolgin, "The Legal Development of the Informed Consent Doctrine: Past and Present", *Cambridge Quarterly of Healthcare Ethics*, 2010, 19（1）: 97-109.

〔2〕 Catherine K. Dunn, "Protecting the Silent Third Party: the Need for Legislative Reform with Respect to Informed Consent and Research on Human Biological Materials", *Charleston Law Review*, 2012, 6（4）: 635-684.

然而作为副产品，基因研究有时会产生经济收益，甚至是数额巨大的经济利益。在现实的发展当中，科学正越来越多地与经济利益发生纠葛，而在研究者的动机当中也渐渐掺杂了牟利因素。[1]研究者利用参与者提供的样本进行基因检测和研究，其应当在知情同意书中将可能获得的经济利益向参与者进行披露吗？这是基因研究商业化背景下的一个法律拷问。[2]基因研究的首要目的是获取有利于增进人类健康的科学知识，多数参与者捐献样本的根本初衷也是献身公益，日益加剧的经济利益对科学研究的纯洁性构成威胁，对于参与者的利他动机也可能是一种亵渎。为防止科学误入歧途和维护参与者权益，对基因研究的商业化加以限制十分必要。基本的路径是借助知情同意程序增加透明性，对研究者课以经济利益披露义务。[3]研究者的获利动机可能会对潜在参与者同意捐献与否的决定产生实质性影响故而需要告知，这尽管看起来顺理成章，但在法律层面研究者是否负担经济利益披露义务还不是一个盖棺论定的问题。在基于医患关系产生的传统知情同意原则下，并不当然包含经济利益披露的内容。在基因研究的新背景下，研究者的经济利益披露义务存疑，尚待加以证明。

一、基因研究商业化的现实背景

基因研究越来越多地渗透进了经济利益，越来越处于商业化的环境当中，这是当前客观存在的现实。[4]这样的趋势大概始于 20 世纪末，继而伴随着基因技术应用的普及呈现不可逆的加速发展。对经济利益的追逐——无论是在国家发展层面还是个人层面——决定了基因研究商业化的宿命。

（一）基因研究中经济利益的表现形式

所谓"经济利益"可能表现为不同的形式，发生在基因研究中的不同环

---

〔1〕 Timothy Caulfield, Shawn Harmon & Yann Joly, "Open Science Versus Commercialization: A Modern research Conflict", *Genome Medicine*, 2012 (4): 17-27.

〔2〕 Anne Cote, "Adequate Protection for the Autonomous Research Subject? The Disclosure of Sources of Funding and Commercialization in Genetic Research Trials", *The Manitoba Law Journal*, 2002, 28 (3): 347-375.

〔3〕 经济利益披露有两个层面，一个是研究者向担负监督职能的机构（伦理）审查委员会披露，一个是研究者及其研究机构向参与者披露——即知情同意程序中的披露。本书仅探讨后一种意义上的经济利益披露。

〔4〕 Gill Haddow et al, "Tackling Community Concerns About Commercialization And Genetic Research: A modest Interdisciplinary Proposal", *Social Science & Medicine*, 2007, 64 (2): 272-282.

节，牵涉不同的主体。

首先，在基因样本的募集阶段，如果研究者不是直接从参与者那里获得样本，而是从第三方处获得，则招募参与者的第三方往往会从研究者那里获得因代为招募的报酬。这常常发生在临床医生从病人那里收集样本，以有偿的方式提供给其他研究者的情形。既然没有基因样本研究无从展开，则基因样本实质上是一种稀缺资源，获得该资源支付对价、提供该资源获得报酬，这是不难想见的逻辑。然而问题在于，参与者的动机是利他，医生将样本转手给研究者却从中牟利，难免遭到公正性的质疑。研究者对于付费获得的基因样本，除了纯粹的科学目的之外，也难免掺杂着获利的潜在动机。近些年，对人体组织样本需求的不断增长刺激了人体样本经济价值的飙升，医疗机构出售不知名的患者病理组织给生物科技公司几乎成为一种惯例。[1]

经济利益还表现为对研究成果可能获得的知识产权——特别是专利权。相比于前一种提供组织样本获得补偿的经济利益，知识产权所蕴藏的经济利益要大得多。研究者授予医药企业使用基因专利的许可可能获利丰厚，而企业将这些成果用于对抗重大疾病的新药研发、生产、销售也将获得不可估量的经济回报。伴随着基因科技的突飞猛进，基因专利申请成为一个热潮。[2]尽管对于基因专利与公共利益的冲突存在广泛的争议，但是目前在各国实定法上并未禁止基因专利申请。允许针对基因研究成果申请专利的效果并不都是负面的，特别是有利于刺激科学研究的热情。如果说法律并不排斥基因专利，那么关键在于：如何在研究者专利与参与者权利保护、公共利益维护之间作出平衡。就参与者的保护而言，大概有两个思考的层面：一是财产性利益的保护，即参与者是否有权参与利益分享；二是人格性利益保护，即知情同意问题。抛开参与者是否可以就基因专利产生的巨大经济利益分得一杯羹不论，对基于参与者样本开展研究而获得的成果在申请专利时是否应当让参与者知情，这是更基础层面的保护考量。事实上在很多情况下，研究者申请并获得专利参与者是不知情的，这违背了知情同意原则。

---

[1] Catherine K. Dunn, "Protecting the Silent Third Party: The Need for Legislative Reform with Respect to Informed Consent and Research on Human Biological Materials", *Charleston Law Review*, 2012, 6 (4): 635-684.

[2] Jannigje G. Kers et al, "Trends in Genetic Patent Applications: The Commercialization of Academic Intellectual Property", *European Journal of Human Genetics*, 2014 (22): 1155-1159.

再者，基因研究中的经济利益还可能以投资利益（equity interest）的形式存在。研究者就基因研究相关的领域可能与市场上的生物科技公司存在合作关系，可能持有公司的股票，或者是具有其他形式的投资利益。[1]研究者兼投资者的双重身份容易诱发道德风险，对投资回报的追求极有可能左右研究者的决定和行为，对科学诚信、参与者和公共利益构成威胁。这种潜在的投资关系对于参与者是否同意捐献组织样本的决定可能产生实质性的影响，参与者若事先知晓该种关系的存在，或许将不同意捐献样本。因此，该种利益的披露与否事关重大。

（二）基因研究商业化的动力源

基因研究呈现商业化气息渐浓的趋势，这在根本上源于追求经济发展的社会氛围与全球环境。在宏观层面，促进科学技术向生产力转化成为普遍的国家政策导向，基于这种导向研究者角色发生转变。基因研究客观上存在经济价值，对这种价值的挖掘看来是不可遏抑的。

科学与经济的"联姻"由来已久，如何防止科学被金钱腐蚀的讨论一直都存在，基因研究的商业化是其中尤为突出的一个侧面。[2]知识与应用是彼此不同而又相互关联的两个层面，知识本身是人们对于世界的主观认识，应用则是客观的实践。知识可以被应用——但不是一定，知识一旦被应用将产生现实的利益，这也正是获取知识的重要动机。具体到基因研究领域也是一样，研究发现本身有利于人类增加对自身的认识，而这些研究成果一旦被应用于实践，将产生两个方面的影响：一是对于重大疑难疾病的治疗带来帮助，提升人类的健康品质；二是形成基因产业链，特别是生物医药产业，对经济增长带来贡献。尽管不排除纯粹为知识获得的基因研究存在，但是获得利益——包括健康利益和经济利益是大多数基因研究的动力所在。应当讲获益动机从基因研究一开始出现就是存在的，只是在当前呈现愈演愈烈之势，并且所谓获益的重心似乎正从增进人类健康福祉向追逐经济利益转变。国家、政府作为基因研究的规范者同时也是推动者，在这一转变的过程中发挥了关

---

〔1〕 Christine Grady et al, "The Limits of Disclosure: What Research Subjects Want to Know about Investigator Financial Interests", *Journal of Law, Medicine and Ethics*, 2006, 34 (3): 592-599.

〔2〕 David S. Caudill, "Economics and/of Science: The Meaning (s) of Financial Bias and The Ideal of Interest—Free Science in Law", *SMU Science and Technology Law Review*, 2013, 16 (2): 247-271.

键的作用。在实用主义的理念下，科技如果只能观瞻而无实益则如同花瓶，因此科技向应用的转化被倡导。促进科技成果向实际应用的转化，这是各国政府普遍采取的政策导向。[1]"科学技术就是第一生产力"，这是人人熟知的中国特色表达。在国家追求的政策目标中本来具足了国民健康和经济发展两个方面的考虑，可是现实当中在逐利动机驱使下经济利益往往受到更多青睐乃至超过和掩盖了更加重要的健康福祉和人权。事实上研究中的利益冲突问题在各种研究领域都是存在的，而基因研究中的经济利益冲突问题引发的公众关注尤为强烈，这是因为该类研究更加贴近人类本身的根本尊严——这种尊严在商业化的背景下已经受到了真实的威胁。

在基因技术向应用转化的政策导向下，研究机构更多地与产业界联合，经济利益纠葛的增加遂不可避免地发生。在这一转换进程中，研究者的地位角色悄然转变。研究机构、大学的角色，在人们的传统观念中是知识的探索者、科学的捍卫者，不受社会污染的象牙塔。可是这种理想的图景在现实的发展中渐渐发生着变化。为了要将知识应用于实践，就不可避免地与产业界发生联系，在这种联系中经济利益是不可避免的内容。[2]大学在基因技术应用转化的进程中，除了迫于国家和地方政府的压力，也有自己的本位利益，特别是研究经费的获得。从产业界获得足够的经济支持以滋养科研，使自己在大学间激烈的排名竞争中获得优势，这是大学的如意算盘之一，而除了"名"之外经济利益本身也是不会被拒绝的——无论是大学作为一个机构还是机构中的研究者个人。美国的一项调查数据显示，从 1994 年到 2004 年，生物科学研究经费从 37.1 亿美元增长到 94.3 亿美元，2003 年的经费中有 57%来自产业界，个体研究者与产业界联合的数量从 1996 年的 28%增长到 2007 年的 52.8%。[3]大学在国家发展中的战略地位举足轻重，其拥有大量的专利，从原本专注于科学研究到如今同时担负起助力经济发展的重任。[4]大学在科

〔1〕 Carrie B Sanders & Fiona Alice Miller, "Reframing Norms: Boundary Maintenance And Partial Ac-commodations in The Work of Academic Technology Transfer", *Science and Public Policy*, 2010, 37 (9): 689-701.

〔2〕 Malhar N. Kumar, "Ethical Conflicts in Commercialization of University Research in the Post-Bayh-Dole Era", *Ethics & Behavior*, 2010, 20 (5): 324-351.

〔3〕 Meghan M. Overgaard, "Balancing the Interests of Researchers and Donors in the Commercial Scien-tific Research Marketplace", *Brooklyn Law Review*, 2009, 74 (4): 1473-1511.

〔4〕 Peter Lee, "Patents and The University", *Duke Law Journal*, 2013, 63 (1): 1-87.

技转换战略下的这种新角色被形象地形容为经济发展的"发动机"。以基因技术为依托的生物经济成为一个朝气蓬勃的新兴产业，学术机构与企业联合早已不是什么新鲜事，并且这种跨界联合不断向纵深发展，其结果是研究背后的经济利益关系也越来越错综复杂。[1]

基因研究渐趋商业化的环境引发社会忧虑，所担忧的是在经济利益的左右下研究者可能会失去正确的判断而使科学不再纯洁，以及因此给社会和参与者个人造成损害。[2]这种担忧并非杞人忧天，近些年经济利益驱使下的科学界丑闻频发。这里暂不去探讨基因研究商业化对社会的宏观影响，仅关注民法视角下参与者的个人权利保护问题。基因研究由于以人自身为研究对象，因此与人格尊严的关系较一般研究更加直接密切。在既有的法律框架下，保护人类基因研究中参与者权利的基础性机制是知情同意，即确保参与者在充分知情的情况下得以作出自主决定。知情同意分为知情和同意两个方面，尽管最终的表现是同意与否的决定，但更为关键的其实在于知情，应使参与者对贡献组织样本进行研究的各种潜在的利益和风险有全面且充分的掌握、理解，而这有赖于研究者的充分披露。研究者向参与者披露的内容应当包含哪些信息实质上是知情同意的关键所在。研究者的获利动机是否应当被包含在信息披露范围内，这是基因研究商业化对传统知情同意原则提出的新挑战。对于这一问题，目前的认识仍旧十分混乱。

二、经济利益披露义务的正当性

关于研究者是否应当在知情同意程序中披露经济利益，并非众口一词，而是存在不小的争论，支持者和反对者均有一定的理由。

（一）支撑经济利益披露的政策考量

1. 个人自决

确保基于知情同意的个人自主是基因研究领域参与者保护的核心法律原则。作为基因样本的提供者，参与者有权事先知晓其基因将被进行何种形式

〔1〕　Meghan M. Overgaard, Toke Bjerregaard, "Industry and Academia in Convergence：Micro—institutional Dimensions of R&D Collaboration", *Technovation*, 2010, 30（2）：100-108.

〔2〕　David B. Resnik & Kevin C. Elliott, "Taking Financial Relationships into Account When Assessing Research", *Accountability in Research*, 2013, 20（3）：184-205.

的利用，包括商业化的使用及可能产生的经济利益，并基于此作出参加研究与否的自主决定。一些实证研究的统计结果表明，大多数参与者想要知道研究者所涉经济利益方面的信息，尽管许多人同时表示即使知晓这些信息仍会作出捐献组织的决定。不是所有的参与者都会在获得经济利益披露后拒绝同意，但至少有一部分人会如此。这是一个攸关基因信息自我控制支配的问题，披露是对自我决定权的尊重。剔除经济利益内容的信息披露是不充分的，参与者并非真正知情，所作出的同意决定并非出于内心真意，因而是有瑕疵的。

2. 参与者的利他动机

基因研究与医患关系一个根本的差别在于，在后者患者获得了治疗的利益，在前者参与者则从研究中没有获得任何直接的利益。这种纯利他动机对知情同意的影响不可忽视。并非研究中的一切信息都要告知给参与者，决定告知范围的根本标准是所谓"实质性"，即该信息是否可能会对参与者捐献样本、参与研究的决定产生真实影响——只要求"可能"而不论受影响的人占全部参与者的多数还是少数。在参与者对研究除了利益大众别无所求的情况下，研究者的牟利动机可能与参与者仅存的利他动机背道而驰，因此披露与否应被认为是实质性的，亦即不求回报的参与者比普通患者更有理由知道研究者的经济利益。[1]

3. 促进信任

研究者与参与者之间既然无对价关系的拘束，二者关系的良好维系全仰赖信任。参与者如果不信赖研究者，不会决定无报偿的捐献组织。普遍的观点认为，披露越充分、透明度越高，越会增加参与者的信任指数。经济利益的披露也可能会起到这种效果。不过对此有不同的看法，有观点认为披露经济利益不仅不会增加信任、还会破坏信任，参与者的踌躇怀疑会损害研究者与参与者之间的良性关系——尽管这些经济利益带来的损害仅是假想的，但主流观点认为披露有利于增进信任。

4. 降低研究者的法律责任风险

研究者向参与者主动"坦白"获利动机，表明已经尽到必要注意义务，

---

[1] Russell Korobkin, "Autonomy and Informed Consent in Nontherapeutic Biomedical Research", *UCLA Law Review*, 2007, 54（3）：605-630.

或可降低未来被追究法律责任的风险。现实中研究者面临的困惑是法律责任风险的不确定性，就知情同意问题而言，告知对象范围的模糊性是潜在的风险源头。在此情势下，尽可能全面地披露信息，可在一定程度上降低被追责的法律风险。当然披露的免责效果不是绝对的，即使披露了经济利益仍可能会被判定侵权，但披露总比不披露好。

（二）经济利益披露的阻碍与困惑

1. 披露范围的模糊性

在现实当中，研究者的经济利益在性质、类型、数额、与研究的关联程度等方面是多种多样的，从中究竟选择哪些作为披露的对象、参与者想知道什么，在判断上存在困难。怎样的披露才算是满足要求的标准不明确，披露范围的模糊性给研究者带来困惑。[1]出于对法律责任的担忧，研究者的一个对策是披露所有类型的经济利益——即使对参与者保护而言相关性甚低。这种"过度"披露的结果是信息轰炸，反倒不利于参与者理解。另外，不加区别地要求研究者披露所有经济利益，也有无视研究者个人隐私之嫌。

2. 参与者的理解障碍

由于研究者所涉经济关系的复杂性，如果没有接受专门的指导，大多数参与者不能够充分理解该种关系的意义与影响。因理解障碍，即使披露也可能收效甚微。更糟糕的是，对经济关系的一知半解可能导致无端猜疑，破坏研究者与参与者之间的信任关系。再者，不当的经济关系披露还可能引起参与者对研究者存在医疗责任的误解（therapeutic misconception）。

3. 对同意决定的有限影响

经济利益可能会影响研究者的判断而对参与者不利，这是普遍的担忧，但是这在很大程度上是一种推断，在目前尚缺乏系统的证明。在经济社会中，研究者与他人发生经济上的关联在所难免，这些关系会在多大程度上影响研究者理性乃至损害参与者利益，其因果关系存疑。事实上一些调查研究的结果显示，在许多参与者看来，于众多可能影响同意决定的因素中，研究者与他人的经济关系是最不重要的因素之一。许多参与者认为这种经济利益与自己

---

〔1〕　Kevin P. Weinfurt et al，"Disclosure of Financial Relationships to Participants in Clinical Research"，*The New England Journal of Medicine*，2009，361（9）：916-921.

关系不大，不会左右同意决定。[1]

4. 成本负担的考虑

一种担忧是经济利益披露的要求会增加研究者的成本负担，并给科学研究造成负面影响。在知情同意程序中增加经济利益告知的内容，肯定会带来一定的成本上升，这种成本可能依经济利益披露机制的繁琐程度而有不同。不过有观点认为，增加的成本是有限的和可接受的，也是研究必要的代价。

（三）评析

关于研究者是否应当披露经济利益，正反两方面的观点看起来都有一定的道理，到底何去何从？在笔者看来，要走出这种两难的困惑，必须回溯到经济利益与研究关系的本源，并基于此树立妥当的立场。应当看到，研究与经济利益这二者不是彻底排斥的关系。从比较法来看，各国的基因研究相关法律政策并不完全抵制经济利益，仅是抱着"提防"的态度。经济利益并不必然损害研究的纯洁性和参与者利益，但另一方面这种可能性又确实是存在的，因此对待基因研究中经济利益的正当立场应当是不能将路堵死，但也不能不设防。可以预见，未来在基因技术产业化的背景下经济利益将越来越多地渗透进基因研究领域，对此不太可能以法律完全禁止。若做不到禁止，加以适当的制约就是必不可少的，而信息披露是参与者保护的有效机制。尽管在现实中于数量类型众多的经济利益中仅有极少数真实危害基因研究及其参与者利益，但不能因此就认为信息披露不必要。现实的操作中，经济利益披露会遇到困难，但并非不可逾越。对经济利益披露的机制应当巧妙设计，草率地要求研究者披露所有经济利益是不合理的和不可行的。

三、经济利益披露义务的比较法观察

基因研究中的经济利益冲突问题逐渐引起了各国的关注，相关的规制性法律开始出现并处在不断完善当中。[2]欧盟和美国在这方面的规范尤为先进。

---

[1] Christine Grady, "The Limits of Disclosure: What Research Subjects Want to Know about Investigator Financial Interests", *Journal of Law, Medicine and Ethics*, 2006, 34（3）: 592-599.

[2] Malinowski J. Michael & Radhika Rao, "Legal Limitations on Genetic Research and The Commercialization of Its Results", *American Journal of Comparative Law*, 2006, 54（3）: 45-66.

（一）欧盟法对基因研究中经济利益披露的规范

欧洲一直十分重视对生物医学研究的法律规范，欧洲《人权与生物医学公约》及其一系列附加议定书构成一个相对完整的规范体系。在《关于生物医学研究的附加议定书》（以下简称《议定书》）当中，对于研究者的经济利益披露问题作出了明确的规定。该《议定书》第 13 条第 2 款对研究者应当向参与者告知的内容作出了分条式列举，其中第 7 项内容是：对于研究结果、数据、或者生物物质进行的任何可预见的可能使用，包括商业性的使用（commercial uses）。条款中所称的"商业性使用"，亦即研究者的经济利益。在《议定书》后的附录中进一步详细列举了研究者应当向伦理委员会提交的信息列表，当中包括对商业性使用的细节作出具体限定。此外，在对《议定书》的官方解释性报告中，对商业性使用披露做了详细的阐释。报告中称，要求研究者揭示可能的商业性使用——在研究过程中或研究之前，这并不是对于商业性使用的肯定性或者谴责性的倾向，仅是认可这样一个事实：参与者参与旨在促进公众利益研究的动机可能是利他，因此关于商业性使用的说明对于参加与否的决定可能是重要的。

《欧洲生物技术发明保护指令》（Directive 98/44/EC）[1]也特别对于生物技术专利作出了规定，该指令第 26 条规定："如果一项发明是建立在人类生物物质之上而获得的、或者是实际使用了这样的物质，则若要就此发明申请专利，该物质所属的参与者必须获得与国家法律相适应的表达自由和知情下同意的机会。"这条规定清楚表明，研究者在申请专利时必须受到参与者知情同意的制约。

由上述规定可见，在欧盟立法层面，对于生物医学研究中的经济利益披露立场是明确的，披露义务是确定存在的。并且这些规定并未将经济利益披露义务的范围限定在某类研究，而是泛指各种类型的生物医学研究。

（二）美国法上经济利益披露义务的发展

美国是世界上基因技术最先进的国家之一，也是基因产业化程度最高的国家之一。在 20 世纪 80 年代之前，美国的研究机构较少与企业发生联系，研究资金主要来自联邦政府的资助，大量的专利掌握在政府手中。美国国会

---

[1] 该指令的全称是：Directive 98/44/EC of the European Parliament and of the Council of 6 July 1998 on the legal protection of biotechnological inventions.

认为，这种状况影响了科学技术的应用。为了推动研究与市场的结合，美国国会在1980年通过了贝多法案（Bayh-DoleAct），这部法律将联邦资助研究所得成果的专利权保留在研究组织手中。另外，美国还修改了专利法，允许针对基因申请专利，可获得专利的范围大大扩展。在这两个因素共同促使下，研究者渐渐拥有了大量基因专利，进而向企业授予专利许可而收取费用的现象越来越普遍，研究商业化遂愈演愈烈。在日渐商业化的背景下，研究者的经济利益给科学客观性和人类参与者保护的威胁暴露出来，几起因受经济利益影响的科学界丑闻使公众对这一问题的关注持续发酵。研究中的经济利益冲突成为一个典型的社会问题，并被赋予一个特定的称谓FCOI（Financial Conflicts of Interests）。

1. 保障科学研究客观性责任规范

早在1995年，美国政府主管基因研究的部门——人类健康服务部（HHS）就制定了《保障科学研究客观性责任规范》[1]。顾名思义，这一联邦法规的目的是防止研究者在经济利益冲突的影响下作出不利于科学客观性的判断。2011年，为了适应形势变化的需要，HHS对该法规进行了修订。[2]从性质上来讲这是一部行政管制性规范，旨在加强对于研究者的监督以确保科学诚信，而不是以保护参与者知情同意的私权为中心目标，其中所谓经济利益披露主要是指研究者向研究机构所属的机构审查委员会（Institutional Review Board，IRB）披露。不过，在该法规中，也有少量关于要求研究者向参与者披露经济利益的规范。例如，§50.605（ii）规定："对于那些涉及人类主体的研究项目，经济利益冲突除了向IRB披露还应当直接向参与者本人披露。"至此，研究者的经济利益被纳入告知同意的范围在联邦法规层面有了明确的规范依据。不过，该规范存在着很大局限性，仅限于受到联邦政府资助的研究项目，研究资金来自私人领域的项目则不受其约束。即使是在该法规适用范围内，因其以行政监管为目的而非保护私权，参与者若要以研究者未披露经济利益违反该法规为由提起民事赔偿诉讼，能否获得法院支持存在很大不确定性。

---

〔1〕 该联邦法规的全称：Responsibility of Applicants for Promoting Objectivity in Research for Which Public Health Service Funding Is Sought and Responsible Prospective Contractors.

〔2〕 See Federal Register, Vol. 76, No. 165, August 25, 2011.

2. 摩尔案

Moore v. Board of Regents of the University of California [1]是这一领域内首个具有里程碑意义的案例，自该案例以后，研究中的经济利益问题才引起广泛关注和讨论。在该案中，加利福尼亚州大学洛杉矶分校医学中心的古德医生获得患者摩尔的身体组织，但却隐瞒了将该组织用于研究而非医疗的真相。古德利用摩尔的脾脏切片和后续提取的组织样本开展研究，后申请专利并授权厂商使用而获利丰厚，据估计该专利潜在的商业价值达30亿美元。摩尔案的影响极大，所涉法律问题层面众多，其中学界关注的焦点有两个：一是摩尔对于脱离身体的组织是否享有财产权；二是在医生（研究者）为获得同意而告知内容中是否应当包含经济利益。本书仅就后一个问题进行探讨。加利福尼亚州最高法院最终驳回了摩尔的财产权利益诉求，但是支持了知情同意诉求。摩尔案判决的一个开创性意义是：肯定了在医生向患者的信息披露中应当包含经济利益的内容。[2]帕奈利（Panelli）法官在法院的判词中写道："尽管典型的知情同意案例是由医生未能披露医疗风险而非隐瞒个人利益引起的，不过普通法和加利福尼亚州的成文法都认可患者对于医生的经济动机有真实攸关的利益存在，因为这可能影响医生的专业判断。"法院最终认为知情同意中应当包含除了患者健康之外的其他利益——无论是研究性的还是经济性的利益，如果这些利益对于医生的决定可能产生实质性的影响。[3]由于摩尔案的巨大影响，后来的法院判决在审理类似案件时，都会援引该案例。

该案中原告知情同意诉求获得支持的一个重要的有利因素是，原被告之间存在明确的医疗关系，并基于这种关系衍生出信义义务，经济利益披露被认为是医疗关系和信义义务中的题中应有之义。由此引发的疑问是，对于不存在医疗关系的一般医学研究，研究者是否仍旧负有经济利益的披露义务？这种疑虑在后来的案例中得到了证实。

---

〔1〕　Moore v. Regents of the University of California, 51 Cal. 3d 120; 271 Cal. Rptr. 146; 793 P. 2d 479.

〔2〕　在医患关系下的传统告知同意程序中，告知的内容主要是医疗的风险，而不包含可能涉及的医生个人利益。

〔3〕　Russell Korobkin, "Autonomy and Informed Consent in Nontherapeutic Biomedical Research", *UCLA Law Review*, 2007, 54（3）: 605-630.

3. 格林伯格案

在 Greenberg v. Miami Children's Hospital Research Institute，Inc.（格林伯格诉迈阿密儿童医院研究所）[1] 案中，共同原告是一群患有 Canavan（卡纳万疾病，学名"海绵状脑白质营养不良症"）孩子的父母和一些非营利性患者组织，被告是 Matalon 博士（针对 Canavan 开展研究的医生）及其所属研究机构迈阿密儿童医院。1987 年，原告之一 Greenberg 与 Matalon 医生（研究者）接触，Matalon 正在进行一项寻找 Canavan 致病基因的研究，并探索一种能在产前检测中发现基因携带者的有效方法。Matalon 请求 Greenberg 为研究提供帮助。Greenberg 与另一个组织原告 Tay-Sachs（家族黑蒙性白痴病）疾病协会芝加哥分会共同寻找其他 Canavan 家庭，为被告 Matalon 提供组织样本（包括血液、尿液、尸体样本）、健康信息以及经济资助。1993 年 Canavan 研究取得重大突破，1994 年 Matalon 所属机构迈阿密儿童医院就研究成果申请专利，1997 年被成功授予专利，Matalon 被列为发明人，迈阿密儿童医院则获得了限制与 Canavan 疾病基因有关的一切活动的权利——包括携带者检测和产前检测、基因治疗以及涉及该基因的研究。原告对此并不知情，直到 1998 年 11 月，迈阿密儿童医院威胁要对实践中正在使用这项技术的医疗机构收取专利使用费。

在诉讼中原告称，按照他们的理解，Canavan 研究的结果将保留在公共领域造福大众，以大众方便获得并容易负担的方式存在，对于被告将研究结果申请专利并获得商业利益从不知晓。原告在诉讼中提出六项主张，包括缺少知情同意、违反信赖义务、不当得利、欺诈性隐瞒、侵占和盗用商业秘密，法院最终只支持了不当得利的诉讼请求。对于不支持知情同意诉求，佛罗里达地区法院给出的理由是：要将知情同意的适用范围延伸至包括研究者的经济动机，缺乏足够充分的法律依据和判例支撑。要求研究者揭示经济利益是不可操作的，这种负担将使医学研究不寒而栗（chill medical research），研究者不得不经常评估哪些事件是应当披露的，并且将使科学是否发展、怎样发展牢牢控制在参与者的手上而受到阻碍。另外，法院认为本案中的原告并非典型意义生物医学研究中的人类参与者（human subjects），而仅仅是参与者（donors）。

---

[1] Greenberg v. Miami Children's Hosp. Research Inst.，Inc.，264 F. Supp. 2d 1064（S. D. Fla. 2003）.

原告在辩论理由中提出了摩尔案判决作为例证，法院对此给出的解释是：摩尔案的事实背景与本案是不同的，在摩尔案中原被告之间存在医患关系，并且被告医生取得原告的组织样本是隐瞒进行的；在本案中原被告则不存在医患关系，组织样本的取得也是原告自愿提供的，因此两个案件不具有类比意义。法院认为在原被告之间不存在医疗关系和信义义务，故无从引申出经济利益的告知义务。

摩尔案与格林伯格案放在一起形成对比，前者因存在医疗关系而成立经济利益披露义务，后者不存在医疗关系所以不存在经济利益披露义务。正反两方面的案例共同奠定了一个不成文的规则：以研究者和参与者之间是否存在医疗关系作为判断经济利益披露义务有无的分水岭。[1]这样的区分是否合理值得怀疑。从研究者的身份来看，可能存在三种情形：①研究者也是医生，并且同参与者之间存在医疗关系；②研究者也是医生，但是与参与者之间不存在医疗关系；③研究者不是医生，而是专门从事研究的人员。若按照上述的义务判断标准，后两种研究者在对于研究牵涉经济利益时，均无需取得参与者的知情同意，如此受保护的参与者范围则大打折扣。与摩尔案相比，格林伯格案所暴露出的研究中的经济利益冲突问题更加彻底而深刻。由于迈阿密儿童医院主张对于专利的独占利益，对于使用这项技术的医疗照护者收取巨额使用费，使得公众对有效医疗方式的获得遇到障碍——起码是成本上升。研究者经济利益与公众利益形成对峙，研究商业化带来的弊端更加明显地显现出来。

该案判决中驳回知情同意主张的几点理由在学界受到广泛的批评，被认为是站不住脚的。首先，要求经济利益披露给研究者带来的负担被夸大其词了，事实上这并不是一个成本高昂、难以做到的事情。其次，所谓将科学进步与否交由参与者之手，也是一种"莫须有"的"罪名"。[2]拟捐献组织者如果知道研究者有牟利动机，可能拒绝捐献组织而使科学研究缺少"原材料"，或者是在捐献之后得知医生的获利事实而决定退出研究，禁止对自己样本的使用。这是法院担心发生的效果。对这种"一票否决权"的评价，关键

〔1〕　Christopher Jackson, "Learning from the Mistakes of the Past: Disclosure of Financial Conflicts of Interest and Genetic Research", *Richmond Journal of Law & Technology*, 2004, 11 (1): 123-140.

〔2〕　Russell Korobkin, "Autonomy and Informed Consent in Nontherapeutic Biomedical Research", *UCLA Law Review*, 2007, 54 (3): 605-630.

其实在于视角问题。法院将其解读为对科学的控制，但是从参与者的角度管制，仅是一个简单的事实：对从自己身体分离的组织被用作什么目的自己做出决定，与控制抑或不控制科学毫无干系。反面观之，若参与者在知道自己的身体组织被用作商业目的后，却对此无能为力，失去了控制，那么作为人类基本价值的个人自主被摆在怎样的位置？再者，从最终的效果来看，尽管法院判决考虑的是研究的利益，但现实却可能恰恰相反，其将科学发展推向无节制商业化的误导效应可能是灾难性的。如果说经济利益披露导致潜在的参与者拒绝组织捐献，在有牟利动机的研究者大门关闭的同时，那些没有牟利动机的研究的大门又敞开了。再退一步讲，即使再没有别的研究者获得该研究组织资源，这也是保护个人自主的需要，该种自由不能以科学发展为由加以牺牲。

四、信义关系——经济利益披露义务的基础

若要将经济利益披露树立为一项法律义务，必须首先找到该义务赖以成立的法理基础。一个根本的切入点是研究关系的本质，基于该本质是否能够阐发出参与者要求披露的权利和研究者披露的义务。与医患关系有明确的法律规则不同，基因研究关系作为一种新型社会关系在法律上疏于规范，由此导致很多问题存在相当大的模糊性。在知情同意原则所诞生的医患关系背景下，告知义务产生的法理基础是医生与患者间的信义关系（judiciary relationship），在此关系下医生负担患者利益最大化（patients' best interests）义务——包含告知义务。置换到研究背景下，双方当事人变成了研究者和参与者，二者间的信义关系是否能够保留下来，是决定经济利益披露义务有无的关键。摩尔案和格林伯格案判决共同形成一种区分格局，若有医疗背景存在的研究有信义关系，非医疗性研究则无信义关系。然而事实是否果真如此？研究者与参与者之间绝对不会存在信义关系？这一点是值得怀疑的。

信义关系理论源自英美衡平法。所谓信义关系，即在该种法律关系之下一方当事人对另一方存在特别的信任与依赖，该种信任和依赖据以产生的基础往往是双方地位、知识、信息等方面的不对等，一方处于强势而另一方处于弱者地位，被信赖者因此应对信赖者负担最大诚信的照护义务——包括通过充分的信息披露使信赖者个人自决得以实现。是否构成信义关系没有明确

的标准，而需在个案中结合具体情况加以判断。[1]医生和患者间的关系是最为典型的信义关系，医生基于此而对患者负担利益最大化义务——其中包含告知义务。然而，医患关系是不是唯一的信义关系类型？答案应当是否定的。事实上，用于解释医疗信义关系的这些法理基础对于研究关系同样是适用的。患者有自主权，参与者亦同，患者因信息不对称而需借助医生的披露加以矫正，参与者同样依赖研究者的充分披露才能做出真正符合内心真意的决定。因此基于同样的道理，应当肯定在研究者和参与者之间同样存在信义关系。在医疗研究背景下，同一对当事人之间事实上同时存在两种关系，医疗关系和研究关系，医生兼有研究者的身份，患者即是参与者。这两种关系的界限其实是十分模糊的。医疗关系是信义关系当无疑义，但除此之外研究关系是否也构成信义关系？如果答案是肯定的，那么就是同时存在两种信义关系。当法院判决要求研究者（医生）履行经济利益披露义务时，到底是基于何种信义关系而做出的？回到摩尔案当中，当古德医生提取摩尔的身体组织不再是用于医疗而是用于研究时，这其实是双方当事人关系的重点从医疗关系切换为研究关系，摩尔的身份从患者转换为参与者，被告古德则由医生转换为研究者。[2]法院在判决当中，没有区分这两种同时存在的关系，而是模糊地说基于医生和患者间的信义关系古德医生应负担经济利益披露义务。严格来讲，经济利益披露是研究关系下的义务，法院的判决实质上是拿医疗信义关系来解释研究关系下的义务。这种"穿越"是不妥当的，模糊地掩盖了法律义务产生的准确根源，研究者的经济利益披露义务与研究中的信义关系才是真正对应起来的。

另一个值得探讨的问题是，研究信义关系是否只能依附于医疗关系？如若剥离医疗关系，研究信义关系是否仍旧能够独立存在？摩尔案中作为古德医生合作者的另一名被告医生，其与摩尔之间不存在医疗关系，法院因此认为二者之间无信义关系，故不需披露经济利益。法院显然是不承认研究信义

---

[1]　Anne Cote, "Adequate Protection for the Autonomous Research Subject? The Disclosure of Sources of Funding and Commercialization in Genetic Research Trials", *The Manitoba Law Journal*, 2002, 28（3）：347-375.

[2]　Catherine K. Dunn, "Protecting the Silent Third Party: The Need for Legislative Reform with Respect to Informed Consent and Research on Human Biological Materials", *Charleston Law Review*, 2012, 6（4）：635-684.

关系可独立存在，而是坚持用医疗信义关系作为研究中利益披露的基础。

否定基因研究中存在信义关系是不合理的。在根本上，研究者应当向参与者进行信息披露的原因在于，其利用了参与者的组织，而对于这些组织参与者有自主自决的权利。由于对于研究没有直接的利益，参与者的主要动机是利他，其对于研究者的信任在于，相信自己贡献的组织将被用作开展有利于促进大众健康的医学研究。然而如果事实并非如此，研究者有牟利动机，则可能违背这种信义，影响潜在参与者贡献组织的愿望与决定，故对此信息须加以告知。这种以自主决定为核心的信义关系，与贡献组织者的身份是患者还是普通人无关。即使是在患者贡献组织用于研究的情形，尽管存在医疗关系，其经济利益披露义务的来源也与医疗无关，而与研究有关。因此，应当明确肯定研究者与参与者之间存在信义关系，即使不存在医疗背景。应当看到，在基因研究迅猛发展的时代，大量的研究是由非为医生的纯粹研究人员从事的，如果不承认这种研究中研究者与参与者之间存在信义关系，则参与者权益保护将失去根基，这是不公正的。相反在肯定研究信义关系的立场下，经济利益披露也就成为顺理成章之事。

五、经济利益披露机制的构想

鉴于基因研究商业化已经成为一个不可逆转的趋势，为了保护参与者的权益，加强研究者的经济利益披露就是必不可少的。应使潜在的参与者对研究者可能涉及的经济利益有机会知情，并基于此做出自主判断和决定。经济利益披露与传统知情同意原则下医疗风险的披露有所不同，在基因研究的新背景下如何将经济利益披露纳入知情同意程序是一个有待进一步探讨的问题。

（一）披露义务应涵盖各种类型的研究者

临床研究和非临床研究是一种惯常的分类。如前所述，在美国判例法上，法院肯定在临床研究中的医生与患者之间存在信义关系并可引申出经济利益披露义务，对于非临床研究则不承认有信义关系及经济利益披露义务。这是不合理的区分，受到普遍的批评。事实上 HHS 于 2011 年最新颁布的《保障科学研究客观性责任规范》，统一要求研究者披露经济利益冲突，而没有区分是医疗研究者还是纯粹的研究者。欧洲《人权与生物医学公约》的附加《议定书》也没有作上述的区分，而是要求所有从事生物医学研究的研究者在知情同意书中向参与者披露一切可能的商业性使用。由此可见，统一要求的经济利益披露机制是大势所趋，我国在未来制定相关规范时亦可采取统一模式。

（二）强制性披露抑或自愿披露

对研究中的经济利益披露义务设定应当是强制性的还是自愿选择性的，有不同观点。一种意见认为，经济利益的披露不宜是强制性的而应是选择性的，由研究者（医生）做出披露选择更加妥当。其理由是：参与者（患者）未必理解研究中所涉经济利益，对于"有必要知道吗""需要知道哪些"的决定，研究者（医生）作为懂行的专家比参与者（患者）处于更有利的位置。相反强制要求披露所有经济利益，参与者在不能充分理解的情况下可能产生误解和无端猜疑，破坏信任关系。[1]不过，多数意见倾向于认为经济利益披露义务应当是强制性的。[2]笔者也认为应将经济利益披露设定为研究者的强制性义务。若将披露与否的决定权交由研究者之手，则研究者就获得了过分的自由，其很可能选择不披露经济利益——以不必要为理由，这等于将正当的披露寄希望于研究者的自觉和良心，这是不妥当的。经济利益披露义务更适合以法律明确强制设定。

（三）披露对象的范围

令研究者向潜在的参与者披露经济利益的目的在于为后者的同意决定提供参考和帮助。一个令人困惑的问题是：哪些经济利益是需要披露的？参与者想知道什么？所谓研究中的经济利益是一个模糊的表达，没有清晰的范围。在众多类型、重要性不同的经济利益中，选择哪些作为披露的对象，是披露机制设计中的难点。欧盟议定书当中采取的表述方式是"一切可能的商业性使用"都在应披露的范围内，这是一种概括、弹性的规范方式，没有限定商业性利用的形式和数额。而美国 HHS 的确保科学客观性责任规范则对披露的范围作出了一定的限制，只有"重大"的经济利益（Significant Financial Interests）才需要披露，从反面解释即"微小"的经济利益不需要披露。何谓"重大"，该法规又作出了列举性规定：①研究者在披露前的 12 个月从公共性

---

〔1〕 Sara Reuland, "Health Maintenance Organizations and Physician Financial Incentive Plans: Should Physician Disclosure Be Mandatory?", *Journal of Corporation Law*, 2002, 27（2）: 293-314.

〔2〕 Meghan M. Overgaard, "Balancing the Interests of Researchers and Donors in the Commercial Scientific Research Marketplace", *Brooklyn Law Review*, 2009, 74（4）: 1473-1511.

商业实体获得的报酬（包括薪水、服务费等）和股本性权益（包括股票、优先认股权和任何其他所有者权益）的价值累计超过 5000 美元；②研究者在披露前的 12 个月从非公共性商业实体获得的报酬累计超过 5000 美元，或者研究者和其配偶及子女持有任何该商业实体的股本权益；③知识产权及其利益（包括专利权、著作权等）。

披露范围的模糊性是经济利益披露机制设计中的一个瓶颈，面临的抉择是，披露所有还是有选择地披露一部分？若仅披露一部分，到底披露哪些部分？披露有关参与者组织利用的所有商业性利益，看似可以防止遗漏而提供周全的保护，不过这可能会给研究者造成过重的负担，而参与者自己也未必想知道一切信息。[1]在笔者看来，研究者经济利益范围的模糊性是客观存在的，不能指望用一种绝对量化的方式加以确定，可以采用实质性标准和列举性标准相结合的模式。经济利益披露的本旨既然在于给参与者的同意决定提供信息参考，一项有关经济利益的信息是否可能会对参与者的决定产生实质性影响，应当被作为判断经济利益披露范围的核心标准。当然这一标准具有相当的抽象性，为此可通过列举一些典型的应披露的经济利益增加确定性。

（四）违反披露义务的法律责任

经济利益披露义务的履行需要以法律责任作为约束。当研究者违反了披露义务，未告知参与者及获得其同意而擅自将其组织样本用于牟取商业利益的研究，则如何对参与者提供救济，亦即如何对义务不履行者施加法律责任，就是一个必须考虑的问题。无救济即无权利。对于参与者以研究者不披露经济利益为由提起的诉讼，法院应当予以受理。在诉讼中可能面临的困境是，作为侵权责任成立要件的损害的证明。在此类案件中，参与者通常较少受到有形的身体损害或财产性损害。不过必须肯定损害是真实存在，事实主要是人格尊严的损害，具体而言就是知情权和自主决定权损害。如果研究者事先告知参与者研究中可能牟利，参与者可能选择不同意以自己的组织供作商业

---

[1] 有研究表明，基因研究中参与者想知道的研究者经济利益，依利益的类型不同而有不同程度的期待，其中，对于股本性权益的披露期待最高。See Christine Grady, Elizabeth Horstmann, Jeffrey S. Sussman, "The Limits of Disclosure: What Research Subjects Want to Know about Investigator Financial Interests", *J. L. Med. & Ethics*, 2006 (34): 592.

化利用，由于研究者不告知或者不充分告知，而使参与者失去了决定的机会。这是一种实实在在的损害，理应获得救济。

第三节　研究结果反馈义务

一、研究结果反馈问题的提出

研究者利用参与者的基因样本开展研究的过程中，是否负有义务将研究结果反馈给研究参与者，这是一个在国际上引起广泛关注的前沿问题。[1]提出这一问题的现实意义在于，在研究进行当中，可能意外获得某些对于参与者健康或者生育具有重要临床启示意义的信息，理论研究中称为 IFS（Incidental Findings）。[2]例如，在针对心脏病展开的基因检测中，发现了罹患肺癌的基因倾向。在全基因组序列研究时代，研究的对象不限于单一基因而是人的全部基因，IFS 问题尤其频繁发生。[3]这些有价值的 IFS 若反馈给参与者用以指导医疗，将产生积极的效果。即使是没有健康启示意义的一般研究结果（Research Results，RRS），反馈与否也涉及对参与者个人信息自主权的尊重问题。然而问题在于，研究者何以必须反馈这些结果？研究者并非医生（临床研究除外），研究的中心目标是获取科学知识而非为参与者健康服务，正如其概念所表达的 IFS 只是一种研究的副产品。发现 IFS 的研究者并不会对 IFS 启示的风险给参与者提供针对性医疗，而纯粹的医疗者又无从发现 IFS，正是这种研究者与医疗者分家的传统格局造成了研究结果反馈的问题。[4]在一定意义上，反馈的目的就是将有临床价值的信息由研究者经参与者输送给医疗者。而要

〔1〕　Susan M. Wolf, "The Challenge of Incidental Findings", *Journal of Law, Medicine and Ethics*, 2008, 36（2）：216-218.

〔2〕　Frances Lawrenz&Suzanne Sobotka, "Empirical Analysis of Current Approaches to Incidental Findings", *Journal of Law, Medicine and Ethics*, 2008, 36（2）：249-255.

〔3〕　Stephanie M. Fullerton et al., "Return of Individual Research Results from Genome Wide Association Studies：Experience of the Electronic Medical Records and Genomics Network", *Genetics Medicine*, 2012, 14（4）：424-431.

〔4〕　Susan M. Wolf, "The Role of Law in the Debate over Return of Research Results and Incidental Findings：The Challenge of Developing Law for Translational Science, Minnesota Journal of Law", *Science and Technology*, 2012, 13（2）, 435-448.

建立这一信息输送通道的前提是证明反馈义务的存在，研究结果的有用性本身不能自证反馈义务的成立。尽管基于参与者健康考量的直观判断是应当反馈，然而在法律层面却不能绕过的问题是，反馈的义务究竟源自何处？

围绕 RRS 和 IFS 反馈的问题，在比较法上存在着激烈的争论，而相比之下针对 IFS 反馈的讨论更多。[1]虽然舆论上主张反馈的声音越来越强烈，但是在实定法上却始终缺乏正面的规范依据。与知情同意有明确成熟的法律规则不同，对于研究结果反馈的问题，目前在各国法上鲜有规定，现有的讨论主要是集中于伦理层面。由于规范和标准的缺乏，现实当中的情况十分混乱，研究者的做法从完全不反馈到反馈全部信息，呈现极大的变化维度。争论与混乱的背后，所反映的是有关结果反馈的诸多风险与利益的冲突。若不反馈对于参与者不公，要求反馈则可能给研究者造成过重负担而偏离科学研究的中心。纵观现有的研究，主流观点认为完全不反馈是不可接受的，主张有限的反馈义务。进而问题聚焦在如何反馈，"合理"抑或"不合理"的义务范围究竟如何界定。对研究结果反馈问题在伦理层面已经有足够多的讨论，当下更加欠缺的是法律层面的探讨。[2]诸如，针对待反馈的信息参与者享有何种权利？研究者是否负担义务？若有义务则是何种性质的义务？《涉及人的生命科学和医学研究伦理审查办法》第 36 条第 10 项规定，知情同意书应当包含"研究结果是否会反馈研究参与者"的内容。这是我国法首次对研究结果反馈义务作出规定，是一个突破。不过，该条款高度概括，对研究结果反馈义务尚需更深入的探讨。

二、研究结果反馈的正当性

一个前提性问题是：为什么要反馈研究结果？反馈好吗？若要将反馈设定为研究者的一项义务，首先必须证明该义务据以成立的正当性基础。这种依据的找寻，一个基本的路径是利益风险衡量。利益风险衡量作为一个法律方法的好处是富于弹性，常常适用于立法对某一问题欠缺具体规定或本质上

---

[1] Scott D. Jewell, "Perspective on Biorepository Return of Results and Incidental Findings", Minnesota Journal of Law, Science and Technology, 2012, 13 (2): 655-668.

[2] ElizabethikeR. Pike, KarenH. Rothenberg & BenjaminE. Berkman, "Finding Fault? Exploring Legal Duties to Return Incidental Findings in Genomic Research", *Georgetown Law Journal*, 2013, 102 (3): 795-844.

不宜做出具体规定的情形。在基因研究领域，一者涉及更多的伦理价值判断，二者立法往往跟不上科技的步伐，因此更加依赖利益风险衡量。事实上从比较法对于基因研究的规范来看，利益风险衡量是用以决定某项研究活动得否开展的基本准据，即将一项研究活动潜在可能获得的利益与给受试者造成的风险和负担相比较，只有当二者是符合恰当比例的（Proportionate）、或者说风险负担处在可接受的水平，研究才能获得批准而开始。例如，欧洲《人权与生物医学公约》的附加《议定书》第 6 条即明确以 Risks and Benefits（风险和利益）为标题对此作出规定，作为衡量研究活动正当性的指导原则。[1]具体到研究结果反馈也是一样，其背后既有利益也有风险，对于是否应当反馈存在着不同的认识，反馈与否的决定在根本上是利益风险衡量的问题。围绕研究结果反馈一系列的利益相关者牵扯其中，包括研究者、参与者、参与者的家族乃至全社会。[2]这些利益相关者各自面临一定的风险与利益，对这些风险与利益做出综合的考量，如果反馈的利益大于风险，则反馈义务具有正当性，反之则义务应不成立。这一评价过程说起来轻松，实际上却困境重重。

（一）支撑研究结果反馈的政策考量

1. 健康福祉

反馈最直观的一个好处是，研究结果中有健康启示意义的发现若披露给参与者，传输给医疗人员，将对于健康照护产生积极的影响。研究结果的有用性可能体现在诸多方面。[3]当研究结果显示某些基因特征暗示某种患病倾向时，反馈这些信息就有助于参与者通过调整行为、生活习惯等尽可能预防该疾病；某些意外发现对于身为患者的参与者正在进行的治疗具有启示意义；某些研究发现对于特定疾病的治疗方法创新有重要的启示意义；某些研究结果显示参与者基因与某种遗传疾病的联系，告知这些信息有利于参与者在生殖中作出正确的选择，避免遗传疾病在后代中的发生。这些有价值的发现对

---

〔1〕《人权与生物医学公约》的附加《议定书》第 6 条规定："如果研究对于参与者造成的风险和负担与研究的潜在利益相比是不成比例的，则该研究不得开展。另外，如果研究结果对于参与者健康不会产生直接的利益，则这样的研究只有在给参与者造成的风险和负担是可接受的情况下才能进行。"

〔2〕 Sharon F. Terry，"The Tension Between Policy and Practice in Returning Research Results and Incidental Findings in Genomic Biobank Research"，*Minnesota Journal of Law*，*Science and Technology*，2012，13（2）：691-736.

〔3〕 Matthew P. Gordon，"A Legal Duty to Disclose Individual Research Findings to Research Subjects?"，*Food and Drug Law Journal*，2009，64（1）：225-260.

于健康照护的启示是科学带来的福利，然而如果这些重要信息没有被反馈，则上述本可获得的利益都将与我们擦肩而过。研究结果反馈对于提升健康的积极意义不仅局限于参与者个人，还可能惠及参与者的家庭、所在族群，甚至是社会上患有同类疾病的大众。

2. 个人自主

自主可谓是研究参与者保护的帝王原则，由此引申出基因信息自决。研究结果所包含的基因信息归属于参与者，按照自主的精神参与者自然有权决定如何处置这些信息，包括获得抑或拒绝获得。而从现实中研究参与者的主观态度来看，大多数人对于接受反馈信息是持积极立场的，甚至说是抱有期待的，这一点有实证的数据支撑。加拿大的一项针对生物银行参与者对于研究结果披露偏好的调查显示，90%以上的参与者表示希望获得披露的信息，更有57%的参与者表示即使研究结果的意义具有很大不确定性仍然愿意接受披露。[1]这种获得个人基因信息的权利在许多国家和地区的个人信息保护性立法中都能找到依据。

3. 互惠原则

在生物科技时代背景下，人体基因样本被视为是一种稀缺的资源，并且由于研究需求的增长而呈现价值飙升的态势。参与者提供基因样本给研究者，这无疑是一种贡献。基于捐献而形成的参与者与研究者或生物银行之间的关系，固然并非对价关系，不过当研究发现客观上对于参与者具有健康参考价值时，在决定反馈与否的衡量过程中，却不能绝对不考虑贡献与回报的因素。从这个角度看，获得研究结果可视为贡献组织样本的合理回报。[2]与其所做的贡献相比，结果反馈的要求显得并不过分。

4. 部分委托理论

这种新颖的理论认为，参与者将原本是私密的基因样本和信息托付给研究者，因此在双方之间形成一定的信任委托关系，即参与者授权研究者自行裁量对基因样本进行何种操作，研究者如何行使该裁量权将影响参与者的利

────────────

〔1〕 Nicole L. Allen et al. , "Biobank Participants' Preferences for Disclosure of Genetic Research Results: Perspectives from the Our Genes, Our Health, Our Community Project", *Mayo Clinic Proceedings*, 2014, 89 (6): 738.

〔2〕 Annelien L. Bredenoord et al. , "Disclosure of Individual Genetic Data to Research Participants: The Debate Reconsidered", *Trends in Genetics*, 2011, 27 (2): 41.

益，因此需对参与者负担有限的健康照护义务。所谓部分委托，是指参与者并非排他性地将全部健康照护的需求托付给研究者，事实上医疗者仍是主要的照护义务承担者，研究者只起到辅助作用，因此部分委托也被称为二级照护或者辅助照护（Ancillary Care）。[1]这种辅助的健康照护义务中，可被认为包含了研究结果反馈的义务，特别是当该结果对于参与者的健康有重要意义时。而若不反馈有价值的研究结果，则是违背了上述的委托和信任，未尽到适当的照护义务。当然，是否存在部分委托及其部分照护义务的深浅，不可一概而论，而应视情况而定，需考虑的因素包括参与者的弱势程度、与研究者关系的密切程度、参与者对研究者的依赖程度等。

5. 基因研究的终极目的

基因研究的范围十分广泛，不限于为健康目的的研究，不过为健康目的的研究却是其最主要的目的。增进人类健康是基因研究最大的利益所在，是其区别于一般科学研究的特质。研究者如果在针对某类疾病的研究中意外发现了对于另外一种或几种疾病有价值的信息，却不披露该信息，则与人类基因研究的初衷相违背。再者，从成本效益的方面考量，披露 IFS 的成本，比重新开展专门针对该发现所涉疾病的研究，成本要小得多。从整个社会成本效益的角度考量，研究结果反馈是有效率的。

6. 结果反馈对于研究的促进作用

普遍的观点认为，RRS 和 IFS 的反馈有利于增进参与者与研究者的交流，信息披露带来的透明度将提高公众对于基因研究的理解和支持力度。

（二）研究结果反馈的风险与阻碍

研究结果反馈的效应并不都是正面的，而是现实地隐藏着各种风险。当越来越多的学者观点倾向于把研究结果——特别是 IFS 视为利益，个别学者却对此提出疑问，认为应保持谨慎，与其视为利益不如先视为风险。[2]这起码提供了一种警示，不能想当然地将研究结果直接视为利益，对于潜在的风险应当作出周详的考虑，到底是风险还是利益恐怕需要甄别之后才知道。

---

〔1〕 RichardsonS. Henry, Leah Belsky, "The Ancillary—Care Responsibilities of Medical Researchers: An Ethical Framework for Thinking about the Clinical Care that Researchers Owe Their Subjects", *Hastings Center Report*, 2004, 34 (1): 25-33.

〔2〕 Lisa S. Parker, "The Future of Incidental Findings: Should They be Viewed as Benefits?", *Journal of Law, Medicine and Ethics*, 2008, 36 (2): 341.

1. 研究结果本身的科学性疑虑

一项研究发现是否真的是有价值的，是需要考证的。事实上，所谓的对健康的启示意义，可能最后被证明是虚假的，甚至是有害的，这样的信息如果盲目反馈给参与者用于医疗，可能导致严重的健康损害。而要证明研究结果真的是有价值的，却不是一件容易的事情。为验证这种正确性可能要进行另外的检测，这种确认医疗价值的检测常常要利用医疗设备和由具备医疗经验的人进行，这很可能超出了研究者自身的能力。即使是对于医疗者，这也未必是容易做到的。

2. 对于研究者造成的成本和负担

研究结果的健康损害风险是潜在的，然而结果的反馈会增加成本和负担却是肯定的，这是反对研究结果反馈的主要理由。毕竟研究者的角色定位是获得知识，而不是健康照护，普遍存在的担忧是过度的信息披露负担可能使其偏离本来角色。研究结果是大量的，并且是不断产生的，这意味着反馈将是一项长期持续的负担。为了评估结果的科学性、临床效用性，可能不得不在其原本从事的研究之外增加额外的信息处理程序。基因样本在提供后、研究前如果经过去身份化（De-identification）的处理，若要反馈研究结果给参与者，还要面临身份再识别（Re-identification）和寻找联络参与者的难题。诸多因素都会导致现实的成本负担，包括时间和金钱。这确实是会对科学研究造成一定影响。

3. 误以研究为医疗的诱导效应（Therapeutic Misconception）

一种担心是：研究结果的反馈会造成一种误解，使参与者错误地认为研究者对自己负担治疗性的责任——正如医生所做的一样。[1]尽管从研究者自己的角度从未有过这样的误解，从法律关系上来讲研究者也确实没有医疗义务，但披露研究结果的做法客观上可能起到一种误导效应，研究者做得越多反而越会加深这种误解。

4. 参与者的心理负担与人格损害风险

如果一项研究发现表明某种并不十分确定的患病倾向，但是在实践中却

---

〔1〕 Man H. Zawati&Bartha Maria Knoppers，"International Normative Perspectives on the Return of Individual Research Results and Incidental findings in Genomic Biobanks"，*Genetics in Medicine*，2012，14（4）：484-489.

没有针对的治疗方法可资利用，则信息披露的结果可能是徒增焦虑。在缺陷性基因信息披露的过程中，经过信息的分析、验证、评估、传递等一系列流程，时间环节被拉长，介入的人员增加，信息泄露的风险也因此增加，基因歧视和隐私侵害的问题由此滋生。

（三）评析

利益风险衡量的方法本身具有很大的弹性，综合考量上述影响研究结果反馈的积极和消极因素，到底是利益大于风险还是风险大于利益，存在很大的模糊性，没有一个统一明确的标尺据以做出斩钉截铁的判断。不过，在理论上多数派观点认为研究结果反馈的利益大于风险，这也可以说是主流民意。有观点指出，与结果反馈的风险相比，更大的风险其实在于，不能建立一套行之有效的反馈机制，使有价值的信息不能从研究者顺畅地输送到医疗者那里，致使苦苦等待治疗的病患遭受健康机会损失。[1]在这样的主流意识形态下，当前更为切实的问题恐怕不是无休止地纠缠于反馈还是不反馈的口水战，而是如何建立一套合理的反馈机制。这套机制一方面应当足够宽松——以确保研究者不会因过重的负担而偏离研究的中心，另一方面应当足够狭窄——足以保护研究参与者的健康利益。对于上述的种种风险，应当在反馈机制的设计中予以充分考虑并一一化解。

三、研究结果反馈法律义务之证成

上述的政策考量表明研究结果反馈具有正当性，但这充其量只能证明一种伦理义务的存在，在法律层面是否存在反馈的义务是仍需进一步证明的。现实当中存在巨大的落差：一方面是对于结果反馈的普遍认可与期待；另一方面却是研究者刻意规避研究结果反馈，由此引发不履行反馈义务的法律责任的思考。[2]若该义务仅是伦理义务，则违反的结果仅是道德的谴责。只有上升为法律义务，才能导出责任的追究，或者说是对受害者的救济。然而迄

---

[1]　Sharon F. Terry, "The Tension Between Policy and Practice in Returning Research Results and Incidental Findings in Genomic Biobank Research", *Minnesota Journal of Law, Science and Technology*, 2012, 13 (2): 691-736.

[2]　ElizabethikeR. Pike, KarenH. Rothenberg &BenjaminE. Berkman, "Finding Fault? Exploring Legal Duties to Return Incidental Findings in Genomic Research", *Georgetown Law Journal*, 2013, 102 (3): 795-844.

今为止，这种在伦理上具有正当性的义务是否在法律层面也被肯定为一项义务，却还是悬而未决的。在一定意义上，研究结果反馈可以说是正处于从伦理义务向法律义务过渡进程中的义务，但目前这一进程尚未彻底完成。

在惯常的法律思维下，要判断一项义务是否存在，要追寻义务产生约束力的根源。在民事领域里的一个一般原则是：除非具有特别的原因，一般民事主体之间只有消极的不作为义务——不侵害他人的义务，而无积极作为义务——爱护他人的义务。所谓特别的原因，即义务产生的根源，主要有以下几个途径：①法律规范的直接规定；②当事人之间的特别约定；③职务上的义务；④其他特别关系衍生的义务。研究结果反馈义务存在与否的探寻，亦无外乎从以上途径进行。由于基因研究的多样性，研究者身份的复杂性，在研究者与参与者之间所形成的法律关系也具有多样性。是否存在反馈义务的分析，恐难以做出统一的论断，而需区别不同的具体情形分别加以讨论。

（一）关于研究结果反馈的法律规范

若法律条文中明确规定研究结果反馈是一项义务，则可避免一切纷乱，可惜这样的立法在现实中极为罕见。立法对于参与者保护的重点放置在知情同意程序上，对结果反馈问题则鲜有规范。尽管理论层面的讨论十分热烈，可是法律层面的进展却十分缓慢。直接针对研究结果反馈作出正面规定的规范鲜见，只能从周边规范中寻求相关性的解释。相比较之下，在欧盟立法比在美国法下证成反馈义务的希望更大。

1. 欧洲立法

欧洲一直十分重视对基因研究的规范，早在 1997 年就颁布了《人权与生物医学公约》，在 2005 年又通过了专门性的《关于生物医学研究的附加议定书》。这是两个调整基因研究的最重要的国际法律文件，其一旦被成员国签署即具有法律拘束力。这两个法律文件侧重从保护研究参与者的个人信息权利的角度作出规范。根据公约规定：每个人都有知道任何被搜集的关于其本人的健康信息的权利。当然，不希望被告知的个人意志应当得到尊重[1]。该条是关于个人信息自决权的一般条款，适用范围中包含了研究领域，条款中所称的"信息"，可解释为包含了研究结果。该条款同时明确宣示了所谓"不知情权"。在关于研究的附加议定书当中，有更多的条款涉及研究结果的反馈问

---

〔1〕 参见欧洲《人权与生物医学公约》第 10 条第 2 款。

题。在第 13 条第 2 款关于书面知情同意书内容的规定中，明确要求告知中应包含如何使参与者方便获得所有研究结果的特别安排。据此条款，在研究开展前的知情同意阶段，即应对未来研究结果的获取渠道有所准备。第 27 条的标题是 Duty of Care（关照义务），其规定：当研究过程中发现了对于参与者现在或者未来的健康或生活质量具有相关性的信息时，这些信息必须被提供给参与者，其应当在健康照护或者咨询的制度框架下进行。该条中所谓与参与者健康有"相关性"的信息，应可解读为与 IFS 具有类似的意义。条款所用的语言是"应当"（must be offered），表明这是一种强制性的义务。第 28 条的标题是 Availability of results（研究结果的可获得性），标题的表述已经直接表明了对于研究结果可获得的要求。该条第 2 款规定，研究结论应当在适当的时间、应参与者的要求使其能够获得。根据这一款规定，研究者有提供研究结果的义务，但是只局限在参与者主动提出明确要求时。需要特别说明的是第 28 条第 2 款与第 27 条的关系，第 27 条所规定的有关健康信息的特别披露并未规定需要参与者主动要求，即意味着研究者有主动提供的义务，与第 28 条的被动披露是不同的。上述这些规定的中心旨意在于维护研究参与者的个人信息自决，其并未特别区分临床医学研究还是知识获得性研究，也并未区分研究结果信息是预期所得还是偶然所得，而是给予一体的保护。[1]尽管公约及其议定书并未直接采用 Incidental Findings 这样的概念表述，但解释为包含在内并不显得牵强。看起来从欧洲立法中找到反馈义务的规范依据是富有希望的。

　　需要特别讨论的是，《人权与生物医学公约》及其《议定书》主要是从参与者权利而不是研究者义务的角度作出规定的，由参与者的信息自决权是否能够直接推导出研究者的反馈义务？权利和义务是一个问题的两面，如果说参与者有获得研究结果的权利，其必定需要借助研究者履行反馈的义务来实现。问题在于，参与者针对研究结果的自决权包含了两项内容，知情和不知情，与之相对应研究者的义务也包含了反馈和不反馈。如果参与者选择不知情，而研究者反馈反倒构成对权利的侵犯。如果参与者主动请求获得研究结果，则参与者应履行反馈义务盖无疑问。关键在于，当参与者自己未提出反

　　〔1〕　Elmar Doppelfeld, "Communication of Results and Incidental Findings in Medical Research-A European Perspective", *World Medical Journal*, 2013, 59（6）：201-204.

馈请求时，研究者是否负有主动反馈的义务。[1]议定书第 27 条具有义务规范的性质，但对除此之外的研究结果研究者是否负有主动反馈义务，尚难以做出定论。

2. 美国法

关于研究结果反馈问题的讨论发起于美国，不过在美国法上要寻找将反馈作为法律义务的依据却十分困难——无论是成文法还是判例法。按照美国学者自己的观点，对参与者保护的国家政策，欧洲的标准高于美国，欧洲将个人获取基因信息的利益描述为法律上之权利——以人权为基础，在美国则仅停留于政策建议的层面。[2]

在美国法中没有直接针对研究结果反馈问题的规定，只有从知情同意原则的相关规范中寻求解释，可资利用的主要是有关研究的联邦政府规章（Code of Federal Regulations），其中最主要的规章是美国人类健康服务部（Department of Human Health Service，HHS）调整人类主体研究的 Common Rule[3]（一般规则）。在 Common Rule 中，其实也并未对研究结果反馈作出正面规定，而是要依赖与知情同意的关联性解释寻求依据。根据 Common Rule，研究者在为了获得参与者同意而提供的材料和说明中，必须包含对一切可能影响参与者健康或造成其不适的风险的相关描述，必须包含对一切可能给参与者带来的利益的描述。Common Rule 还要求：在知情同意书当中必须包含参与者面临的当前不可知的风险的描述，以及包含在研究过程中产生的可能影响参与者是否继续参与研究意愿的新发现的描述。这些管制规范旨在将参与者的风险

---

〔1〕 有学者将研究者的主动反馈和应参与者要求的反馈相区分，将前者称为反馈义务（obligation），将后者称为反馈责任（duty）。See Susan M. Wolf，"The Role of Law in the Debate over Return of Research Results and Incidental Findings：The Challenge of Developing Law for Translational Science"，13 Minn. J. L. Sci. & Tech，2012（13）：435.

〔2〕 Sharon F. Terry，"The Tension Between Policy and Practice in Returning Research Results and Incidental Findings in Genomic Biobank Research"，*Minnesota Journal of Law*，*Science and Technology*，2012，13（2）：691-736.

〔3〕 这套规则的原型是 1979 年的贝尔蒙特报告（Belmont Report），该报告主要是由美国生物医学与行为学研究委员会（National Commission for the Protection of Human Subjects of Biomedical and Behavioral Research）编撰的，其勾勒出了针对人的研究的基本理论框架。在 1981 年，以该报告为基本背景，人类健康服务部（HHS）与食品药品管理局（FDA）经过修改将其纳入本部门的管理规范中。在 1991 年，美国联邦政府正式颁布了《保护人类主体的联邦政策》——以 HHS 的版本为主，分别被 15 个政府部门和机构采纳进入本部门的规范体系中，因其广泛的适用而被称为"一般规则"。

降到最低，利益提升至最大。[1]其中所谓"风险"和"利益"，在解释上可认为包含了当前不可知而于未来获得的有健康启示的偶然发现。在研究开始前的知情同意程序中，如果没有预先对这些未来风险利益问题作出说明，则对参与者的告知是不符合"充分"（fully informed）标准的，因此作出的同意则是有瑕疵的。另外，Common Rule 禁止在知情同意书中包含免责性的语言，使参与者承诺放弃权利的条款是无效的。机构审查委员会（Institutional Review board，IRB）[2]作为监督者在当中发挥把关作用，其负责对于研究者提供的研究计划书（research protocol）进行审查，只有当研究者对未来的风险和利益已作出充分考虑和安排——解释为包括研究结果反馈的安排，才会做出准予研究的许可。

Common Rule 尽管看起来十分严格，但是在适用范围上实际存在巨大的漏洞。其适用的一个前提条件是参与者身份的可识别性，如果不会透过这些信息暴露参与者的真实身份则不在管制范围内。若研究者利用的是现存的样本或数据，则如果以不涉及身份识别的方式利用，或者利用已经过匿名化处理的样本和信息，则可成功避开 IRB 的审批监管，也不必获得参与者同意。Common Rule 对于参与者保护的着眼点主要在于个人信息的私密性，防止未经同意的披露和使用。可识别性要求透过这些信息能识别出现实中的特定人，管制规范所重点防范的是该特定人所面临的因身份暴露导致的污名化、基因歧视等风险。这套管制模式背后的逻辑是，如果别人无从得知这些信息是谁的信息，参与者就是安全的，因此隐去身份的保护已是足够的。作为结果，很多生物银行在采集基因样本以后即刻进行不可逆的匿名化处理，然后再提供给二级研究者使用，以避免附着在样本上的管制负担随之流转。美国实践中最新的发展在不同层面呈现出两种背道而驰的动向：一方面社会对于加强研究结果反馈的呼声越来越高涨，另一方面研究者却加紧了向匿名化寻求庇护的步伐，而行政管理机构官方的政策导向也是在现有的基础上进一步加强去身份化的程度。在 2011 年，HHS 发布了一项修改 Common Rule 建议的通知，当中指出：考虑到人类主体研究的最新发展，不断增加的成本，以及使

---

〔1〕 参见 45 CFR.（Code of Federal Regulations）part 46 §46.116.

〔2〕 IRB 是研究机构内部根据 Common Rule 设立的负责监督人类主体研究的机构审查委员会，属于研究者自我监督的组织，其本身又受 HHS 的监管。

用现存样本对参与者风险的有限性，应当扩大去身份化的使用。[1]由于研究结果反馈的步骤之一是身份的解密，而如果样本业已被不可逆地匿名化，则即使研究中发现有价值的信息也无法反馈给本人。这种加剧的匿名化趋势与研究结果反馈的要求可谓是背道而驰的。[2]以去身份化保护隐私，对于参与者而言是不足够的，因为隐私仅是众多需要保护的利益中的一种，除此之外还有个人自主等价值利益需要兼顾。即使隐私没有被泄露，仍有参与者对研究结果信息自决等问题。因此，现有的规范框架在美国国内遭到不少学者的批评。

就案例法的发展而言也并不顺利。在一些案例中，研究参与者尝试以研究者违反了管理规范为由提起诉讼，但鲜有成功的范例。主要的障碍在于，法院认为 Common Rule 等管理性规范的意义仅在于对研究的监管，但却并不能产生使参与者获得可诉性私人权利的效果。在可搜集到的案例中，参与者还尝试以侵权、违约或财产权诉讼等作为路径诉请赔偿，但获得支持的很罕见。侵权判定的前提是义务的存在，而如前所述研究结果反馈是不是一项法律义务尚不明确，参与者对于研究结果是否享有财产权也是一个悬而未决的问题。但也并非毫无进展，例如一些判例认为在研究者和参与者之间成立某种特殊的信义关系，据此可在一定条件下引申出反馈义务（对此将在下文详述）。就目前而言，要独立地以研究结果反馈义务未履行为由起诉获得成功的可能性不大，但是若与知情同意、医患关系等其他传统上被法院所认可的可诉利益建立联系，则仍存在胜诉的可能。

（二）研究者与参与者关于反馈的特别约定

如果研究者和参与者对于研究结果的反馈作出过特别的约定，则该约定若是真实的意思表示且符合相应的生效要件，应可作为反馈义务的依据。这种约定的形式可能是多样的，既可以包含在知情同意书当中，也可以是针对研究结果反馈问题专门订立的协议，若之前未有约定也可以事后补充约定，

---

〔1〕 William McGeveran, Leili Fatehi&Pari McGarraugh, "Deidentification and Reidentification in Returning Individual Findings from Biobank and Secondary Research: Regulatory Challenges and Models for Management", *Minnesota Journal of Law, Science and Technology*, 2012, 13 (2): 485-539.

〔2〕 Leili Fatehi, Ralph F. Hall, "Enforcing the Rights of Human Sources to Informed Consent and Disclosures of Incidental Findings from Biobanks and Researchers: State Mechanisms in Light of Broad Regulatory Failure", *Minnesota Journal of Law, Science and Technology*, 2012, 13 (2): 575-654.

以在知情同意书中约定为常态。基于意思自治原则，双方可在不违背法律的情况下自由约定，并可以个人偏好对反馈结果的具体范围作出约定。不过有观点认为，完全排除反馈义务的免责条款，因侵犯了参与者的基本权利，应认定为无效。在约定了反馈义务的前提下，研究者若不反馈相应的研究结果，则构成对约定的违反，应承担法律责任。由于反馈义务的模糊性，明确的约定可以克服这一弊端，因此许多学者建议充分利用知情同意书增加反馈义务的确定性。

（三）医患关系框架下的研究结果反馈义务

在广义的研究概念下，包含了临床研究，此时参与者即是患者，研究者同时也是医生。在医患关系的法律框架下，基于患者利益最大化的原则，医生（研究者）的信息披露义务有相对更充分的依据。结果反馈的困境正是由于研究与医疗的分家造成的，若研究者兼有医生的身份，则具有披露的先天便利，更容易发现哪些信息是对患者有用的，也不需要花费太多的反馈成本。可能存在的质疑观点是，即使有双重身份的存在，但两种身份具有一定独立性，医疗关系的存在并不能当然推出研究结果反馈的义务。既存的医疗关系是针对某种特定的疾病，而针对该种疾病的临床研究中所意外发现的对于其他疾病的有价值信息并不在该医疗关系的范围内。在本质上，这是医生信赖义务范围的解释问题。尽管存在分歧，但倾向性的立场认为医疗信义关系能够延伸至研究结果的披露。世界医疗学会《赫尔辛基宣言》（2008年版）当中明确指出，参与到研究中的患者享有被通知研究结果的权利。国际医疗组织委员会颁布的一个纲领当中也明确要求，研究计划书当中应当包含通知参与者研究发现的计划内容。这两个国际文件具有"软法"的性质，在医疗这一专业领域确立了研究结果反馈义务的根据。

（四）研究者与参与者的"特殊关系"（special relationship）

当研究者与参与者之间既不存在医疗关系、也无特别约定的情形，结果反馈义务的证成就存在相当大的难度，这是真正的困境所在。通常来讲，研究者对于参与者并不负担信赖义务（fiduciary duty），其所负担的义务主要是服从关于研究的管制规定。在此困局下，难以奢望找到一个明确的标准作为义务存在的判定依据。一个化解困局的思路是：在研究者和参与者之间拟制存在某种"特殊关系"，据此导出反馈义务。事实上，基于基因样本的捐献与使用，研究者与参与者确非毫无瓜葛，而是真实地存在某种关系。在这种关系下，研究者所应担负的义务虽不同于医患关系下医生对病人的最大利益（patients' best benefit）维护义务，但绝非毫无关照义务。正如前述部分委托理论所揭示的，当参与者提供给研究者高度私密性的个人基因样本供作研究的同时，研究者就理应承担起相应的义务——揭示利用这些样本进行研究中所发现的利益或风险信息。

该特殊关系理论在比较法上有判例支撑，如美国一些法院判决就肯定在研究者与参与者之间存在"特殊关系"。在 Grimes v. KennedyKrieger Institute[1]一案中，被告采集了原告（儿童）的血液样本和房间灰尘样本，进行一项关于血铅变化与居住环境关系的研究。被告在发现原告的血铅水平处于不正常危险状态的情况下，并未将该信息告知原告孩子的父母。法官在裁判分析中认为，即使在研究者和参与者之间不存在医疗关系，但是也存在某种特殊的关系。在这种关系中，研究者处于更有利的位置便于发现潜在的健康风险。基于这种特殊关系，研究者对于参与者负有研究结果风险披露义务。在本案中由于这种风险是由环境因素造成的，只要搬离有害的居住地点就可以轻易避免损害，但是被告却未披露信息而任由损害风险发生，未尽到双方基于特殊关系而产生的义务。[2]

在关于研究者和参与者的权利义务没有特别明确法律规定和特别约定的情形下，借助特别关系理论是一条富有希望的路径。不过同时应当看到，是否成立该种特殊关系是一个事实判断问题，不可一概而论，而应在个案中分别加以判别（case-by-case）。不是在所有的研究者和参与者之间都当然存在"特殊关系"。再者，即使存在该种特殊关系，在不同的案件中研究者与参与者之间关系的紧密程度也是不同的，因此需要基于特定的案件背景对当事人的权利义务作出具体分析。

综上所述，为反馈义务寻找法律依据的努力困境重重，所谓"依据"模糊而零散，但义务成立的证明又并非绝无希望——起码在一定范围内存在。这是一项伴随着科技发展而正在生成中的义务，在明确的立法面世之前，反

---

[1] Grimes v. Kennedy Krieger Inst., Inc., 782 A. 2d 807 (Md. 2oo).

[2] Stephanie A. Alessi, "The Return of Results in Genetic Testing: Who Owes What to Whom, When, and Why?", *Hastings Law Journal*, 2013, 64 (6): 1697-1726.

馈义务的证成暂且只能依赖法律的解释在个案中加以判断。

四、研究结果反馈机制的建构

关于 RRS 和 IFS 反馈的明确法律在目前尚不可得，然而基因研究的实践却不可能停止等待。对于目前正在进行的科学研究中发生的结果反馈问题，当下就需得到解决。由于对这一问题的讨论尚处于萌芽阶段，认识上还十分混乱，不能指望完善的立法在短期内面世。基因研究中的相关角色主体，包括研究者、参与者、管理机构、研究资助机构等现在就应当联合起来，探索当前解决研究结果反馈问题的出路。[1]国家则应在正式立法出台之前，暂以行政规范或政策等形式确立一套指引性的规则纲领，以使实践中的各方有章可循、减少混乱。

（一）各方主体在反馈机制中的角色定位

在笔者看来，研究结果反馈机制的建立，首先要明确各方主体在该机制中的基本角色。在基因研究的背景下，由于研究关系的特殊性，各方所需扮演的角色与传统研究下已有所不同了，传统的信息披露模式不能很好地适应研究结果反馈的需要，因此需重新配置各方在信息披露机制中的角色。重新洗牌的信息披露机制中，应当明确各方的权利和义务，互相协同配合，建立新型的研究关系架构。

1. 研究者的信息管理责任

研究的初始结果并非为迎合参与者需要而有序存在，而是杂乱无章的，要从众多的结果中筛选出对参与者健康有价值的信息，这中间要经历一个信息处理的过程。研究者作为研究结果的发现者、控制者以及懂行的专家，对于信息处理处于最有利的位置，应当承担起对研究结果进行组织管理的责任。[2]信息的处理并非仅一道程序，而是可能涉及一系列步骤，大概可划分为五个方面：①在研究计划书中对 IFS 作出预先的计划安排；②在知情同意程序中

---

〔1〕　Susan M. Wolf, Jordan Paradise, Charlisse Caga—anan, "The Law of incidental findings in human subject research: Establishing Researchers' Duties", *Journal of Law, Medicine and Ethics*, 2008, 36（2）: 361.

〔2〕　Susan M. Wolf, Frances P. Lawrenz, Charles A. Nelson, "Managing Incidental Findings in Human Subjects Research: Analysis and Recommendations", *Journal of Law, Medicine and Ethics*, 2008, 36（2）: 219-248.

与研究参与者对 IFS 发现的可能性进行交流；③在研究进行过程中对发现的 IFS 加以采集；④对 IFS 作出评估（包括其重要性、科学性、临床效用性与可操作性、特别咨询的必要性等）；⑤将 IFS 提供给参与者——以可理解的方式。[1]经过这一整套信息处理程序，就可以从众多原始研究结果中提取过滤出真正有价值的信息，反馈给参与者。必须指出的是，对于研究者的义务设定标准不能过高，以避免对科学研究负担过重的现实发生。研究者没有去积极寻找 IFS 的义务，不需要超出本研究的范围而专门开展发现对参与者健康有益信息的额外研究，只需在正常进行的研究程序中对可能发现的有价值信息保持警觉、有所准备，对于已发现的信息记录下来，在进行适度筛选后反馈给参与者。当然也应避免另外的极端，就是研究者对有价值的偶然发现视而不见，乃至于故意隐瞒。

2. 参与者的中心地位

参与者作为研究结果的直接利害关系者，理应在结果反馈的过程中具有发言权。在传统型的研究模式下，信息的披露更多的是由研究者主导，参与者大多是被动接受信息，捐献样本之后即被弃之一边。有学者建议，应使参与者在信息反馈程序中发挥更加积极的作用，不只是利益共享（benefit sharing），还应是权力共享（power sharing），建立以参与者（participant-centricity）为中心的新型披露机制。[2]参与者有不同的信息获取偏好，有自由选择对哪些信息知情或拒绝知情，良好的研究结果反馈机制应尽可能满足这些偏好。而前提是这些偏好有获得表达的机会，以及这些偏好是基于充分了解相关信息健康意义的理性选择，这有赖于参与者与研究者之间交流机制的存在。在传统的知情同意程序中，参与者表达意志的机会仅是在研究开始前同意书的签署阶段。为适应基因技术不断更新的需要，参与者的参与应当扩展至整个研究过程，以一种动态长效机制的形式存在。

〔1〕 Susan M. Wolf, Jordan Paradise, Charlisse Caga—anan, "The Law of incidental findings in human subject research: Establishing Researchers' Duties", *Journal of Law, Medicine and Ethics*, 2008, 36（2）: 361.

〔2〕 Sharon F. Terry, "The Tension Between Policy and Practice in Returning Research Results and Incidental Findings in Genomic Biobank Research", *Minnesota Journal of Law, Science and Technology*, 2012, 13（2）: 691-736.

3. 监督机构的职责

在法律标准不明的背景下，监管机构对于研究结果的反馈需承担起更大的责任。在全球范围内都对于以人类主体为对象的基因研究加以管制，只有研究计划书通过审查研究才得以开始进行。监管主体分为不同的层次，包括政府行政主管机关和各种研究机构内设的自我监督机构，其中后者发挥基础性的作用——一般称为机构伦理委员会或者机构审查委员会。[1]监督机构发挥监督作用的基本手段是对研究计划书的审查，兼含对知情同意是否被真正贯彻的监督。由于针对研究结果反馈的规范存在巨大的空白空间，因此监督机构存在着更大的自由裁量权，其应当善用该裁量权，使各方利益得以良好平衡。[2]机构伦理（审查）委员会应当为基因研究划定一个合理的行为边界，应当确保研究者在制定的研究计划中充分考虑了参与者的风险和利益而有所安排，其中包括对可能发现的 IFS 的处理机制。当然，由于研究本身的不可预知性，机构审查委员会不能要求研究者在研究计划书中详细列出各种风险和利益，而应侧重于风险利益应对机制存在与否的监管。监管不能止于研究计划书的审批通过，而应贯穿整个研究过程。对于研究当中出现的报批的计划书中确实没有预见到的问题，应对研究者提供实时的指引，确保有价值的信息能反馈给参与者。

（二）研究结果反馈与知情同意程序的整合

知情同意程序是基因研究中保护参与者权益的核心机制，研究结果的反馈应当充分利用这一程序。《涉及人的生命科学和医学研究伦理审查办法》第36 条实际上采用了这一做法。从时间段来看，知情同意是在研究开始之前，而结果反馈是发生在研究进行后。在知情同意书中可以预先对未来的研究结果反馈问题作出说明，这样可以避免日后的纷争。如果最初的知情同意书中没有对结果反馈问题作出约定，或者所发现的研究结果在约定的反馈范围之

---

〔1〕 在美国，联邦政府主管人类研究的机关是人类健康服务部（HHS），食品和药品管理局（FDA）则对涉及食品和药品领域的基因研究负担监管职责，在研究机构内设置的监督主体称为机构审查委员会（IRB）。在欧盟，负责研究监管的机构称为伦理委员会（Ethics Committee）。在我国也称为伦理委员会，国家卫生计生委设立医学伦理专家委员会，省级卫生计生行政部门设立省级医学伦理专家委员会，开展涉及人的基因研究和相关技术应用活动的机构设立机构伦理委员会，受卫生计生行政部门监督。

〔2〕 Moira A. Keane, "Institutional Review Board Approaches to the Incidental Findings Problem", *Medicine and Ethics*, 2008, 36（2）: 352-355.

外，则要寻求另外的解释。无论知情同意还是研究结果告知，在最根本的伦理基础上都是源自个人自主，自主的前提是充分知情。此时可以尝试进行的解释是，若研究结果的披露与否对于参与者是否同意继续参与研究的决定具有实质性影响，则不披露该研究结果，"知情"就不是充分的，违反了知情同意原则的本质要求。这是将知情同意作为一个动态的机制，参与者随时应当知情，随时有权撤回同意。当然，不是所有的研究发现都对同意决定构成实质性影响，不构成的情况下研究结果反馈就体现出独立性，不能依赖与知情同意的联系来解决，但不意味着就不需要反馈。

当前围绕研究结果反馈产生的紧张关系，在很大程度上是由于过分的模糊性造成的，而如果能够预先在知情同意书当中对于研究结果反馈的问题加以阐明，就可以避免混乱和纷争。在知情同意书中写明的研究结果反馈政策，不可能是十分具体的，限定大概的反馈范围即可。由于研究的本身就是探求未知世界，所以不能苛求研究者在研究之前就列明具体详细的反馈项目单。在知情同意书中，可征询参与者获取反馈信息的偏好，以此作为未来反馈的依据。有学者提出，研究者可设计多层次的研究结果反馈方案，供参与者选择，这就增加了可预期性。[1]在动态的参与者参与机制中，参与者应可根据个人偏好的转变而随时改变获取信息披露的选择。再者，知情同意书中完全免除反馈责任的条款是无效的。

(三) 研究结果反馈的具体规则

1. 反馈什么

研究结果是数量巨大的，从中应当选择哪些信息作为反馈对象，这是一个至为重要的问题。关于反馈的范围，由于缺乏统一的标准，实践中的情况比较混乱，从不反馈任何信息到反馈所有信息，存在很大的差别。例如，冰岛生物银行不提供任何结果反馈，爱沙尼亚生物银行提供 IFS 反馈，但是只有在捐献者自己提出明确要求时才反馈有临床重要性的信息，而并不会去主动寻找参与者，英国的生物银行仅在样本采集的生理评估阶段反馈信息，以

---

[1] 如有学者建议在知情同意书中将研究结果的反馈划分为三个层次：(1) 完全不反馈；(2) 反馈所有结果，但不提供解释说明；(3) 仅反馈指定范围的研究结果。由参与者在三个方案中作出选择，这就使研究者对于因反馈义务可能诱发法律责任的风险预期更加明确。See Elizabeth R. Pike, Karen H. Rothenberg, Benjamin E. Berkman, "Finding Fault? Exploring Legal Duties to Return Incidental Findings in Genomic Research", 102 Geo. L. J. 795 (2013).

供参与者作同意决定的参考，对于捐赠后样本的研究结果则不再予以反馈。为澄清混乱的局面，界定反馈范围的标准十分必要。

在决定信息反馈的范围时，是否应当对 RRS 和 IFS 作出区别，这是一个值得讨论的问题。从概念来讲，RRS 就是一般的研究结果——不论是否具有临床参考价值，IFS 则仅是那些对参与者健康具有指导意义的重要信息。一般来讲，关注的焦点在于 IFS 的反馈，因为一般的 RRS 即使反馈也无益处。不过若从信息自决的角度来看，参与者若坚持要求反馈所有信息——无论是基于好奇抑或其他何种目的，似不能不予以适当尊重。再者，RRS 与 IFS 并非泾渭分明，随着时间的推移新的科学发现不断涌现，运用新的分析方法对原有数据做出分析可能得到与之前不同的结果，原本无价值的 RRS 现在可能变得有价值，而原来有价值的 IFS 也可能变得无价值。因此，二者的区分不是绝对化的，应以动态的立场视之。笔者认为，在信息范围选择上，原则上只需反馈 IFS，反馈所有 RRS 对于参与者而言未必是好事，这或许将使其淹没在信息海洋当中而忽略重点。至于一般性的 RRS，研究者并无主动反馈的义务，只有当参与者主动提出反馈要求时，方需酌情予以反馈。

具体而言，怎样的研究结果才够得上 IFS，需要确立一个判断标准。研究者在对结果信息进行管理评估时，应遵循该标准。目前立法上尽管没有统一的标准，但是在实践中一些监管机关和研究机构自己制定了一些结果反馈的伦理规则，可供作参考。[1]归纳起来，反馈给参与者的信息大体应当满足以下要求：①基因检测的结果对于研究参与者的健康具有重要的参考价值，所揭示的疾病风险是严重和实质性的而有反馈的必要；②检测结果的科学性是得到证实的；③IFS 是临床可操作的，即针对该发现的疾病风险在临床上是有救治手段可以实施的；④研究结果的披露不违反应适用的相关法律；⑤在通知同意程序中，研究参与者已经选择了愿意接受研究结果反馈；⑥经过有关主管部门的批准。

上述标准只是粗略地描述了反馈标准的特征，不可能普适于各种研究背景。应当看到，由于受到众多复杂因素的影响，诸如地区差异、文化差异、

〔1〕 Ma'n H. Zawati & Bartha Maria Knoppers, "International normative perspectives on the return of individual research results and incidental findings in genomic biobanks", *Genetics in Medicine*, 2012, 14（4）: 484-489.

研究性质的不同、研究所针对的人群不同、研究针对的疾病不同等，基因研究具有相当的复杂性，统一口径的反馈标准恐不可得，若强行统一则未必收到好的效果。基于基因研究的特点，本就适合确立多元化的标准，分别适用于不同的研究背景。可以预见即使是在将来立法得到完善，对反馈标准的界定也只能是确立一个大概的纲领，保留足够的弹性。

2. 由谁反馈

研究结果应当由谁反馈给参与者是一个现实问题。尽管可以笼统地说研究者是反馈义务人，然而所谓研究者在实践中有不同的形态和关系架构，需要区别对待。与反馈相关的主体可能包括样本的采集者、首层研究者（primary researchers）、生物银行、次级研究者（secondary researchers）乃至第三方机构。反馈中的一个必要步骤是身份解密，发现 IFS 的研究者未必掌握参与者的加密样本的密钥，因此未必是直接的反馈义务主体。有观点指出，为了便于日后的结果反馈，在研究计划制定之初就应当预留身份再识别的通道。关于研究结果的反馈人有几种不同的设计方案：①首层研究者。如果研究者是从参与者那里直接获得基因样本的，二者之间存在直接的联系，则通常由该首层研究者直接向参与者反馈最为便捷。②生物银行。在当代生物银行扮演着研究平台的重要角色，尤为适合承担反馈者的责任。在次级研究者与贡献样本的参与者之间一般不存在直接的联系，但是并不意味着其无需承担反馈义务，而应当将 IFS 信息反馈给生物银行，再反馈给参与者。[1]③第三方中介机构。考虑到数量不断增长且日趋复杂的信息处理需求，有学者建议引入中介机构作为信息处理和反馈的主体。由专门的中介机构负责信息的组织管理与反馈，可以增加操作的专业性，并且可以减轻研究者的负担。在这种模式下，样本采集及加密后，采集者将密钥和参与者联系方式等信息移交给第三方机构保管，当研究者发现 IFS，则应向该第三方机构反馈，第三方机构对信息加以分析处理后，反馈给参与者。在这种模式下，因有第三方介入，需要特别关注参与者的隐私保护问题。

---

〔1〕 Henry S. Richardson&Mildred K. Cho，"Secondary Researchers' Duties to Return Incidental Findings and Individual Research Results：A Partial—entrustment Account"，*Genetics in Medicine*，2012，14（4）：467-472.

3. 反馈给谁

一般来讲 IFS 应当反馈给其所属的研究参与者，需要特别讨论的是除参与者之外的其他人是否有权获得反馈。由于基因信息对于家庭成员的健康也可能具有启示意义，因此产生的疑问是家庭成员是否可获得反馈。事实上，西班牙 2007 年颁布的《基因研究法》（Law on Biomedical Research）中规定，参与者的近亲属或者其代理人有权获得 IFS——如果获得这些信息可避免家庭成员严重的健康损害。另外，一种意见认为 IFS 还可以直接反馈给参与者的医疗人员，这样更便于后续医疗的开展。不过学者对此提出疑问，认为这损害了参与者的个人自主权，并加大了隐私泄露的风险。[1]笔者也认为 IFS 不宜向医疗者直接反馈，而应反馈给参与者之后再由其自行与医疗者交流。

第四节 生物银行背景下的知情同意模式

在当代对基因科学研究而言，生物银行（Biobank）具有基础性意义，其作为基因样本与信息的大规模存储库为研究提供了重要的资源平台。[2]由于生物银行在国家发展层面的战略意义，世界各国都十分重视大规模生物银行的建设。生物银行的发展在给科学进步与人类健康带来利好的同时，也带来了前所未有的规范性挑战，其中知情同意的困境尤为突出。一个核心争议是：利用生物银行中既存的样本开展新研究是否需重新征得参与者的同意？[3]由于科学研究具有动态性和不确定性，在样本采集入库之初难以在知情同意书中穷尽列举一切未来可能的具体研究项目。再者库存样本及其信息具有海量性，若要在每一项新的研究开展之前再次获得成千上万参与者的同意，看起来是科学难以承受之重。然而如果不再获取新同意，则参与者的自主权又将如何得到实现？一种解决方案是概况同意，即使参与者在最初的知情同意书中对未来可能进行的各种研究总括地作出一个宽泛的同意。然而概况同意模

---

〔1〕 Susan M. Wolf, Frances P. Lawrenz, Charles A. Nelson, "Managing Incidental Findings in Human Subjects Research: Analysis and Recommendations", *Journal of Law, Medicine and Ethics*, 2008, 36（2）: 219-248.

〔2〕 参见董尔丹、胡海、俞文华：《生物样本库是生物医学研究的重要基础》，载《中国科学（生命科学）》2015 年第 4 期。

〔3〕 Matteo Macilotti, "Reshaping Informed Consent in the Biobanking Context", *European Journal of Health Law*, 2012, 19（3）: 271-288.

式饱受质疑，批判者认为参与者在不能充分掌握必要信息的情况下稀里糊涂作出的同意决定并非真正的同意。构建怎样的知情同意模式以兼顾科学研究自由与个人尊严维护，是以生物银行为背景的基因研究中的一个基础性问题。

一、生物银行的战略意义与发展

（一）何谓生物银行

生物银行，又被称为生物样本库，谓之"银行"是形象的说法，只是其中存储的不是金钱而是基因样本（也包括其他人体组织样本及其信息）。关于什么是生物银行，在国际上并无统一的定义。事实上在这一问题上存在着相当程度的混乱认识，以至于影响到了法律规范的制定与适用，故有必要加以梳理。若干相似的概念在各种不同场合被交叉使用，在英语语境下除了 Biobank，常见的还有 Biorepository、Biolibrary、Collections of Biological Materials、Biological Resource Center，等等。在众多术语中，Biobank 的使用频率最高，Biorepository（直译为"生物样本库"）其次，二者的含义最为接近。关于生物银行的概念争议不仅仅是语词选择的问题，而是影响到实际的规范效果。例如，在巴西立法中，同时采用了 Biobank 和 Biorepository 的概念，分别实行宽严不同的知情同意标准。[1]韩国法亦是如此。进而，对于 Biobank 与 Biorepository 的区别标准到底为何，又存在各种不同的认识。按照一些巴西学者的观点，Biobank 是长期运作的为众多研究者未来开展各种研究提供样本的大规模开放性资源库，Biorepository 则是短期存在的仅为特定目的研究的小规模封闭性样本库。[2]在韩国，二者区分的标准则是是否满足了特定的官方门槛，生物银行是经过韩国政府特别批准设立的，因而有别于无需批准的非银行性样本库。[3]一般来讲，生物样本库是更一般化的表达，泛指各种存储生物样本的资源集合。生物银行则是晚近以来才开始出现的概念，往往用来特指现代化管理下的大规模人类生物样本存储库，以样本的海量性、资源的共享性为突

---

〔1〕 Gabriela Marodin, et al., "Biobanking for Health Research in Brazil: Present Challenges and FutureDirections", *Revista Panamericana De Salud Pública*, 2012, 31 (6): 523-528.

〔2〕 Sueli GandolfiDallari et al., "Biobanking and Privacy Law in Brazil", *Journal of Law Medicine & Ethics*, 2015, 43 (4): 714-725.

〔3〕 Won Bok Lee, "Biobank Regulation in South Korea", *The Journal of Law, Medicine & Ethics*, 2016, 44 (2): 342-351.

出特征。[1]抛开争议，本书暂采国际上最流行的一种定义，生物银行是指储存人类生物样本及其由此产生的各种信息的资料库。[2]据此生物银行存储的对象包括两个方面：一类是有形的组织样本；另一类则是由这些样本的分析得到的无形数据信息。生物银行种类繁多，依运作机构性质、储存的样本、所支撑的研究领域、规模范围的大小等而不同。

（二）以生物银行为支撑的生物大数据研究

大数据在当今的时代成为热门词汇，基于大数据的研究被认为是科学发展的重要方向。支撑生物大数据研究的基石，则是生物银行。基因研究从来都离不开样本，对单一个体样本的科学分析结果可能仅是偶然的特例，而若对众多样本的分析得到相同或相似的结果，则可揭示某种科学规律的存在。一般来讲科学分析赖以建立的样本越多、数据越大，所得出的结论就越接近客观真实，而这就是以生物银行为支撑的基因大数据研究的价值所在。样本的稀缺一直都是制约基因科学发展的一个关键瓶颈。早期对基因样本的收集存储是通过一种手工作坊式的方法实现的，样本的数量和种类十分有限，往往仅能满足收集者自身为特定目的研究的需要。生物银行的出现使局面发生了革命性的改观，海量存储的基因样本为众多研究者开展多样性研究提供了召之即来的丰富资源。基因研究属于"高大上"的尖端科学，目前其向实际应用转化的程度尚不高，而生物样本库是连接基础研究与应用研究的重要纽带。具体而言生物银行的应用体现在很多方面，诸如疾病的诊断、流行病学研究、新药的研发、基因与疾病的关系研究等。生物银行是基因研究的宝藏，这早已成为一种共识，这也是为什么著名的《时代》（Times）杂志在 2009 年将生物银行列为"改变世界的 10 个思想"之一。抢占生物领域发展的战略高地，对各国而言都具有非凡意义，而生物银行的建设是"抢滩"成功的基础。

（三）生物银行发展的全球图景

基于对生物银行战略意义的清醒认识，各国都高度重视生物银行的建设。

---

〔1〕　按照一些学者的考证，Biobank 一词最早出现是在 1996 年，但是在 2000 年之前很少被使用。See B. S. Elger& A. L. Caplan，"Consent And Anonymization in Research Involving Biobanks：Differing Terms And Norms Present Serious Barriers to An International Framework"，EMBO Rep 2006（7）：661-666.

〔2〕　D. M. Shaw et al.，"What is a Biobank? Differing Definitions among Biobank Stakeholders"，*Clinical Genetics*，2014，85（3）：223-227.

对于人类生物样本的收集和存储工作很早就展开了，而现代意义生物银行的发展则是近 30 年的事情。普遍的观点认为最早的生物样本库诞生于美国，早在 1987 年国家癌症研究所（National Cancer Institute）就建立肿瘤生物样本库。到 2012 年，美国约有 630 家生物银行。2015 年奥巴马签署一份重要决定，计划在全美建立一个包含一百万美国人生物样本的超大生物银行，目前这一计划正在实施当中。[1]英国于 2006 年开始启动了一项庞大的国家生物银行 UK Biobank 计划。[2]从 2006 年到 2010 年，UK Biobank 收集了 50 多万英国人的样本，并于 2012 年开始向研究者开放。在亚洲，韩国的生物银行建设取得巨大进展，到 2015 年共有国家运作的中央生物银行一家、政府批准设立的生物银行 61 家。[3]除了上述国家之外，冰岛、爱沙尼亚、拉脱维亚、瑞典、丹麦、法国、澳大利亚、加拿大、新加坡、日本等国，也都建立了各自的国家级生物银行。有统计显示，全球生物银行正以每年 30% 左右的比例递增，市场规模达到了 1830 亿美元。[4]全球生物银行呈现出欣欣向荣的发展态势。

我国作为世界人口大国，具有他国无可比拟的样本资源优势。从 20 世纪 70 年代开始，我国的一些医院就开始了疾病样本的收集保存工作。1994 年中国科学院建立了中华民族永生细胞库。1996 年，北京大学肿瘤医院肿瘤组织库成立。2010 年，北京生物银行（全称是"北京重大疾病临床数据和样本资源库"）正式成立，这是目前我国规模最大的疾病资源样本库。2011 年，国家基因库在深圳宣告成立。2016 年 7 月，"中国生物样本库联盟"在上海成立。2016 年 8 月，上海张江生物银行获批成立，迄今已发展成为我国最大的生物银行。2021 年 11 月 23 日，武汉国家级人类遗传资源库正式投入运行。经过多年的发展，我国生物银行的建设取得了不小的成就，不过总体而言较先进国家尚有一定差距。展望未来，国家已经认识到加快生物银行建设的重要性，将其纳入发展战略规划当中。《"十四五"生物经济发展规划》明确提出，加快建设生物信息、人类遗传资源保藏等国家战略资源平台。生物银行

〔1〕 Heather L. Harrell & Mark A. Rothstein, "Biobanking Research and Privacy Laws in the United States", *Journal of Law*, *Medicine & Ethics*, 2016, 44（1）: 106-127.

〔2〕 Jane. Kaye et al., "Biobank Report: United Kingdom, Journal of Law", *Medicine & Ethics*, 2016, 44（1）: 96-105.

〔3〕 Won Bok Lee, "Biobank Regulation in South Korea", *The Journal of Law*, *Medicine & Ethics*, 2016, 44（2）: 342-351.

〔4〕 参见高莹、杨建、王舒:《生物样本库的发展现状》, 载《转化医学杂志》2015 年第 6 期。

在我国的未来发展可期。

二、生物银行的知情同意困境：特别同意与概括同意

生物银行的发展带来了一系列社会伦理与法律问题，其中一个核心议题是对捐献样本的研究参与者如何给予有效的保护。对参与者的保护而言，知情同意是现有制度框架下最根本的保护机制。在生物银行的特殊背景下，知情同意原则的实现陷入特别的困境，矛盾焦点在于如何消解基因研究的不确定性与知情同意明确具体要求之间的紧张关系。

（一）生物银行知情同意的权利基础

知情同意对于生物银行而言为什么是必要的？其正当性与法律根基何在？参与者对于捐献给生物银行的基因样本享有何种法律上之权利，这是知情同意正当性的根基。基因样本原是身体之一部分，在与身体分离之后才成为样本。对于样本知情同意的讨论应当区别两种情形：样本与身体分离前和分离后。尚未与身体分离的组织仅是潜在的样本，其为民法上身体权的保护对象当无疑义。基于明确的身体权，参与者得对是否分离自己身体之一部分使之成为样本并捐献给生物银行作出自由决定，同时对样本将被用于何种科学研究作出限定。此即生物银行样本采集阶段的初始知情同意。对于已经纳入样本库的离体组织，仍存在后续知情同意的问题，即如果对样本的科学研究超出了初始同意限定的使用范围，就产生了重新征得同意的需要。这里需要特别探讨的是对离体样本的知情同意是建立在何种权利基础之上。与非离体组织知情同意有清晰的权利基础不同，离体组织知情同意的权利基础存在很大的模糊性。

脱离人体的组织在法律上如何定性？之上存在何种权利？谁为权利主体？这是近年来学界热烈讨论的话题，存在着各种不同的观点与立法例，诸如：物权说、人格权说、折中说等。[1]在笔者看来，对样本的权利分析应当从两个层面展开：物质层面与信息层面。样本首先是一种有形的物质，另一方面该物质又包含了丰富的个人信息。生物信息与个人的人格关联始终无法切断，

---

〔1〕　关于离体组织性质的讨论，参见杨立新、曹艳春：《脱离人体的器官或组织的法律属性及其支配规则》，载《中国法学》2006年第1期。大陆法系民法学者的主流观点是离体组织可作为财产权的客体。不过，亦有相当数量持不同观点者。从比较法来看，也是一个颇有争议的话题。以美国法为例，有五个州肯定了脱离人体的组织上可以存在财产权，但绝大多数州法持否定立场。这方面的经典案例是 Moore v. Board of Regents of the University of California。

即使是在组织与人体分离之后。就科学研究对样本的利用而言，通过物质的检测分析，获取其中的生物信息才是最终目的。在物质层面，生物样本可否成为所有权的客体，若答案是肯定的其所有权人究竟是参与者还是生物银行，目前尚存在巨大的争议。就信息层面而言，参与者对样本包含的个人信息享有人格权则是毫无争议的，其核心在于个人信息自决。生物样本所包含的信息，与尚未与人体脱离的组织包含的信息，所指向的人格等无差别。正是基于该种信息自决权，知情同意获得其正当性基础。生物信息——特别是基因信息作为个人信息的一种，具有高度敏感性、私密性和伦理性等特质，这些信息一旦泄露或被不当使用，将给参与者个人、家庭乃至其族群带来污名化、基因歧视等不利社会后果。因此，参与者对样本包含的个人信息仍应保有继续控制的权利——即使是在组织与身体分离后。知情同意正是参与者实现个人信息控制的程序机制保障。回到物质层面，退一步讲假定生物银行对于有形样本享有所有权，但当其所有权在行使过程中与参与者的个人信息权发生撞车的时候，基于维护人类尊严的至高价值，个人自决应超越于所有权的利益之上。[1]具体而言，参与者针对样本生物信息的自主决定，在民法上对应的具体权利类型包括隐私权和个人信息权。个人信息自决（Informational Self-determination）在国际上受到普遍的尊崇，一些国家甚至将其上升为宪法性权利。

知情同意原则深深根植于自主，在国际上其早就为《纽伦堡法典》《赫尔辛基宣言》等重要规范所肯定，并在各国法上受到普遍的尊重。在生物银行大数据研究的独特背景下，知情同意的实现面临许多特殊的难题，但尊重个人自主的精神不能因此改变。参与者捐献样本供科学研究的行为具有明显的利他取向，在参与者对生物银行毫无索取的情况下，尊重其对于样本的自主是底线保护。[2]

（二）特别同意与概括同意之争

发端于医疗背景下的知情同意原则，当被移植适用于研究领域时，产生

---

〔1〕 按照利益位阶理论，当属种权利发生冲突时，应权衡其轻重，取位阶高者优先保护。当人格权与财产权发生冲突时，前者优于后者。参见王利明：《民法上的利益位阶及其考量》，载《法学家》2014年第1期。

〔2〕 Clarrisa Allen et al., "Data Sharing, Biobanks and Informed Consent: A Research Paradox", *Mcgill Journal of Law & Health*, 2013, 7 (1): 85-120.

一系列的不适应性。[1]而与一般的生物医学研究相比，基于生物银行的基因研究又具有特殊性，正是这种特殊性造成了知情同意更大的困境。在传统的生物医学研究框架下，知情同意的典型模式是：研究者为了开展特定目的的研究而招募样本捐献者，在就研究的性质、目的、使用样本的方法、潜在的利益与风险等信息向研究参与者进行充分的说明与信息披露后，由参与者签署书面的知情同意书。在招募之初，拟开展的研究项目就是明确具体的，而捐献样本的参与者数量也是相对较小的，因之研究者和参与者之间可以进行面对面的个性化交流，由此作出的同意决定有助于实现真正的自主。基于生物银行的研究则呈现出许多新的特点：参与者的数量众多，常常是数万人甚至百万人的样本组成大规模的人口性生物银行（PopulationBiobank）；生物银行采集大量的人类样本，仅是为未来的研究做准备，至于这些样本究竟将被用作何种研究，在当时或许尚不明确；生物银行本身通常并不是研究者，而是为研究者提供样本资源的服务平台，不特定的二级研究者从生物银行获取生物样本，与参与者并不存在直接的联系。[2]这些特点决定了，在生物银行样本招募阶段的知情同意，不可能对研究的细节做十分充分的信息披露，这可能影响到同意的有效性。另一方面重新征得同意又困难重重，在有些时候是不可能的。

生物银行知情同意之困境可简单概括为特别同意与概括同意之争。基于传统研究的知情同意模式可称为特别同意（SpecificConsent）或狭义同意（Narrow Consent），即要求针对拟进行的每一项新研究尽可能全面地把一切信息和可能的风险没有遗漏地揭示给参与者——即使是相关性不高和十分遥远的风险。所谓"特别"，即不能仅是笼统告知未来研究的大概范畴，而应限定到研究的具体细节。与之相对应，参与者的同意也是"特别"的。因此，研究者每要超出原来特别限定的同意范围开展研究，就要再次获得特别的同意。特别同意的好处是，使参与者得以基于充分的信息和风险披露而作出是否同意的考量与最终决定，自主权得到最充分的尊重。这是一种最为严格的同意

---

〔1〕　该种不适应性体现在知情同意的主体、内容、标准等诸多方面。例如关于"知情"的内容，即信息披露的对象范围，在医疗背景下有一个相对明确的"合理病人"（reasonable patients）标准，在研究背景下则尚无明确的标准。详见前注3。

〔2〕　Margaret F. Otlowski, "Tackling Legal Challenges Posed by Population Biobanks: Reconceptualising Consent Requirements", *Medical Law Review*, 2012, 20（2）: 191-226.

模式，对参与者而言保护程度最高。对于生物银行而言，若要照搬特别同意模式则困境重重。如果严格贯彻"一项研究一个同意"，利用样本的研究者每开展一项新的研究，就要重新获得参与者的知情同意一次，这可能涉及要与成千上万的参与者频繁再次取得联系，重新披露信息并获取同意，周而复始。这对研究者而言将不胜其烦，耗费巨大的时间成本和人力物力，因此可能对科学进步构成阻碍。[1]

鉴于特别同意模式面对生物银行的不适应性，各种改革方案被提出，其中概括同意（Broad Consent）的主张最为盛行并在实践中被广泛采纳。所谓概括同意，即在个人向生物银行捐献组织样本时，使其作出概括宽泛的承诺，同意未来针对其样本可能进行的各种类型的研究利用。空白同意（Blank Consent）是一个与概括同意相近但不等同的概念，顾名思义其对样本在未来研究的使用完全不设限制。概括同意虽然宽泛但并非不作任何限定，而是限定一个大概的研究框架——但不限定具体的研究项目，在该框架下进行的研究无需再获得同意，但是若这一框架被实质性改变则需重新获得同意。借助于概括同意的开放性，生物银行为未来的研究预留了足够空间。主张概括同意模式的主要理由有：①生物银行及其生物医学研究具有造福全人类的公益性，理应获得宽泛的同意；②生物银行背景下的组织样本利用对参与者而言的风险很低；③重新获得同意的成本过高，其不便利性给科学进步造成障碍；[2]④参与者自己未必喜欢不断被新的同意骚扰，且未必由此受益。[3]这种自由度较大的概括同意模式无疑是生物银行和研究者所喜欢的，而事实上这也是目前大多数生物银行实际采纳的模式。

概括同意是作为对特别同意模式的矫正而被提出的，等于是为科学研究开了绿灯。然而这种矫正在很多批判者看来有矫枉过正之嫌，对参与者不公。在一定意义上，概括同意化解困境的方式，是通过降低信息披露与同意的标准实现的，而这被认为是保护的降格。批评者指出，仅是笼统的告知同意，

---

〔1〕 C. arlo Petrini, "'Broad Consent', Exceptions to Consent and the Question of UsingBiological Samples for Research Purposes Different from the Initial CollectionPurpose", *Social Science & Medicine*, 2010, 70 (2): 217-220.

〔2〕 Margaret F. Otlowski, "Tackling Legal Challenges Posed by Population Biobanks: Reconceptualising Consent Requirements", *Medical Law Review*, 2012, 20 (2): 191-226.

〔3〕 Joanna Stjernschantz Forsberg et al., "Biobank Research: Who Benefits from Individual Consent?", *British Medical Journal*, 2011, 343 (7): 480-482.

参与者并不知晓未来自己的组织样本将被用作何种研究，并不符合知情同意的本质精神，参与者无法得到充分具体的信息以作出客观的利益风险衡量，所作出的同意决定并非基于内心真实的自由意志，因而所谓宽泛的同意其实并非真正的同意。[1]有学者认为，这实际是将科学研究利益置于个人权利之上。[2]按照批判者的观点，知情同意的标准不应被轻易降低，即使是在生物银行的背景下知情同意也应延续特定性要求。[3]

围绕生物银行的特别同意与概括同意之争，在更深层面上反映了生物技术发展带来的紧张关系，一方面在生物银行支撑下生物医学研究迅猛发展，给公众健康带来利好。为加强人体样本与大数据资源在科学界的共享，为科学研究减负、打破过于严格的知情同意藩篱的呼声甚嚣尘上。[4]另一种声音则认为，大数据、资源共享、科学自由，这些时髦且正气凛然的说词不能成为降低知情同意要求的当然理由，在当今的时代背景下对个人自主权利的保护不仅不能够降低，还应当得到加强。[5]随着生物技术的不断发展，这种紧张关系还将继续加剧。为这种紧张关系找到一种得以舒缓释放的恰当出口，成为一项迫切的任务，因之需对生物银行的知情同意模式作出一次深刻的反思与重构。

三、生物银行知情同意模式改革的理论争鸣

针对如何探索出一种适合生物银行特点的新型同意模式，研究者们提出了各种各样的改革方案，观点之多不胜枚举。[6]对于生物银行而言，特别同意太严，概括同意太宽，各方改革方案试图突破这种二分法的限制而开拓出

---

〔1〕 B. Hofmann, "Broadening Consent — and Diluting Ethics?", *Journal of Medical Ethics*, 2009, 35 (2): 125-129.

〔2〕 Timothy Caulfield, "Biobanks and Blanket Consent: The Proper Place of the PublicGood and Public Perception Rationales", *King's Law Journal*, 2007, 18 (18): 209-226.

〔3〕 Joanna Stjernschantz Forsberg et al., "Biobank research: Who Benefits from Individual Consent?", *British Medical Journal*, 2011, 343 (7): 480-482.

〔4〕 Clarrisa Allen et al., "Data Sharing, Biobanks and Informed Consent: A Research Paradox", *Mcgill Journal of Law & Health*, 2013, 7 (1): 85-120.

〔5〕 John P. Loannidis, "Informed Consent, Big Data, and theOxymoron of Research That Is NotResearch", *American Journal of Bioethics*, 2013, 13 (4): 40-42.

〔6〕 Clarrisa Allen et al., "Data Sharing, Biobanks and Informed Consent: A Research Paradox", *Mcgill Journal of Law & Health*, 2013, 7 (1): 85-120.

更加合理的第三条道路。[1]而在足以令人眼花缭乱的众多改革方案中，何者才是最优的选择，仍需审慎考量和经过实践检验。

(一) 分类、分层与分阶段同意 (Tiered-layered-staged Consent)

这种模式将研究相关的所有信息按照一定的标准进行分类、分层、并分阶段地提供给参与者自由选择。所谓分类同意 (Tiered Consent)，划分标准可能是研究的特征，也可能是待研究的疾病特征，这是对信息横向的分类。分层同意 (Layered Consent) 则是以参与者对信息需求深入程度为标准对信息作出的纵向分类。第一层只包含与是否作出同意决定直接相关的关键信息，包括研究的目的、目标群体、研究的局限性、风险、检测结果的意涵等。第二层则包括更深入、更详细的信息，与是否同意的决定相关性不大，但有助于对研究进行更深入的了解，例如检测程序的设置、实验室的技术条件、数据分析的科学方法等。第一层信息应告知给所有的参与者，第二层信息则由个人自愿选择。分阶段同意 (Staged Consent) 顾名思义就是将同意划分为多个阶段，使参与者得以对同意作出及时更新。[2]这种模式与宽泛同意相比的进步之处在于克服了同意的模糊性，通过对大量信息的梳理分类使捐献者更容易理解，各取所需地做出个性化的同意，同意分阶段使参与者能够对样本的研究利用实现全程的控制。不过该模式也存在一定的问题：一是，要对信息作出复杂的分类、迎合众多参与者的不同需要而设计各种选项将是不胜其烦的；二是，当摆在捐献者面前的有众多选择时其可能茫然不知所措，在一些学者看来这可能构成一种"选择专制"。[3]

(二) 个性化同意 (Personalized Consent)

有研究者提出，应从当前标准化的同意 (Standardized Consent) 转向以个人需要为基础的个性化同意。这种观点认为：个人对于信息有不同的需求，标准化同意模式下信息披露的结果是，对一部分人构成过度披露，对于另一

---

[1] Thomas Ploug &Soren Holm, "Going Beyond the False Dichotomy of Broad or Specific Consent: A Meta—Perspective on Participant Choice in Research Using Human Tissue", *American Journal of Bioethics*, 2015, 15 (9): 44-46.

[2] Eline Bunnik et al., "A Tiered—layered—staged Model for Informed Consent in Personal Genome Testing", *European Journal of Human Genetics*, 2012, 21 (6): 596-601.

[3] Natalie Ram, "Tiered Consent and the Tyranny of Choice", *Social Science Electronic Publishing*, 2008, 48 (3): 253-284.

部分人则构成披露不足。基于对个性化需求的尊重，获得同意的程序中应该给个人提供表达信息接受偏好的机会。就如同国际机场将旅客通道划分为绿色通道（没有什么需要特别申报的）和红色通道（携带需要付海关税的特别物品），有学者依据信息披露的程度将告知划分为绿色、蓝色和红色三个等级，在绿色档中只披露基本信息，蓝色档提供更多中间层信息，红色档提供最深入的披露，个人可基于喜好选择各自的信息披露模式。[1]这种模式的优点是以个人为中心，以需要确定告知的内容，避免了信息轰炸。可能遭遇的问题是，在缺乏足够知识和指导的前提下，如何能保证个人作出正确的选择，其不再被无量的信息困扰，但却要面对如何抉择的困惑。

（三）附排除条款的同意（Incorporating Exclusion Clauses into Consent）

排除条款就是在知情同意书当中加入特别的约款，排除某些类型的组织样本利用，包括排除特定类型的研究，限制生物样本和个人信息不得与特定的研究者、生物银行或者组织——如保险公司、雇主、私人公司、政府——共享。排除条款的意义在于过滤掉那些不太可信、争议较大、可能导致歧视和污名化风险较高的未来研究。在排除条款模式下，针对生物银行中组织样本展开的未来研究只要不属于排除的范围即无需再征得同意。排除条款并非独立存在的同意模式，其好处是可以被整合进其他既存的同意模式，如概括同意、分类同意等，为该种模式增加确定性。[2]

（四）动态同意（Dynamic Consent）

动态同意是在众多改革方案中最受推崇的一种。特别同意与概括同意之争，在后来逐渐演化为概括同意与动态同意之争。这种模式主张：运用现代网络信息技术手段，在 Biobank 和参与者之间搭建一个交流平台，使信息披露与知情同意成为一个持续、动态、开放的过程。借助这一技术平台，参与者可以随时了解研究的最新信息，并自由选择同意加入（Opt In）或退出（Opt Out）。参与者可以进行个性化的知情同意偏好设置，包括希望接受信息的范

---

[1] Gil Siegal, Richard J. Bonnie, and Paul S. Appelbaum, "Personalized Disclosure by Information—on—Demand: Attending to Patients' Needs in the Informed Consent Process", *Journal of Law Medicine & Ethics*, 2012, 40 (2): 359-367.

[2] Zubin Master & David B. Resnik, "Incorporating Exclusion Clauses into Informed Consent for Biobanking", *Cambridge Quarterly of Healthcare Ethics*, 2013, 22 (2): 203-212.

围、种类、时间段与频度等，也可以随时登录平台更改设置。

这种模式被认为具有诸多优点：①参与者被置于中心地位，加强了与研究者的交流，成为研究的合作者（Partner），而不再仅是扮演消极被动的角色；②信息披露的水平较高，持续的披露保障了参与者所作出同意是基于真正的知情，弥补了概括同意模式下信息披露不足的短板，满足了法律上对于同意的最高标准要求；③研究的透明度提高，有利于增进公众的信任，从而更积极地参与到研究中来；④高度的灵活性、便捷性和效率性，信息的获取、个人偏好的设置更改、同意的作出与撤回都是即时性的，开展新研究时重新联系众多参与者的难题迎刃而解；⑤将伦理审查的责任由伦理委员会转移到参与者个人手中，减轻了研究者的负担；⑥有利于研究者将有意义的研究结果和偶然发现向参与者反馈。[1]在上述众多同意改革模式中，动态同意被认为是最有希望取代概括同意模式的选择。实践中一些生物银行正在尝试采用该种同意模式，而有问卷调查显示，参与者对于这种新型同意模式表示接纳欢迎。[2]

不过，该种同意模式也遭到了很多质疑。批判的观点认为，对于参与者而言接受的信息未必是越多越好，被动参与也是一种应得到尊重的自主。在动态同意模式下，参与者要频繁地面临加入或退出的选择，无论所谓新的研究较此前的研究相比仅是有细微琐碎的不同还是有足以影响同意决定的实质性改变。将参与者置于中心地位，以合作伙伴的形式更多地参与到研究中来，可能也只是一厢情愿。Biobank 研究的利益对象是公众健康，不会对参与者个人产生直接的影响，将参与者拉入进来的好处值得怀疑。在批判者看来，更多的信息披露也未必导出更多的公众参与的当然结论，过于繁琐的机制设计、更多地参与可能使一部分参与者产生无力胜任的挫败感故望而却步。再者，减轻伦理委员会的审查义务而由参与者自己把关，是否能够更好地识别出研究中的风险也是一个未知数。[3]另一个最直接的问题是，对于那些无法方便

〔1〕 KayeJane et al. , "Dynamic Consent: A patient Interface for Twenty—first Century Research Networks", *European Journal of Human Genetics* (2015) 23, 141-146.

〔2〕 Daniel B. Thiel et al. , "Testing an Online, Dynamic Consent Portal for Large Population Biobank Research", *Public Health Genomics*, 2015, 18 (1), 26-39.

〔3〕 Kristine S. Steinsbekk et al. , "Broad Consent Versus Dynamic Consent in Biobank Research: Is Passive Participation An Ethical Problem?", *European Journal of Human Genetics*2013, 21 (9): 897-902.

利用网络的人群——尽管可能仅是少数，动态同意行不通。

四、生物银行知情同意的现实考证

（一）生物银行实践

在理论上学者们针对生物银行知情同意提出的各种改革方案形成百家争鸣之势，然而在现实层面则是另一番场景，多数生物银行采取了概括同意模式。一些在国际上有重大影响的标杆性生物银行，如英国 UK Biobank、冰岛 deCode Genetics、爱沙尼亚 Estonian Genome Project 等，均是采纳概括同意模式。有学者对生物银行的知情同意模式开展了实证研究，选取若干家全球知名的生物银行作为对象进行分析统计，而统计结果大都清晰印证了生物银行对概括同意的偏好。如加拿大学者玛斯特（Z. Master）等人选择了 11 家生物银行进行研究，其中的 8 家生物银行采取了概括同意模式，包括瑞典 Swedish National Biobank Program、挪威 HUNT2 Databank、加拿大 CARTaGENE、爱沙尼亚 Estonian Genome Center at the University of Tartu，等等。[1]至于确立概括同意的具体方式，一些生物银行是在其内部文件中毫不掩饰地阐明鼓励最宽泛（broadest）的同意，如 International Cancer Genome Consortium、International Human Epigenome Consortium、Blueprint Epigenome，一些生物银行则是在知情同意程序进行中告知参与者其样本将在未来被为不特定目的的研究使用，如 International HapMap Project。[2]英国 UK Biobank 自己制定的治理框架文件 UK BIOBANK ETHICS AND GOVERNANCE FRAMEWORK（Version 3.0，October 2007）[3]中指出，因为预测未来所有的研究使用是不可能的，同意的获取采取一种概括的方式为之，只要其与 UK Biobank 阐明的目标（但不是具体限定的研究项目）相契合。该文件还规定，如果研究活动超出了原有概括描述的研究目标，则需要重新获得同意。而实际上，UK Biobank 用于描述研究目标的措辞（支持广泛的有利于促进发明、疾病的诊断和治疗以及全社会健康提

　[1]　Zubin Master et al.，"Biobanks，Consent and Claims of Consensus"，*Nature Methods*，2012，9（9）：885-888.

　[2]　Yann Joly，"Informed Consent in International Normative Texts and Biobanking Policies：Seeking the Boundaries of Broad Consent"，*Medical Law International*，2016，10（15）：1-30.

　[3]　UK Biobank's ethics & governance framework v. 3（2007），http://www.ukbiobank.ac.uk/wpcontent/ uploads/2011/05/EGF20082.pdf/2016—10—6.

升的科学研究）是如此宽泛，以至于要落到该范围之外都是相当难的事情，所以储存样本的使用很少需要重新征得同意。

从生物银行实践的角度观察，概括同意模式毫无疑问地占据了主流。该种同意模式的宽泛性给利用生物银行的研究者大开方便之门，也给生物银行自身的运作减少了阻碍，因此受到推崇是不难想见的。然而，这种主流模式的存在却不代表着关于生物银行的知情同意已经达成了社会共识。事实上，对于概括同意的质疑之声始终不绝于耳，特别是来自伦理学者和法学家的批判。批评者们认为，概括同意并不符合知情同意的本质精神，未能很好地保护参与者的自主。批评的声音相当强烈，以至于确在一定程度上影响了生物银行发展的走向，探索新的知情同意模式的实践正在进行中。EnCoRe（Ensuring Consent and Revocation，2008—2012）[1]便是一个尝试将动态同意模式付诸实践的项目。该项目由包括牛津大学在内的英国学术机构和来自产业界的公司共同展开，支撑该项目的三个生物银行是，Oxford Radcliffe Biobank、Oxford Musculoskeletal Biobank 和 Oxford Biobank。该项目建立一个基于网络信息技术的交流平台，使参与者和研究者可以实现实时互动，参与者在研究的全程都可以随时登录平台查看针对本人样本所开展研究的最新信息，修改知情同意的偏好，作出新的同意，或者是撤回同意。借助这一平台，参与者可以更好地参与到研究之中。除动态同意外，其他的新型同意模式也正在被一些生物银行实践，例如 Genetic Alliance Registry and Biobank 采取了分层的个性化同意模式。[2]前述生物银行知情同意改革的各种理论主张正在逐渐被付诸实践中，不过在目前尚处于探索阶段而未能撼动概括同意的主导地位。

（二）知情同意偏好的民意调查

围绕生物银行的知情同意，理论上有各种主张，生物银行实践采取了以概括同意为主导的多元模式，而知情同意的最终目的在于保护参与者自主，参与者自身对此持何立场、偏好于哪种同意模式，是一个重要的思考方向。近年来对于参与者知情同意偏好的实证研究逐渐增多。

---

〔1〕 Marco C. Mont et al.，*EnCoRe：Dynamic Consent，Policy Enforcement and Accountable Information Sharing within and across Organizations*，http：//www. hpl. hp. com/techreports/2012/HPL—2012—36. pdf/2016—10—6.

〔2〕 "Informed Consent"，Genetic Alliance Registry and Biobank，http：//www. biobank. org/participants/in-formed consent/2016-10-6.

该领域著名学者卡费尔特（T. Caulfield）于 2011 年在加拿大阿尔伯塔省进行的一项调查显示，在 1201 名受访的阿尔伯塔省居民中，51.8% 的人表示对于其样本的研究使用只愿意作出一次同意，18% 的人表示希望每一次研究利用都作出同意，另 30.2% 的人希望被提供一个关于研究领域的"菜单"供作选择。[1] 美国学者墨菲（Murphy）进行的一项调查显示，在 8735 名受访的美国人中，27% 的人认为再次同意是时间的浪费，而 75% 的人认为这会使其感到有更多的控制和更好的信赖。[2] 学者费尔·马斯兰（Valle-Mansilla）进行的研究表明，在 279 名研究参与者中，59.8% 的人希望对同意施加某种类型的限制，29.7% 的人偏好在每一项新研究开展前被重新取得联系。[3] 霍耶（Hoyer）等人针对 930 名瑞典研究参与者的调查则显示，85.9% 的人接受由地区性研究伦理委员会作出的代理同意决定。[4] 不同的知情同意偏好调查，所得出的结果往往存在很大的差异，这与调查针对的人群特征、所在国家和地区的社会文化差异、调查问卷的设计等众多复杂的因素有关。一些学者对知情同意偏好调查进行了梳理整合性研究，得出的初步结论是，多数实证调查的统计数据都表明公众对于捐献样本给生物银行持积极开明立场，多数人接受概括同意的方式。不过在个别问卷调查中，希望每次对新研究作出同意的受访者超过了概括同意的支持者。即使是在那些显示概括同意的民意支持率占优的调查项目中，仍有相当比例的受访者偏好于获得更全面的信息以及在研究超出原有框架时作出新的同意，这部分人的利益也不应被忽视。[5]

对生物银行知情同意偏好的实证研究表明，公众在这一问题上的认知并不存在共识，而是呈现多样化的立场。[6] 总体上概括同意模式获得民意的多

〔1〕 TimothyCaulfield, "Biobanking, Consent, and Control：ASurvey of Albertans on Key Research Ethics Issues", *Biopreservation & Biobanking*, 2012, 10 (5)：433-438.

〔2〕 Juli Murphyetal., "Public Perspectives on Informed Consent for Biobanking", *American Journal of Public Health*, 2009, 99 (12)：2128-2134.

〔3〕 Valle—Mansilla et al., "Patients' Attitudes to Informed Consent for Genomic Research with Donated Sample", *Cancer Investigation*, 2010, 28 (7)：726-734.

〔4〕 Klaus Hoeyer et al., "The Ethics of Research Using Biobanks—Reason to Question the Importance Attributed to Informed Consent", *Archives of Internal Medicine*, 2005, 165 (1)：97-100.

〔5〕 Yann Jolyet al., "Fair Shares and Sharing Fairly：A Survey of Public Views on Open Science, Informed Consent and Participatory Research in Biobanking", *Plos One*, 2015, 10 (7)：1-20.

〔6〕 Kristine S. Steinsbekk et al., "Broad Consent Versus Dynamic Consent in Biobank Research：Is Passive Participation An Ethical Problem?", *European Journal of Human Genetics* 2013, 21 (9)：897-902.

数支持，但这不能被解读为共识，亦不能作为在实践中采用概括同意的充足理由。公众偏好在知情同意相关政策选择中应扮演何种角色值得深思。有观点指出，公众的偏好虽并非毫无意义，但对于政策制定并不具有决定性影响。[1]知情同意本质上是个人自主的问题，并非适合多数决的事项，纵使多数人对于概括同意持接受立场，持不同立场的少数者的自主利益也应得到保护。

五、生物银行知情同意立法

由于知情同意原则在生物医学研究中的核心地位，世界各国法律对此都予以肯定，只是采取的立法模式各有不同。一些国家制定了专门的生物银行法，于其中详细的规定知情同意，另一些国家的知情同意规范则散见于不同的相关立法中，如个人信息保护法、临床试验管制法、人体组织利用法，等等。具体到利用储存样本开展新研究的同意更新问题，由于尚存在较大的争议，在立法中作出明确规定的只占少数。在很多国家，是借由行政指导原则、研究伦理守则、行业准则等软法的形式，对重新同意的问题作出规定。

（一）美国

美国有关人类研究的最重要规范是《保护人类主体的联邦政策》（Federal Policy for the Protection of Human Subjects），因其广泛的适用性而被简称为《一般规则》（Common Rule）。《一般规则》尽管声称对研究参与者给予保护，但是在保护范围上却存在不小的漏洞。作为其保护对象的所谓"人类受试者"（human subjects），有特别的界定，仅限于身份可识别者。如果样本经过了不可逆的匿名化处理，或者经过加密后密钥保存在研究者之外的第三人处，甚或是样本未被加密只要研究者以不记录样本身份信息的方式利用，则该样本所对应的人都不被认为是受保护的"人类受试者"，因此无从适用《一般规则》，使用这些样本不需要获得知情同意。《一般规则》对于利用现存样本开展新研究是否需要重新获得同意没有作出正面的规定，然而由于上述适用除外情形的存在，特别是在身份可识别性的要求下，再次同意要求被采纳的前景不乐观。现实的情况是，处于下游的二级研究者常常从生物银行获得样本

---

〔1〕 B. Hofmann, "Broadening Consent — and Diluting Ethics?", *Journal of Medical Ethics*, 2009, 35 (2): 125-129.

开展研究，这些样本在被采集存储后大多经过去身份化的处理，而研究者并不掌握再次识别身份的密钥，这样就不受《一般规则》的约束，不必征得参与者同意。《一般规则》实际上是以保护人类主体隐私为核心政策，批判观点指出，仅仅保护隐私是不够的，个人自主也是需要保护的，而这是隐私所不能包括的。[1]最新的进展是，美国联邦政府正在对《一般规则》进行修订，2015 年 9 月 8 日的联邦公报发布了修改建议。[2]这份修改建议对《一般规则》做了一些重大的改变，例如，将保护范围扩张到去除身份信息的人类样本，对于生物银行知情同意则采取了概括同意的模式。[3]

（二）欧洲

在欧洲，有关生物银行的规范分为欧盟立法和国家立法两个层面。在欧盟层面，尚没有专门的生物银行立法，但围绕人类生物样本及其信息的收集与利用，可从现有的欧盟立法中找到相关性规范，例如有关个人信息保护的 95/46/EC 指令、欧洲《人权与生物医学公约》（Convention on Human Rights and Biomedicine）及其与之配套的《议定书》（Additional Protocol to The Convention on Human Rights and Biomedicine Concerning Biomedical Research）等。特别是欧洲《人权与生物医学公约》，是这一领域内具有法律约束力的第一个跨国规范性文件。[4]对知情同意的具体与宽泛问题，《议定书》第 14 条第 1 款规定：基于该公约第 4 章第 19 条，所有针对人的研究除非获得该个人知情的、自由的、明确的、具体的、书面的同意不能够开展。该条文对同意加了一系列的限定词，其中之一是 specific（具体的），即同意的内容必须特定到具体的研究项目，而不能是范围模糊的。国家立法层面，芬兰在 2013 年制定实施了《生物银行法》（Biobank Act），这是世界上最新的生物银行立法之一。在这部法律颁布之前，《医学研究法》（Medical Research Act）等规范对知情同意设置了十分严格的标准——特别是获取既存的样本和数据困难重重，这

---

〔1〕　Russell Korobkin, "Autonomy and Informed Consent in Nontherapeutic Biomedical Research", UCLA Law Review, 2007, 54（3）：605-630.

〔2〕　Federal Register/Vol. 80, No. 173/Tuesday, September 8, 2015/Proposed Rules, https://www. gpo. gov/fd—sys/pkg/FR—2015—09—08/pdf/2015—21756. pdf/2016—10—8.

〔3〕　Heather L. Harrell&Mark A. Rothstein, "Biobanking Research and Privacy Laws in the United States", *Journal of Law, Medicine & Ethics*, 2016, 44（1）：106-127.

〔4〕　该公约只有经过欧盟成员国内的立法机构批准才能在本国具有法律约束力，不过目前已有 28 个成员国通过该公约，只有少数国家尚没有通过。

被认为是阻碍了科学的发展。新《生物银行法》的一个重要意义就是为过于严格的知情同意规则"松绑"，采取了较为宽松的概括同意模式——建立在对参与者充分持续的信息披露基础之上。[1]挪威在 2008 年颁布了《健康研究法》(The Health Research Act)，当中对知情同意做了极为细致的规定，特别是有关概括同意与特别同意的适用。该法第 13 条确立了知情同意的一般原则，其第 2 款规定，同意必须建立在对具体研究项目的特别信息知情的基础之上，除非有参与者明确授予概括同意的情形。第 14 条规定，参与者有权自由选择作出特别同意还是概括同意，地区医学健康研究伦理委员会有权就概括同意适用的条件作出限定，也可以在其认为必要时要求研究项目的管理者重新获得同意。第 15 条规定，在研究项目已经发生了实质性改变的情况下，必须重新征得同意。不过，同条第 2 款规定了重新同意的除外情形，当获得重新同意十分困难，拟进行的研究对于社会有重大意义，在参与者利益与尊严得到保障的前提下，地区医学健康研究伦理委员会有权不征得参与者重新同意而决定允许样本的使用。[2]挪威的立法没有单纯采用概括同意或特别同意的模式，而是试图协调二者的关系，这一点值得称道。

（三）巴西

南美的巴西对于生物银行知情同意采取了较为独特的立场。关于生物银行两部最重要的规范，一个是国家健康委员会（National Health Council）于 2011 年颁布的 Resolution 441/2011，另一个是国家健康部（the Ministry of Health）于同年颁布的 Ordinance 2201/2011，后者确立了《为研究目的的人类物质样本库与生物银行国家指针》(National Guidelines For Biorepositories And Biobanks Of Human Biological Material For Research Purpose)。[3]这两部规范对生物银行和不构成生物银行的普通生物样本库作出区分，分别设定了不同的知情同意要求。对于普通的生物样本库，利用既存样本开展新的研究必须重

---

[1] Sirpa Soini, "Biobanks as a Central Part of the Finnish Growth and Genomic Strategies: How to Balance Privacy in an Innovation Ecosystem", *The Journal of Law, Medicine & Ethics*, 2016, 44 (1): 24-34.

[2] Jane Kayeetal., "Consent for Biobanking: The Legal Frameworks of Countries in the BioSHaRE—EU Project", *Biopreservation & Biobanking*, 2016, 14 (3): 1-6.

[3] Sueli GandolfiDallari et al., "Biobanking and Privacy Law in Brazil", *Journal of Law Medicine & Ethics*, 2015, 43 (4): 714-725.

新征得参与者的同意。在生物银行的背景下，巴西法律则采取了一种特别的方式。根据 Resolution 441/2011 的规定，生物银行参与者签署的知情同意书中必需明确包含以下两项内容相互排斥的选项之一：①对未来研究作出新同意的需求；②对于重新同意的弃权。即是说，在巴西向生物银行贡献样本的研究参与者关于重新同意被赋予自由选择的权利，其可以要求利用自己样本的每一项新研究都要再次征得其同意，也可以放弃这种权利而为未来的研究放行。[1]该法同时规定了例外情形：在参与者无法取得联系的情况下，研究伦理委员会基于正当的理由可以作出许可或者禁止使用既存样本的决定——即使参与者曾经表示要对每一项研究分别作出同意。所谓"正当的理由"，是指研究对参与者及社会可能造成的伤害、可能产生的利益等方面的政策考量。[2]

（四）韩国

在亚洲，韩国生物银行在近些年取得长足的发展，相应的法律规范也不断完善。《生物伦理与生物安全法》（Bioethics and Biosafety Act）于 2004 年颁布，2012 年韩国立法机构完成了对该法的重大修正，其构成这一领域基础性的法律。新修订的《生物伦理与生物安全法》的一个重要改变是将知情同意标准化，以法定的形式固定了知情同意书的范式与内容。与巴西类似，这部法律将生物样本库区分为生物银行和非银行性生物样本库，并分别设置了不同的知情同意书标准。[3]根据《生物伦理与生物安全法》为非银行性生物资料库规定的标准化知情同意书（"Schedule 34" Consent Form for Non-bank Repositories），参与者可以对自己样本的使用范围作出限定，包括时间跨度、与第三方研究者或者为了其他研究目的之共享、个人信息的处理、样本的抛弃等。据此，若要超出参与者的限定开展研究，需重新获得其同意。而根据该法规定的生物银行知情同意书模板（"Schedule 41" Consent Form for Biobanks），参

[1]　Gabriela Marodin et al., "Biobanking for Health Research in Brazil: Present Challenges And FutureDirections", *Revista Panamericana De Salud Pública*, 2012, 31 (6): 523-528.

[2]　Gabriela Marodin et al, "Alternatives of Informed Consent for Storage and Use of Human Biological Material for Research Purposes: Brazilian Regulation", *Developing World Bioethics*, 2014, 14 (3): 127-131.

[3]　Won Bok Lee, "Biobank Regulation in South Korea", *The Journal of Law, Medicine & Ethics*, 2016, 44 (2): 342-351.

与者不能对样本的使用范围作出限制。样本将被无限期保存，分配给不特定的研究者进行各种可能有助于公共健康的研究。这样的同意几乎是不设限的，与非银行性样本库的特别同意形成强烈反差。有评论认为这是比概括同意更为宽泛的空白同意，其合理性值得质疑。

（五）我国

《涉及人的生物医学研究伦理审查办法》第四章专门规定了知情同意。其第 38 条规定："当发生下列情形时，研究者应当再次获取受试者签署的知情同意书：（一）研究方案、范围、内容发生变化的；（二）利用过去用于诊断、治疗的有身份标识的样本进行研究的；（三）生物样本数据库中有身份标识的人体生物学样本或者相关临床病史资料，再次使用进行研究的；（四）研究过程中发生其他变化的。"依该条文第 3 项，利用生物样本库中既存的可识别身份的样本开展新研究的，需要重新取得参与者的同意。紧接着在第 39 条又规定了无需重新同意的例外情形："以下情形经伦理委员会审查批准后，可以免除签署知情同意书：（一）利用可识别身份信息的人体材料或者数据进行研究，已无法找到该受试者，且研究项目不涉及个人隐私和商业利益的；（二）生物样本捐献者已经签署了知情同意书，同意所捐献样本及相关信息可用于所有医学研究的。"从表述来看，该条款第 2 项实际采纳了比概括同意更为宽松的空白同意。

相比 2016 年的《涉及人的生物医学研究伦理审查办法》，2023 年颁布的《涉及人的生命科学和医学研究伦理审查办法》做了一些修改调整。新办法在适用范围上有所扩张，从医学研究扩张到生命科学和医学研究，调整的研究主体扩张到医疗卫生机构之外的高校、科研院所。二者在知情同意的总体精神和要求上是一致的，不过也有一些重大的改变。新办法第 38 条规定："研究过程中发生下列情形时，研究者应当再次获取研究参与者的知情同意：（一）与研究参与者相关的研究内容发生实质性变化的；（二）与研究相关的风险实质性提高或者增加的；（三）研究参与者民事行为能力等级提高的。"这些需重新获得同意的情形与旧办法相比有所不同。此外，新办法在"第四章 知情同意"中没有规定免于同意的情形，而是在"第三章 伦理审查"的最后一条（第 32 条）规定了免除伦理审查的情形。新办法第 32 条规定："使用人的信息数据或者生物样本开展以下情形的涉及人的生命科学和医学研究，不对人体造成伤害、不涉及敏感个人信息或者商业利益的，可以免除伦理审查，以减少科研人员不必要的负担，促进涉及人的生命科学和医学研究开展。（一）利用合法获得的公开数据，或者通过观察且不干扰公共行为产生的数据进行研究的；（二）使用匿名化的信息数据开展研究的；（三）使用已有的人的生物样本开展研究，所使用的生物样本来源符合相关法规和伦理原则，研究相关内容和目的在规范的知情同意范围内，且不涉及使用人的生殖细胞、胚胎和生殖性克隆、嵌合、可遗传的基因操作等活动的；（四）使用生物样本库来源的人源细胞株或者细胞系等开展研究，研究相关内容和目的在提供方授权范围内，且不涉及人胚胎和生殖性克隆、嵌合、可遗传的基因操作等活动的。"该条文明显参考了《个人信息保护法》的规定，特别是关于公开数据和匿名化数据的利用规则。针对生物样本库的样本利用，如果不涉及人胚胎和生殖性克隆、嵌合、可遗传的基因操作等活动，则免于伦理审查。但必须强调的是，免于伦理审查不等于也同时免除知情同意。

　　综观国内外立法，对生物银行知情同意采取的立场宽严不一。这些立法通常不强制采用某种同意模式，而是给参与者选择的自由。一些立法将特别同意作为原则，概括同意作为例外，另一些立法相反。对于概括同意，尚未见彻底禁止的立法例，只是限定的适用范围大小不同。一些立法要求在新研究开展之前必须重新与参与者取得联系并获得其同意，但所有这样的立法都同时规定了一些例外情形无需重新同意。再者，各国立法都十分重视伦理委员会在知情同意中的协调作用，诸如对概括同意使用的监督、重新同意豁免的审查等。我国采取了最宽泛的空白同意模式，在研究者和参与者利益平衡上更加倾向前者。

六、生物银行背景下知情同意原则之重塑

　　生物银行在 21 世纪的国家发展中占据重要战略地位，而知情同意是规范生物银行健康可持续发展的核心法律原则。鉴于传统知情同意模式在面对生物银行时的不适应性，重构知情同意原则势在必行。围绕生物银行知情同意模式改革，各种理论主张百家争鸣，他国立法各具特色，在争论与多样化背后还是有一些共性的东西。借鉴这些有益经验，探索一条适合我国特色的生物银行知情同意新模式，是生物科技时代的客观要求。

（一）核心理念

生物银行知情同意面临的纠结，归根到底是人格尊严与科学发展之间的矛盾关系。人格尊严神圣不可侵犯，另一方面科学研究也具有显而易见的正当性，二者均不可偏废。由于生物银行及其相关研究潜在的巨大利益，任何一个国家都不忍舍弃该领域。既然如此，二者须以一种适当平衡的方式共生。生物医学研究必须以不突破人格尊严底线为前提，这是国际社会很早就达成的共识，而知情同意原则被认为是能够良好实现二者平衡的最佳机制。不过在生物银行与大数据研究的时代背景下，原有的平衡被打破，新平衡的建立有赖于知情同意机制的创新。在笔者看来，这只是矛盾的表现形式不同，本质并未改变，生物银行知情同意模式的重构仍应坚持人格尊严与科学发展相互平衡的核心理念。

在人格尊严与科学发展这对矛盾体中，首先必须明确前者的优越地位，即二者不是平起平坐的关系，人格尊严应被永恒置于科学发展之上。在生物银行的发展当中，对人格尊严的保护有滑坡的风险。一种思潮认为，生物银行利国利民，为了破除对科学发展的障碍，应当摒弃过于严格的同意模式，改采宽松的同意模式。关于概括同意是否为符合法律要求的知情同意尚存争论，批判者认为其降低了知情同意的保护标准，赞成者则认为其仍不失为一种有效保护自主的方式。抛开争论的结果不论，起码表明对人格尊严的保护有松动的苗头。对攸关人格尊严的知情同意改革，应当持审慎乃至适度保守的立场，在有十足的把握之前不应草率降低标准。科学研究纵使是有利于公共利益，亦不能逾越于个人尊严之上。当然，在确保人格尊严无损的前提下，应当为科学研究提供便利。事实上人格尊严与科学并不是截然对立的，而是辩证统一的关系，生物医学研究的进步有利于提升公众健康，而参与者个人也在受益者的范围之内。假使过于僵化的知情同意标准不当限制了科学的发展，研究参与者也将成为受损者。[1]生物银行的特殊性是客观存在的，应当正视这种特殊性，创新知情同意的实现机制——但不是简单地降低保护标准。应避免两种极端：动辄以科学的名义践踏个人尊严，或是以人格尊严的"大棒"阻碍研究的进行。

---

〔1〕 Joanna Stjernschantz Forsberg et al., "BiobankResearch: Who Benefits from Individual Consent?", *BMJ*, 2011, 343 (1): 480-482.

（二）重构知情同意之方向

1. 参与者地位的重新界定

完善知情同意的努力，首先应从重新定位参与者在生物银行中的角色入手。在旧的参与者与生物银行关系模式中，参与者的价值主要体现在提供组织样本，在作出一次同意献出样本之后便退出舞台，这是一种消极被动的角色。有相当多的评论指出，参与者的贡献与价值未得到应有的尊重，其应当在现代基因研究架构中扮演更积极的角色而不再是幕后的沉默者。[1]参与者、生物银行、研究者、公众等各方应被视为一个休戚与共的利益共同体，而参与者也应获得更多的话语权，真正参与到研究的全程当中。[2]一个简单的事实是，没有参与者提供的样本，研究便无从开展。从一定意义上讲，样本的捐献构成一种特别的信息性、生物性投资。既是投资者，对于生物银行和以生物银行为平台的研究以及在此过程中产生的风险、利益，捐献者有过问、参与乃至分享利益的权利。参与者不应被绝缘于研究体制之外，而应有持续参与其中的机会和现实途径。因为以其样本为对象进行的研究从未停止，参与者的参与也不应停止，同意亦应当时常更新。

2. 考虑个人的信息接受能力与意愿

知情同意的关键是信息披露，使被告知者在真正"知情"的基础上作出同意与否的决定。由于生物银行信息的大量性、更新性与专业性，给参与者的理解接受带来困难。需要避免的一个误区是：披露的信息越多越好、越全越好。当个人面对大量难以读懂的信息时，挫败感和不知所措是不难想象到的结果，因此作出的决定要么是不同意、要么是未真正理解情况下的草率同意。在过于严厉的同意模式下这种情况容易发生，研究者为了避免招致法律责任，可能采取信息轰炸的方式，这对要作出同意决定的个人而言不是一件好事。从参与者个人意愿的角度看，未必喜欢接受那么多的信息，也未必喜欢在捐献之后被频繁再联系和重新作出同意，一些实证调查研究的数据证明

---

〔1〕 Catherine K. Dunn, "Protecting the Silent Third Party: The Need for Legislative Reform with Respect to Informed Consent and Research on Human Biological Materials", *Charleston Law Review*, 2012, 6 (4): 635-684.

〔2〕 Berge Solberg & Kristin Solum Steinsbekk, "Biobank Consent Models – Are We Moving toward Increased Participant Engagement in Biobanking?", *Journal of Biorepository Science for Applied Medicine*, 2015 (3): 23-33.

了这一点。基于此，应对披露的信息进行适当过滤，不求毫无遗漏，而是只披露实质的信息。所谓实质信息，就是对于参与者而言是否同意的决定产生影响的相关信息。当然，决定哪些信息是实质性的、哪些信息是非实质性的本身是一个困难的事情，没有一个统一的标准，在不同性质的基因研究中所谓"实质"可能有不同的解读。再者，个人对于信息接受的偏好是不同的，在知情同意的设计中对此应纳入考虑。

3. 增加告知与同意的特定性

由于生物银行所涉信息范围的宽泛性、模糊性，造成了被告知者知情的困难。对此若以宽泛的同意作为应对，又导致了同意的模糊性，而风险正是根源于模糊性。因此，增加信息披露以及同意的确定性，是完善知情同意的一个重要方向。增加确定性的途径大概有两条：一是在信息披露阶段对信息作出过滤，具体的手段可包括对信息进行分类、分层等；二是对同意的范围作出限定，例如，在同意书中加入排除条款。当然这两个方面是相互联系的，可结合运用。

4. 建立动态交流的技术通道

为适应生物技术不断进步的特点，应当为参与者提供获取实时更新信息的通道。应建立一种常态的机制，使参与者能够十分方便地随时知晓针对其样本正在进行的最新研究。进而，参与者的同意也可以通过键盘上的简单敲击而完成。建立这一动态信息通道的义务应由生物银行和研究机构共同承担。借助现代科学技术手段，实现信息披露与同意的电子化、网络化，这或许代表着知情同意的未来。这样的交流平台若真有效建立，在利用现存样本开展新研究之前，要与参与者重新取得联系并征得其同意，或许并非如想象中那般不可实行。事实上目前世界上一些生物银行和研究机构正在尝试进行这种技术平台的建设，并取得了良好的效果。利用高科技手段使知情同意得以与时俱进成为一种普遍的主张，而另一方面一些谨慎的学者指出，对电子网络同意取代传统面对面交流式的知情同意可能产生的负面效果应保持警惕。[1]

5. 容许多元同意模式并存

现实中生物银行种类众多，因各自的特点不同而对知情同意有不同的要求，无视这些差别而试图构建整齐划一的知情同意模式是不妥当的。需要考

---

[1] Catherine A. Mccartyetal, "Long—Term Recall of Elements of Informed Consent：A Pilot Study Comparing Traditional and Computer—Based Consenting", *Irb Ethics & Human Research*，2015，37（1）：1-5.

虑的因素诸如：①生物银行的规模。区域性小规模生物银行与全国性大规模生物银行所需要的知情同意模式是不同的，对于参与者人数较少的生物银行，甚至具有采用特别同意模式的可能性，对涉及数十万乃至上百万参与者的大型生物银行则不适合。②生物银行所搜集的样本种类。不同类型的生物样本有不同程度的敏感性，如对于以干细胞、胚胎组织样本为对象的生物银行，在知情同意方面应有更严格的要求。③生物银行的出资人与性质。私人资助与国家出资的生物银行有所不同，兼带有商业目的的生物银行与纯公益性生物银行也有不同，相应的对知情同意有不同的要求。④生物银行的目的与发起者。据此标准，有患者发起的针对某种特定疾病的生物银行、医疗机构发起的以搜集患者病理组织为主的生物银行、国家发起的面向更广泛研究的一般性生物银行，等等。[1]在不同生物银行背景下，参与者对知情同意往往有着不同层次的需求，对某类参与者足够的同意保护对其他参与者群体而言可能是不足的，也可能是过度的。基于生物银行及其研究的复杂性，实行统一的知情同意模式是不现实的。应尊重多样化需求，容许多元化的知情同意模式并存。

（三）现实路径：修正的概括同意

基于上述的指导原则，应对现实中的生物银行知情同意作出修正。在多样化同意并存的框架下，确立一种一般化的同意模式仍有其必要性。从实践的情况来看，概括同意是大多数生物银行实际采用的模式，也是公众接纳度最高的模式——尽管并不存在百分之百的共识。虽然理论上存在各种各样理想化的改革主张，但选取概括同意作为修正的对象，在当前可能是最接近实践和切实可行的路径。概括同意模式之所以会受到质疑，主要是在个人权利保护方面存在不足，但这一短板并非不能弥补。若按照上述的指导原则对概括同意作出修正，使其缺陷得到克服，则其仍堪担当为生物银行知情同意的主导模式。

纵观国际上对于生物银行知情同意的争论，大概可划分为三个阶段：第一阶段是对特别同意的扬弃和概括同意的兴起，旨在排除传统同意模式对生物银行研究的障碍；第二阶段是对概括同意的批判，焦点在于其对个人自主

---

〔1〕 K. C. O' Dohertyet. al. et al. , "From Consent to Institutions: Designing Adaptive Governance for Genomic Biobanks", *Social Science & Medicine*, 2011, 73（3）: 367-374.

保护的不足，各种新颖的改革主张被提出——以动态同意模式最为流行，试图取代概括同意的主导地位；第三阶段是概括同意的自我救赎，针对概括同意本身存在的不足进行完善，以更好地平衡各种利益。有趣的是，在经历了种种质疑与来自其他改革方案的挑战之后，概括同意并未彻底败下阵来而退出历史舞台，而仍旧是生物银行最青睐的同意模式，理论上仍有相当多的支持者，各国立法亦不同程度地赋予其存在空间。[1]从务实的角度，对生物银行而言概括同意仍旧是最便利、最具有可操作性的同意范式，修正而不是抛弃概括同意成为新的发展动向。[2]更有学者明确建言，中国的生物银行应采取概括同意的模式。[3]

概括同意得获新生，是以其短板能够真正得到有效弥补为前提的。笔者认为对概括同意的修正可从以下几个方面进行：第一，概括同意模式的采纳应以参与者的自由选择为前提，若参与者明确反对概括同意而偏好于其他同意模式，则其意愿应得到尊重。第二，应加强信息披露。概括同意遭到诟病的最大短板就在于信息披露不足，参与者于同意作出时尚无法知晓未来针对其样本可能开展的研究信息，无奈只能作出粗放式的预授权。为解决这一核心问题，修正的概括同意应实行持续的信息披露，而不只是于样本采集时仅一次披露。需要强调的是，持续信息披露并非动态同意模式的专属，其与概括同意同样可以良好兼容。事实上，一些采取概括同意模式的生物银行，同时采取了持续信息披露的政策，如著名的 UK Biobank 即是如此。搭建网络技术平台是实现生物银行持续信息披露的重要手段。在持续的信息披露中，应尊重参与者的信息获取偏好，避免信息轰炸。第三，必须确保参与者有随时撤回同意的权利。参与者在作出概括同意后，新研究的开展无须征得其新的同意。但参与者在研究进展的全程中，基于随时获取的信息，可自主决定退出生物银行与相关研究，该种自由不应受到任何条件限制。第四，加强对参与者的个人信息保护。概括同意的开放性扩张了参与者个人信息被使用的潜

---

〔1〕 Daniel B. Thiel et al., "Testing an Online, Dynamic Consent Portal for Large Population Biobank Research", *Public Health Genomics*, 2015, 18 (1): 26-39.

〔2〕 J. Taupitz and J. Weigel, "The Necessity of Broad Consent and Complementary Regulations for the Protection of Personal Data in Biobanks: What Can We Learn from the German Case?", *Public Health Genomics*, 2012, 15 (5): 263-271.

〔3〕 Min Liu and Qingli Hu, "A Proposed Approach to Informed Consent for Biobanks in China", *Bioethics*, 2014, 28 (4): 181-186.

在范围，也因此面临更大的侵害风险，故需特别的规范调整以补足个人信息保护的漏洞。德国在这方面的经验尤值得借鉴。第五，对概括同意应以严格的伦理审查相配套。在概括同意下，每一项新研究的开展无须征得参与者的同意，为了确保科学研究的正当性，应由伦理委员会等监管机构把关。在采纳概括同意的国外立法例中，均规定了伦理委员会审查的制约机制。概括同意如果能按照上述标准要求成功升级，则可补足短板，更好地平衡科学研究发展与参与者个人尊严的保护。

第七章

基因检测中的个人自决

基因检测在现实中被应用于各种不同的背景，产生众多个性化问题，在法律规范上需要分类治理。某些问题只在特定背景下才会发生，而有些则是所有类型基因检测都会面临的共性问题。不管哪种类型的基因检测，都无一例外地要经过受试者的知情同意。基因检测的进行以及对检测所得个人基因信息的后续使用只有建立在受试者充分知情与个人自决基础上，才具备正当性。实现个人自决，乃是基因检测法律规范之核心所在。

第一节 自主在受试者保护中的核心地位

一、自主作为一项价值

在一般的意义上，自主（Autonomy）是一项普遍的人类价值，概指人作为主体根据个人的喜好愿望自我决定个人的行为与生活方式，并免于他人和外部力量干涉的超然地位。自主源于自由，自由则是人的尊严的一个重要方面。对于自主的意涵和构成要素有不同的解读，按照通常的理解，自主至少包含以下几个方面的要素：①自愿（Voluntariness），免于外界的强迫；②可选的替代性方案（Alternativity），有多样性选择的自由空间；③自主的能力（Competence），如年龄、智力、判断力等足以支持自主决定的作出；④足够的信息（Adequate Information），以充分了解待决事项的利益与风险。[1]自主的生存和发展，不受外部力量的干涉左右，这是人之所以为人所应具备的基本人权。自主作为一项基础性价值，更多是在哲学和伦理学的层面上被讨论，在法律领域则多

---

[1] AK Huibers & VTS Adriaan, "The Autonomy Paradox：Predictive Genetic Testing and Autonomy：Three Essential Problems", *Patient Education & Counseling*, 1998, 35 (1)：53-62.

见于宪法层面的探讨。个人就广泛的事项享有普遍的自主，基因检测中的自主则是其中的一个特殊情境。

二、自主、自我决定与知情同意

在基因技术背景下，当要描述受试者得以自我选择的自由权利时，常用的表达除了自主，还有"自我决定"（Self-determination）和"知情同意"（Informed Consent）。还有学者习惯采用"自主权""自我决定权""知情同意权"等突出表达"权"的术语。例如，有学者认为，"基因自主权"是自然人享有的基因权的重要种类之一。[1]这些名词在各种场合被交叉使用，造成一定的混乱，有必要予以厘清。

从位阶上来讲，上述名词其实处于不同的层面。按照笔者的理解，自主是最上位的概念，是作为权利背后的价值理念而存在的，但自主本身并不是法律上的权利。自主作为一种基础性价值是超越于法律的自然存在，并不因法律规定或者不规定而或有或无。自主本身不是权利，但是自主的体现——自我决定却是。[2]自由意志正是通过自我决定行为的作出而实现的，这种权利称之为"自我决定权"。权利的内涵和外延应避免泛化，当使用自我决定权这一概念时，通常不是顾名思义泛指主体对各种事项的自我决定，而是在民法视域下将其作为一种人格权对待的——特指对人格层面的自我决定。需要指出的是，自我决定权作为一项权利，并不是一项具体人格权，而是抽象人格权。[3]自然人的生命权、健康权、姓名权、肖像权、隐私权、个人信息权等具体人格权中，都包含自我决定的内容。《个人信息保护法》第 44 条规定，"个人对其个人信息的处理享有知情权、决定权"，这里的"决定权"是个人信息权包含的一项内容。而个人就基因的自我决定，也是自我决定权的一个方面体现。从这个意义上，自我决定权也不是一个绝对独立的人格权，而是萃取了各种具体人格权中自决这一共同要素基础上的提取公因式路径下的法律概念创造。但是自我决定权又有一定的独立性，体现在当某种自主决定的人格利益不能归入任何一种现行法下的具体人格权时，自我决定权即从幕后

---

〔1〕　参见王康：《基因权的私法规范》，中国法制出版社 2014 年版，第 217 页。

〔2〕　Jan P. Beckmann，"Genetic Testing and Human Autonomy"，*South African Journal of Philosophy*，2004，23（1）：69-81.

〔3〕　参见杨立新、刘召成：《论作为抽象人格权的自我决定权》，载《学海》2010 年第 5 期。

走到台前，起到"补漏"的作用。从这个意义上，自我决定权其实是具体人格权之源，具有一般人格权的意义。[1]

知情同意的概念被使用频率很高，有时被称作知情同意原则，有时被称为知情同意规则，有时则被称为知情同意权。相对于自主和自我决定权，知情同意是更具体层面的东西，是作为自我决定权的实现方式存在的。在实践操作的层面，知情同意事实上是一套程序机制。知情同意权的概念在理论探讨与大众语境下都被广泛采用，不过，在严格意义上所谓"知情同意权"其实并不是一项法定权利，其更实际的功用在于为自我决定权的实现提供程序机制。当然，在不很严格的意义上，使用知情同意权的概念也无可厚非，因为法律当中确实规定了一定情形下一方有使对方知情并征得其同意的义务，而对方有知情后作出同意决定的权利。只是，这不是一种典型的冠名权利，在知情同意背后另有权利基础。另一个需要澄清的问题是，所谓"知情同意权"其实包含了"知情权"和"同意权"两项权利，这二者相互联系但各自具有一定独立性。同意通常以知情为前提，但是在某些情形下，不涉及决定的作出问题，单纯知情本身即构成一种权利。在某些场景下，知情和同意可能发生分离。例如，根据《个人信息保护法》第13条，法定情形下的个人信息合理利用不需要经过个人同意，但是应当告知。具体到基因领域，有学者在分析基因权的体系时，将基因知情权作为独立的权利类型之一。[2]

综上，自主是自我决定和知情同意背后的价值支柱，自我决定是自主理念在法律上的权利体现，知情同意则是实现自我决定的通道机制。

三、自主在基因检测背景下的特殊意义

尽管自主作为一项普遍的价值有着广泛的适用范围，然而在基因检测的特殊背景下，自主尤其具有独特的价值和崇高地位。许多国际规范都将自主置于重要位置加以规定。如国际人类基因组组织在1997年通过的《HUGO伦理委员会关于DNA取样：控制和获得的说明》中提出："在收集、存储和使用人类DNA中，尊重自由的知情同意和选择一并尊重隐私和保护，是符合伦

---

[1] 按照杨立新和刘召成在《论作为抽象人格权的自我决定权》一文中的观点，自我决定权是与一般人格权并列的抽象人格权。

[2] 参见邱格屏：《人类基因的权利研究》，法律出版社2009年版，第64页。

理的研究行为的基石。"同年发布的联合国教科文组织《世界人类基因组与人权宣言》第 5 条也规定："所有情况下均应得到有关人员事先、自由的知情同意。如有关人员不处于同意的地位，则应在有关人员的最高利益下按法律规定的方式获得同意或授权。每个人决定是否被告知遗传检查的结果及由此带来的后果的权利应予以尊重。……"各国国内法也普遍尊崇基因领域的自主原则，例如德国《人类基因检测法》在首条立法目的部分就开宗明义地指出："本法之目的是明确基因检测以及在基因检测框架下所进行的基因分析的条件，防止个人因基因特性受到歧视和损害，特别是明确国家保护人格尊严的义务，以及通过告知充分信息确保个人自我决定权实现的义务。"该条明确提出了自我决定权的概念，并指出国家有协助这种权利实现的义务。尊重个人对基因的自主，是国际社会达成的毫无争议的共识。

自主在基因领域中的卓然地位，在根本上是由基因之于人的重要性和特殊性决定的。[1]与个人一般的外部生活事务不同，基因攸关人自身的尊严，基因信息具有高度的人格性、私密性和敏感性，对个人的影响甚巨。再者由于基因的家族相关性，基因信息的披露还可能给受试者的家庭乃至更大范围的族群带来重大不利影响。基因检测在不同应用背景下产生的风险，本书前面几章已经有充分的分析阐释。对于这种极端重要的基因信息的使用与传播以及据以产生这些信息的基因检测，使之置于个人自治自决的可控范围内，实为举足轻重之要务。在生命伦理学中，将自主列为四大原则之首，足见自主的卓越地位。[2]在有关人的生命的种种问题上，自主是超越于其他利益原则之上的首要价值。基因与生命有着最小距离的直线联系，或者说基因就是生命本身，自主因而有着格外突出的意义。

强调自主的另一个重要依据，是当前基因检测火爆发展给自主构成的现实威胁。在今天基因检测蔚然成风，随之带来的是基因信息的大爆炸，这既给人们带来了福音，也使人们被置于前所未有的危险之中。在这样的情势之下，个人自主面临前所未有的挑战。全面来看，基因检测的大发展对于自主实现可能造成的影响是正反两方面的：一方面，社会上各种基因检测渠道的

---

〔1〕 Jan P. Beckmann, "Genetic Testing and Human Autonomy", *South African Journal of Philosophy*, 2004, 23 (1): 69-81.

〔2〕 生命伦理的四大原则是：自主、行善、不伤害和公正。

存在，使个人可以十分便利、并以越来越低廉的价格购买到基因检测服务，很容易就能获得个人的基因信息，并基于此更合理地作出个人生活的安排与健康管理，这无疑是技术帮忙扩张了自主的能力与空间。自主的概念当中本具着信息机会可获得性的意涵，基因检测为个人自主打开了一扇门，门外是更广阔的风景。在没有基因检测技术的年代，这一切都是幻想。从这个角度看，基因检测促进提升了个人自主。然而另一方面，基因检测隐藏的风险可能对自主的实现构成负面阻碍，甚至是彻底沦为个人的负担和梦魇。按照一般性的认识，信息的开放性是一种利好，信息获取越多越有利于实现自主，然而事实并非如此。首先，受试者被置于一种左右为难的选择困境——检测还是不检测，这是在没有基因检测的时代没有的麻烦。面对海量且专业性极强的信息，检测对自己是不是真的好，绝大多数受试者都没有能力独自作出理性的判断，除非经过有良心且专业的检测者的咨询指导。检测的咨询是当前所倡导的，但目前尚不成熟，伴随指导的还有误导。合理的咨询应该使受咨询者看到检测与不检测的客观利害关系，然而实际咨询的结果往往是使受咨询者感到如果错过获知健康信息的机会将对自己严重不利，摆在面前虽然有两条路，但事实上的效果是对很多人而言只能看到一条路。这与自主要素中的"可替代性方案"是背道而驰的。[1]这种状况既有因咨询者缺乏经验无意造成的，也有为了兜售基因检测服务的恶意误导。其次，一些基因检测负面结果的披露——例如，预示某种难以治愈的重大疾病风险，可能给受试者造成沉重的心理压力，这样的自主带来的不是愉悦和个人生活品质的提升，而是生活希望的丧失。知道并不总是好的，选择不被告知检测结果或者干脆选择不进行检测或许更好，问题在于这种选择不知情的权利如何在事前得到保障。再次，对检测所得个人基因信息的后续使用可能超出受试者的控制能力而丧失自主。如果说在是否进行检测的阶段，拟受试者还有较充分的机会自我决定，而基因样本一旦献出、检测完成之后，对个人基因信息的控制可能就是受试者鞭长莫及的。这就好像是电话号码一旦泄露之后，垃圾短信和骚扰电话是无法避免的一样。检测机构积累众多受试者的基因信息，组成基因大数据库，高价出售给药厂或者是研究机构，这是当前正在发生的一种

---

〔1〕 AK Huibers & VTS Adriaan, "The Autonomy Paradox: Predictive Genetic Testing and Autonomy: Three Essential Problems", *Patient Education & Counseling*, 1998, 35（1）: 53-62.

"生意"。有业内人士指出，真正赚钱的其实不是基因检测服务产品，而是出售基因样本和数据。[1]问题是这样做可以吗？无偿将受试者的基因信息提供给研究者进行科学研究，就不是对自主的践踏吗？

由于基因检测对个人自主的双刃剑效果，关于基因检测的立场分歧严重，既有积极乐观的倡导者，也有消极悲观的质疑批判者。还有观点指出，基因检测在本质上与自主并不矛盾，并且有利于促进自主，真正损害自主的常常是对检测结果的误读。[2]在笔者看来，既然基因检测因尚有利益存在而不会被彻底禁止，当前更加需要关注的是如何消弭基因检测对自主造成的负面冲击，寻求建立有效化解风险的机制，扫除自主实现的障碍。

基因检测中受试者的自主贯穿于检测全过程的每一个环节，可大概划分为两个方面：一是对检测流程本身的自主，是否进行检测，选择哪家机构进行检测，检测哪些项目等，都由受试者自我决定；二是对检测所得的基因信息的自主，是否获得这些信息，获取信息的范围，以及信息后续被如何处置，是否允许在第三方共享等，均由受试者自己决定。其中后一方面的自主在当前面临更大的威胁，基因信息一旦产生，后续的利用往往超出受试者的能力控制范围。完整的自我决定既包括选择知情的权利，也包括拒绝接受结果信息而不知情的权利。个人自决还体现在受试者有随时撤回同意和要求销毁本人基因样本的权利。自主并不是绝对的，当个人的选择对人的尊严构成损害时，应让位于后者。再者，由于基因的家族相关性，当个人的决定对家庭成员以及其他人的利益产生影响时，自我决定权要受到他人正当利益的制衡。此外，为了满足公共利益的需求也可能对个人自决构成某种限制。

与受试者的自我决定权相对的，则是配合这种权利实现的义务。自主的困境恰恰在于，其并非如概念本身传递的可以靠受试者单枪匹马就可以实现。决定最终出自受试者，但决定之前利害关系的考量，则是普通的受试者无力独自进行的。决定容易作出，但是理性的决定不容易作出，由此受试者需要义务人的协助。关键是谁为义务主体？首先是检测机构，其作为检测服务的提供者有义务向受试者阐明当前将要进行的基因检测的意义，包括目的、手

---

〔1〕　Emilia Niemiec & Heidi Carmen Howard, "Ethical Issues in Consumer Genome Sequencing: Use of Consumers' Samples and Data", *Applied & Translational Genomics*, 2016, 8 (C): 23-30.

〔2〕　Ludvig Beckman, "Are Genetic Self-Tests Dangerous? Assessing the Commercialization of Genetic Testing in Terms of Personal Autonomy", *Theoretical Medicine and Bioethics*, 2004, 25 (5): 387-398.

段、利益、风险等各个方面。其次在宏观层面上，国家有义务为受试者创造有利于理性决定的良好环境和帮助机制，正如德国《人类基因检测法》第1条所规定的。受试者处于信息不对称的弱势地位，建立对受试者的赋能机制，使其具备在获得帮助下作出理性决定的能力，实际是满足自主要素中competence的要求，应被作为基因检测自主实现法律保障与制度建构的重心。

第二节　基因检测的知情同意

一、概述

在基因技术领域，知情同意有着举足轻重的地位。针对人类基因的操作，无论是为医疗、科学研究抑或是纯粹的消费，均只有在经过受试者的知情同意后才能够展开。如前文所述，知情同意以自主为价值根基，又是自我决定权的实现通道。相比较而言，自主和自我决定权都是高度抽象的概念，知情同意则是具有可操作性的制度规则。对基因检测的法律规范而言，知情同意是一个最主要的进路，是保护受试者利益所仰仗的最核心的法律工具。知情同意的概念可能在几种不同的语境下被使用，作为一项伦理原则、作为一种权利、作为一套行为规则或是程序机制。在权利意义上的知情同意，又可分为知情权和同意权，二者是密切联系而又各自具有相对独立性的。知情同意具体包含以下几个要素：①信息的告知；②信息的理解；③自愿；④同意的作出。充分获取信息是作出理性决定的前提，最终决定的作出应当是不受强迫的自由意志表达。

知情同意原则原本是处理医患关系的基本准则，在医事法领域内具有类似帝王条款的地位。按照知情同意原则的基本精神，医生在对患者采取一定的治疗措施之前，应当向患方作充分说明以使其了解该措施的风险，并基于此由患方自主作出是否同意接受该措施的决定。随着生物科技时代的到来，知情同意原则面临新的挑战。在适用范围上，知情同意的对象已经远远超出了"医疗"，而扩展到科学研究，甚至是纯市场化的直接面对消费者的基因检测服务。在非医疗背景下，知情同意原则在适用中面临一些特殊的问题与困境。海量的人体基因样本及基于对样本进行分析所获得的基因数据信息，构成所谓的"生物银行"（biobank），而描述受保护的权利主体的语词也由患者转换为受试者。围绕基因样本和信息的获取、控制、利用与获益，衍生出一系列复杂的知情同意议题。还应当看到，在大数据时代背景下，个人信息的保护和利用成为主题，就个人基因信息处理而言知情同意乃是基础性规则，"同意"是《个人信息保护法》第 13 条第 1 款列举的个人信息处理的正当性基础之首。在当代多元化基因检测背景下，知情同意具有着与在传统的医患关系框架下不同的时代意义，需要作一次认真的反思、梳理与重构。

二、知情同意之流变

在今天，知情同意被奉为医疗和生物医学研究领域的核心原则，然而其获得这样的地位，却经历了一个多世纪的过程。当然，相对于人类几千年的文明史，知情同意尚属年轻，是近代以来人权观念觉醒的产物之一。

（一）知情同意在医患关系领域的诞生与沿革

在民事领域内，许多事情可能都涉及知情同意问题。不过，作为一个法律概念和制度的知情同意最早发端于医患关系领域。在知情同意确立其地位之前，社会的价值判断倾向于认为医生作为专家更懂行，知道什么对病人更好，而让没有经过医学专业训练的患者参与重要的医疗决定未必是英明的选择。不过，这样的观念在演进中渐渐发生改变，转换为如下的价值判断："这是我的身体，我自己才有权利作出如何处置的决定。"

知情同意原则最初主要是在美国的法律土壤里生长起来的，历史上一系列重要的判例推动了其发展，继而在世界范围内被各国普遍遵从。在美国的判例法传统下，知情同意并非由法律规定的方式正面赋权，而是通过在知情同意权被侵害的情况下如何进行救济而阐发的。美国法下侵权行为被划分为若干种类型，一个关键的切入点是，侵害知情同意应被归入哪一类诉因。在早期的法院裁判中，一般是将其归入 Battery（殴打）。Battery 是一种古老的侵权类型。"在中文里，'殴打'一般指抡拳打人。在美国侵权法中，'殴打'是指被告故意对他人人身进行伤害性的、冒犯性的接触（harmful and offensive contact）。其涵盖的范围很广，只要碰到他人的身体以及与身体相连的东西，都算殴打。"[1] 在 1905 年的 Mohr v. Williams[2]案中，患者 Mohr 只同意对一

---

[1]　参见李亚虹：《美国侵权法》，法律出版社 1999 年版，第 13 页。
[2]　Mohr v. Williams, 95 Minn. 261, 104 N. W. 12 (1905).

只有病的耳朵动手术，但医生在手术过程中发现另一只耳朵也有问题，未经 Mohr 同意对另一只耳朵也进行了手术。法官认为，未经患者同意就实施手术，符合 Battery 对身体伤害性接触的描述，至少在技术上构成了身体侵害。一年后的 Pratt v. Davis[1]案中，医生未经患者同意而摘除了其子宫，伊利诺伊州最高法院最终也认定该行为构成 Battery。这两个案例具有发端意义，此后半个世纪，美国法院通常都按照 Battery 诉因来解决知情同意纠纷。

1914 年的 Schloendorff v. Society of New York Hospital 案是知情同意原则发展史上具有里程碑意义的事件。在该案中，原告 Schloendorff 因胃痛到被告处就医，因查不清原因，被告建议原告做一项检查，在麻醉中进行。原告同意检查，但明确表示不愿意手术。被告在检查中发现一个肿瘤，未经昏迷中的原告同意而擅自切除了肿瘤。手术后，原告遭受到各种各样的损害而诉请赔偿。著名法官卡多佐审理了此案，在判决书中作出了经典的判词，奠定了知情同意原则的基石。卡多佐法官写道：每一个成年的心智健全的人都有权利自主决定如何处置自己的身体，医生未经患者同意就进行手术构成侵袭（assault），并应因此负赔偿责任。这段判词精彩地阐释了患者自决的精神，成为日后有关知情同意原则相关研究无不援引的经典。

早期的知情同意判例多以 battery 诉因来解决，不过发展至 20 世纪中叶以后，以 Natanson v. Kline[2]案为标志，法院开始更多地以另一种诉因 negligence（过失）来处理此类纠纷。需要说明的是，美国侵权法上所谓的过失，不同于大陆法系侵权法上的过错责任原则，其不具有归责原则的地位，而是一种侵权的类型。Negligence 的构成要素是：①注意义务；②义务的违反；③违反义务与损失间的因果关系。美国法院的法官渐渐开始认为，对患者知情同意权的侵害，实质上是医生的行业行为标准问题。医生对于患者负担符合一定医疗行业标准的充分告知义务，患者未得到告知而被径直采取医疗措施或者仅得到不充分的告知而作出有瑕疵的同意，实际上是医生未尽到合理的告知义务而造成的。今天，更多的知情同意侵害案例是按照 negligence 的诉因来获得解决的。Battery 还在一定范围内偶尔被采用，主要适用于医生故意不告知而未获得同意的情形。

---

[1]　Pratt v. Davis, 79 N. E. 562, 565 (Ill. 1906).
[2]　354 P. 2d 670 (Kan. 1960).

　　尽管对于患者知情同意的保护可以追溯至一百多年前，但是在前半个世纪法院仅是基于患者自决的精神而以 Battery 等方式实现迂回的保护，知情同意作为一项独立的法律原则得到正面的认可则是在后半个世纪发生的。知情同意原则这一法律概念表达，最早是在 1957 年由加利福尼亚州法院审理的 Salgo v. Leland Stanford Jr. University Board of Trustees〔1〕案中被采用的。在那个案件中，对患者主动脉实施的放射性检查导致其瘫痪，法官认为医生有必要向患者揭示可能的风险以满足知情同意的要求。至此，知情同意不再栖身于其他法律概念之下，而成为独立的法律原则，构成医事法的核心。

　　在今天，知情同意普遍被各国法尊崇为调整医患关系的基石。在我国，《民法典》医疗损害责任部分对患者的知情同意权也作出了明确规定。对于具有医疗性质的基因检测，这些一般性规定也可适用。此外，由于临床基因检测具有区别于普通医疗的特殊性，在知情同意规则方面也有细节上的不同，例如告知的内容。国家卫计委对于临床医疗检测的一些管制性规范与技术指南中，对此有一些特别的规定。

　　（二）知情同意在生物医学研究领域的发展轨迹

　　研究领域的知情同意借鉴于医疗领域，但又有着相对独立的发展线索。与医疗知情同意主要发端于美国、以判例为线索不同，研究中知情同意的发展有着鲜明的国际背景，以成文法为线索。

　　对知情同意最初的关注从人类的一场大劫难开始。第二次世界大战期间，德国纳粹医生对犹太人进行了惨绝人寰的人体试验。这种反人类恶行在战后被反思，保护生物医学研究中受试者权利的一系列基本原则被确立，成果集中反映在《纽伦堡法典》中。其中一项最重要的成果便是确立了知情同意原则，法典第 1 条便规定了"人类受试者的自愿同意是绝对必要的"。此后的《赫尔辛基宣言》，对生物医学研究的知情同意作了更加细致的规定。《纽伦堡法典》只是昭示了保护自主的精神，《赫尔辛基宣言》则明确采用了知情同意的字眼，并将理念规则化。《赫尔辛基宣言》历经多次修订，在最新的版本中，关于知情同意的条文（从第 25 条到第 32 条）就有 8 个，而整个宣言也只有 37 条，可见知情同意的分量。〔2〕以这两个规范为基础，以后制定的一系

---

〔1〕 317 P. 2d 170（Cal. Dist. Ct. App. 1957）.

〔2〕 《赫尔辛基宣言》制定于 1964 年，此后经过 9 次修订，最新的版本是 2013 年通过的。

列重要国际规范，无不特别突出知情同意的地位。进入基因科技时代，知情同意产生了一些不同于传统生物医学研究的特殊问题，有关基因研究的一些国际规范对此作出了回应，如《世界人类基因组与人权宣言》《联合国教科文组织世界生物伦理与人权宣言》、欧洲《人权与生物医学公约》及其一系列附加议定书等。再进一步具体到基因检测领域，也有一些知情同意的特别规范，如与欧洲《人权与生物医学公约》配套的《为健康目的的基因检测附加议定书》。以上述国际规范为指导，各国纷纷在本国法上确立生物医学研究中的知情同意原则。在我国，《涉及人的生物医学研究伦理审查办法》和《涉及人的生命科学和医学研究伦理审查办法》均设专章规定了知情同意。

三、从患者、参与者到消费者——多元检测背景下的知情同意困境

在基因检测的情境下，对知情同意问题的探讨具有显著的特殊性。一个重大的挑战是：多元化的基因检测背景。在知情同意所诞生的医疗领域，知情同意的规则比较成熟完善。而在技术发展与应用的推动下，知情同意被延展适用于更广阔的领域，诸如研究、消费，此时不可避免地发生了一些不适。在这些新的领域，知情同意的规则相对比较模糊，法律规范存在大量真空。在基因检测被应用于不同场景时，知情同意从单纯的患者同意转换为更广泛的受试者（包括但不限于患者）同意，所产生的知情同意议题往往各具特点。怎样处理好这些个性化问题，又做好知情同意的统合，是基因检测知情同意的难点所在。

（一）知情同意赖以发生的法律关系基础与保护重心

在不同的基因检测背景下，知情同意赖以发生的法律关系基础不同，决定了其所保护的个人自主的侧重点不同。于基因检测的三个典型领域——医疗、研究和消费中，患者自主、研究参与者自主和消费者自主各有其独特内涵。在医疗性基因检测中，知情同意的旨意在于患者了解即将进行的检测对于疾病的诊断的意义及其局限性，以作出最有利于健康和治疗的决定。研究性检测中知情同意的重心在于，使参与者了解自己捐献的样本将被用作何种研究，确保不会偏离捐献样本以利科学研究的初衷。DTC基因检测中知情同意的核心则在于使消费者了解检测将给自己带来的消费意义，自己将从中获取哪些有益的信息，也包括风险和局限性，尤其应避免虚假宣传。在三种

基因检测中，医疗性检测和消费性检测是有偿的，研究性检测则是无偿的。从知情同意规范化的程度来看，医疗性检测最高，研究性检测次之，DTC 检测最差。从法律色彩的浓厚程度看，则是医疗性检测最强，消费性检测次之，研究性检测最差。医疗和消费作为有偿交易都有合同存在，约束性较强。研究性检测则没有明确的合同，通常只有知情同意书。这种弱约束导致双方的关系若即若离，在确定知情同意的内容时，某些事项是否在研究者的告知义务范围内，究竟为法律义务抑或仅为道德义务，常常纠缠不清，因此在规范层面需要特别关注与应对。

（二）知情同意的主体

在医疗性基因检测和 DTC 基因检测下，知情同意的权利主体主要为个人（包括受试者本人和无同意能力人的代理人等）。在研究性基因检测背景下，知情同意则涉及一类特殊的主体：族群。由于基因信息的遗传相关性，族群的成员间往往共享某些基因特征，对个人成员开展的基因研究得出的基因信息，可能揭示出整个族群的基因携带状况。尤其是当这些信息是一些负面信息时，族群面临着污名化等风险。由此产生的问题是：研究者除了要获得受试者的个人同意，是否还必须获得其所在族群的同意？对此笔者将在后文详述。

（三）告知义务的标准

应告知哪些内容、告知到何种程度，乃是知情同意的核心所在。比较而言，医疗性检测下的告知义务标准是比较明确的，而研究性检测和 DTC 检测中的告知标准则比较模糊。在传统的知情同意原则理论中，确定医生是否尽到合理告知义务主要有两个标准，即医生专业标准和病人标准。专业标准即一个合理、谨慎的医生在相同或者类似情况下会告知的全部信息，病人标准则是从患者角度判断要作出是否同意的决定时通常需事先获得的信息，病人标准又区分为具体病人标准——主观标准和合理病人标准——客观标准。无论采取上述哪种告知标准，都是相对确定的。相比之下，研究背景和纯粹消费背景下告知义务的标准则扑朔迷离。脱离了医患关系的前提，研究者、商业检测机构不是医生，参与者、消费者也不是患者，没有一个合理的医生和病人模型，无论是专业标准还是病人标准皆难以适用。探索非医疗性基因检测知情同意的标准，使之从模糊渐次清晰，是知情同意规范完善的重点。

在生物科技时代，一种潮流性的观点是：应实现广泛开放的数据共享以推动科学进步,为此存储大量组织样本及信息的生命银行应允许科学家自由方便地利用。这不可避免地将会与知情同意的法律原则发生冲突。在传统的医疗知情同意告知程序中,医生在告知书中明确具体地列举手术可能存在的各种风险。可是在科学研究中却难以做到这一点,因为研究本身探索的恰恰是未知世界。当个人向生命银行捐献组织样本时,虽然也会有知情同意书的签署,但是在那个阶段的知情同意书上,难以披露未来研究可能对样本进行何种利用及其风险的所有细节。很可能的情形是,科学家从生命银行取得生物样本进行持续的研究,超出了最初知情同意书告知的范围,实质构成对知情同意原则的违反。另一个引发关注的焦点问题是,在告知的内容当中,是否应当包含未来牟利的动机,毕竟基因信息潜在地蕴含着巨大的经济利益。对诸如上述问题如何解决,存在着各种各样的观点,处于激烈的争论之中。

第三节　针对未成年人基因检测的知情同意

以未成年人为对象开展基因检测的知情同意问题受到各界特别的关注。由于未成年人缺乏足够的判断能力,不能够充分理解基因检测的意义与风险,因此通常由父母或者其他监护人代为作出决定。然而问题在于,未成年人虽行为能力有欠缺,但却并非全无个人自主的人格诉求。在父母代为同意的情形下,未成年人的自主如何适度得以实现?此外,基因检测对未成年人可能会带来一些不利影响,特别是疾病风险预测的基因检测,可能会给未成年人的心理造成严重的负担。一些疾病只在成年时才会发作,或者根本不发作,而一些疾病在目前的医疗水平下尚没有有效治愈的方法。这些因素的存在将使基因检测给孩子提前背上心理包袱,因此检测对孩子而言未必是好事。然而,又并不排除一些基因检测对孩子而言在当下对于治疗和健康维护是必要的。对于作为特殊受试者的孩子,检测还是不检测,作出决定是一件艰难的事情。怎样确保作出的决定对孩子而言是最有利的选择,是知情同意制度中的一个极其重要和特殊的议题。

一、未成年人基因检测类型对知情同意的影响

针对未成年人的基因检测可能在不同的背景下展开,包括为了疾病的诊断和治疗、为了科学研究的目的,或是父母纯粹为了了解孩子的基因信息。

在不同的检测情形下，未成年人利益受到影响的程度是不同的。目前市场上十分火爆的是儿童天赋基因检测，此类检测对未成年人而言既没有特别高的风险，也没有特别明显的利益，纯粹是为了满足父母的猎奇心理。若从消费自由的角度看，对此种基因检测似乎没有理由加以限制。然而从孩子的角度观之，此种如同鸡肋的基因检测实际是父母决定权的泛滥。为研究目的的基因检测对于未成年人没有明显的不利影响，通常不加以禁止，但有一些限制性规范。如《世界人类基因组与人权宣言》规定，对不具有同意能力的人，除法律授权和规定的保护措施外，只有在对其健康直接有益的情况下，才能对其基因组进行研究。[1]关注的焦点在于针对未成年人的疾病基因检测。此类检测又分为已发病的诊断性检测和尚未发病的预测性基因检测，前者争议不大，主要的争议在于预测性基因检测。顾名思义，此类检测是对未成年人在未来患病的风险作出预测。在目前的技术水平下，预测的准确率是个问题，根据单基因疾病还是多基因疾病准确率或高或低。通过检测预测的只是一种可能性，但这种可能性预测足以给未成年人造成巨大压力。尤其是那些目前尚无法治愈的疾病，检测除了将焦虑提前，看起来别无益处。因此，父母对这类基因检测的代理同意受到特别的限制。

二、域外法上的经验

对未成年人基因检测的知情同意加以限制，在比较法上十分常见。欧洲《人权与生物医学公约》配套的《为健康目的的基因检测附加议定书》第 10 条规定："对没有同意能力的未成年人的基因检测，只能推迟到其具备同意能力时才能进行，除非这样的拖延对于他（她）的健康或幸福而言是损害性的。"德国《人类基因检测法》第 14 条第 1 款的规定，在个人没有能力认知基因检测的性质、意义和范围并因此不能调整其意愿时，为治疗的目的所进行的基因检测以及取得必要的基因样本只能在以下情况下进行：①根据公认的科学技术水平，这样做对于避免、阻止或治疗由基因引发的某种疾病或者健康状况是必要的，或者在药物治疗的场合这样做会对基因特性产生影响。②检测前应尽可能以受测人可以理解的方式向其解释，并且受测人对于获取必要的基因样本没有拒绝。③检测给受测人带来的风险和负担应尽可能小。④按照本

---

[1]　参见《世界人类基因组与人权宣言》第 5 条（e）。

法第 9 条的规定已经对受测人的监护人或者代理人给予了充分的告知，并且通过与代理人面对面的交流满足了本法第 10 条有关基因咨询的要求，而且代理人已经按照本法第 8 条第 1 款的规定提供了同意。欧洲人类遗传学会的伦理准则第 7 点也规定：关于成年后发作之疾病，对未成年人进行症状前及预测性基因检测，唯有成年前即可预防者（如预防性手术、为采取治疗而及早检测），方才可以接受。否则，症状产生前及预测性基因检测应延后至当事人成熟且有理解能力时进行。英国临床遗传学会的伦理准则中也有类似规定：基因检测若不具有效的医疗利益，则反对对未成年人进行晚发性遗传疾病之预测性基因检测，父母应尊重未成年子女的自主性及保密性，应待子女成年后，或能够理解检测真相及接受各种可能的检测结果，方可进行检测。上述规范存在很多共通之处。

三、父母（监护人）的代理同意权及其限制

目前普遍的做法是将未成年人基因检测的同意权赋予其父母或其他监护人。父母和监护人的决定对孩子大多是有利的，但并不总是如此，故对此种代理同意的权利需加以适当限制。国际上一个共识性的认识是：应基于孩子的"最佳利益原则"作出判断，而什么是最佳利益本身又是一个需要识别的问题。

所谓孩子的最佳利益首要的是医疗利益。从相关法律规范看，直接医疗利益的存在常常是未成年人预测性基因检测的前提条件，若无医疗利益检测则应推迟至其成年，除非这样会造成损害。[1]其次，未成年人本人的意愿应得到足够的尊重。未成年人即使不具有完全的同意能力，但作为亲历者对于检测必定也有一定的认知与感受，对此不应予以忽视，这一点也普遍体现在各国法律规范中。欧洲《人权与生物医学公约》第 6 条第 2 款规定，代理同意的决定应将未成年人本人的意见纳入考虑之中，随着未成年人的年龄和成熟程度越高，其观点对于同意决定的影响力就越大。此外，还需考虑其他的方面。英国医学协会（EMA）确定了评估最佳利益参照的因素：①未成年人可确定的愿望、情感和价值观；②未成年人的理解力和对决策的参与；③损

---

〔1〕 Lainie Friedman Ross, "Predictive Genetic Testing of Children and the Role of the Best Interest Standard", *Journal of Law, Medicine & Ethics*, 2013, 41 (4): 899-906.

害与获益的概率；④家庭的意见；⑤宗教和文化因素；⑥拖延或拒绝检测的后果。[1]对于这些复杂的因素应综合考量，在个案中具体问题具体分析。对于儿童晚发性疾病的预测性检测，通常认为不符合最佳利益。对于在儿童期发作且无有效治疗手段的疾病，预测性检测有利有弊，至于利大于弊或弊大于利，不能一概而论而应个案分析，如果对儿童或其家庭具有心理利益或社会利益时则符合最佳利益原则。[2]

对于不符合上述最佳利益标准的代理同意，应否定其效力。如美国人类遗传学会与美国医学遗传学院的伦理准则中规定，若父母以非医疗因素要求对未成年子女进行晚发性遗传疾病检测，以减轻父母自身的心理压力，则应限制或禁止父母的权利。加拿大儿科学会的伦理准则也有相似的规范，在特殊情况下，父母坚决对其子女进行基因检测，检测之疾病尚无医学或其他利益，则医师可依非未成年人最佳利益为由拒绝进行检测。

四、未成年人的自我决定权

除了父母和监护人的同意，未成年人是否可以自己作出检测的同意决定，这是一个值得探讨的问题。在我国未满18周岁都是广义上的未成年人，这中间存在相当大的跨度。再者，就孩子心智成熟程度的影响因素而言，年龄不是唯一的因素，事实上在相同年龄的孩子间成熟度存在相当大的差别。因此，是否起码存在一部分未成年人有能力自主作出基因检测的同意决定，是在考虑之列的。

事实上民事行为能力和同意能力是不是一回事，在学界存在不同的看法。有观点认为，二者是可以适度分离的，不具有行为能力，但能够理解事物的意义与风险的，不妨具有同意能力。这样的观点在比较法上是有佐证的。在美国，具备知情同意能力的未成年人被称作"成熟的未成年人"（Mature Minors），服兵役或者以自己的劳动收入作为生活来源的未成年人均有自己作出医疗同意之权利。在英国，16周岁以上而心智健全的未成年人或者16周岁以下但有能力完全理解医疗措施的后果、副作用及放弃治疗后果的未成年人有自

---

〔1〕　E. K. Salter, "Deciding for a Child: A Comprehensive Analysis of the Best Interest Standard", *Theoretical Medicineand Bioethics*, 2012, 33 (3): 179-198.

〔2〕　欧洲《人类遗传学会未成年人基因检测准则》第9条。

己决定医疗的权利。这是英国著名的"Gillick"标准。[1]此外,前述欧洲《人权与生物医学公约》第6条第2款也反映了根据未成年人的成熟程度判断对同意影响力的思想。有学者建议在我国构建针对未成年人基因检测的特别同意能力制度,并划分为若干层级。[2]要在我国建立一套独立的基因检测同意能力制度,富有创新精神,但恐怕存在不小的难度,不可能在短期内实现。

当前,对未成年人自我决定权的保护可放在解释论的路径下进行。根据《中华人民共和国民法典》及其司法解释的规定,限制民事行为能力人可以进行与其年龄、智力状况相适应的民事活动,是否与其能力相适应的判断,可以从行为与本人生活相关联的程度、本人的智力能否理解其行为,并预见相应的行为后果,以及行为标的数额等方面认定。[3]据此,如果未成年人能够透彻理解基因检测的意义和风险,可解释为具有作出知情同意的行为能力,可独自作出同意与否的决定。

第四节 族群的同意

一、族群同意问题的提出

现有的知情同意机制主要是针对个人受试者而设计的,不过在发展当中渐渐涌现出了另一种新的知情同意层次——族群的同意。当基因检测针对的对象是来自某个族群的成员时,由于族群成员间基因的遗传相关性,受试者基因信息的公之于世可能会给整个族群带来重大影响。在个别族群成员身上检测发现的"不体面"的基因信息,可能以讹传讹地被放大到整个族群,从而产生族群污名化的问题。这样的担心并非杞人忧天,而是有大量的实例佐证。2006年新西兰的一项研究结果揭示出:在原住民族毛利人身上存在一种叫作"单氨氧化酵素"的基因,且比例高于一般欧洲人二倍。这种基因被称

---

[1] 参见朱明兰等:《西方国家病人自主权概况及浅析》,载《医学与哲学(人文社会医学版)》2012年第12期。

[2] 参见焦美娇:《论基因检测中未成年人的自我决定权保护》,天津大学2015年硕士学位论文。

[3] 参见最高人民法院《关于贯彻执行〈中华人民共和国民法通则〉若干问题的意见(试行)》第3条。

为"战士"基因，携带者有冒险、好斗、侵略性强的特征。这一研究结果的披露，被与毛利族群中较严重的家庭暴力问题联系起来，并在更大范围内导致了毛利族群有暴力倾向的社会误读。[1]由此提出的问题是，为了保护族群的利益，在基因研究中除了获得受试者个人的同意之外，是否还要获得族群的同意？这是知情同意原则发展史上的一个饶有兴味的新议题。

族群同意的问题主要发生在研究性基因检测背景下。对基因研究而言，族群相对于单独的受试者有着独特的科学价值。特别是在当今的大数据时代，各国纷纷建立大规模的人群性生物样本库，针对族群的样本采集和研究广泛展开，这也给知情同意提出了重大的挑战。[2]在世界上很多国家和地区，族群研究遭遇到了意想不到的阻力，许多族群担心基因研究对本族群造成损害而拒绝参与研究。在这样的背景下，族群同意的问题被提出。单纯受试者个人的同意看来是不足以打消顾虑的，若能从族群获得团体的同意，或许可以化解上述困境。从现实的视角看，在很多国家族群基因研究大多针对的是当地的原住民族群，历史、文化、政治、社会等众多因素的杂糅加剧了这一问题的复杂性。在我国，人口众多，民族构成复杂，在漫长的历史发展中形成的族群文化较其他国家更为丰富，而针对族群进行基因研究面临的问题也更为突出。近些年发生了几起国外研究者到我国搜集人口基因样本、攫取遗传资源的事例，很多研究都没有经过当地族群的同意而擅自展开。目前我国遗传资源立法正在加快进展中，族群同意的问题是其中一个值得关注的重要子议题。[3]从个人同意到族群同意，是一个重大的转变，针对个人设计的知情同意规则对族群同意并不能适用。族群同意的概念尽管已经被提出，然而在规范和操作层面尚没有清晰成熟的规则可循，需在发展中探索完善。

二、族群同意的价值与弊病

若要在个人同意之外另设立一套族群同意的规则，构成双层同意，必须

---

〔1〕 Rod Lea & Geoffrey Chambers, "Monoamine Oxidase, Addiction, and the 'Warrior' Gene Hypothesis", *New Zealand Medical Journal*, 2007, 120（1250）.

〔2〕 参见林瑞珠、廖嘉成：《论告知同意原则在族群基因研究的应用及其发展趋势》，载《华中科技大学学报（社会科学版）》2008年第1期。

〔3〕 参见伍春艳、焦洪涛、范建得：《论人类遗传资源立法中的知情同意：现实困惑与变革路径》，载《自然辩证法通讯》2016年第2期。

回答的问题是，这么做的好处是什么？合理性基础是什么？与个人同意的冲突如何协调？事实上族群同意尚不是一个已经被法律正面接受了的盖棺论定的规则，尽管在理论探讨中具备较高的热度，但是却缺乏足够的法条支撑，现有的为数不多的规范主要是一些"软法"。族群同意尚需"正名"。而在这一问题上，存在着相当激烈的争论，认识上十分混乱。

支持者们列举了族群同意的种种利益与正当性。首先，就是族群在基因研究中面临的风险是真实存在的。典型的风险除了上述的族群污名化，还有对族群文化的"软"侵蚀。一些研究结果可能导致对族群信仰的改变、成员对族群认同感的降低以及族群内部凝聚力的下降。例如，在美国亚利桑那州开展的一项针对哈瓦素帕族的研究中，原本是要找出导致众多族人患糖尿病的基因，但是研究者却将提取的 200 份样本又用作了其他研究，并且得出的研究结果与该部落古老的传统故事相悖。这被认为是对族群文化的亵渎。其次，族群的整体力量更强大，能更好地实现对族人的保护。再次，对于族群共有的或者在成员中多发的基因突变，被认为是一种重要的遗传资源而成为权利的客体，而族群作为权利的主体对其有控制权。此外，很多族群有团体自决的传统和程序机制，族群同意具有可操作性。最后，族群同意确有同个别同意相异的独立适用范围，有些利益是攸关族群整体的，非借助族群同意难以实现保护。

质疑族群同意的理由主要有以下几个方面：首先是对个人自主的冲击。当族群成员个人自愿参加研究，而族群拒绝作出同意，则个人自主被牺牲。必须追问的是族群意志何以注定超越于个人自主之上？当然基因的关联性是一种解释，不过这是一个相当模糊的东西，这种关联性到底有多大，针对个人的研究是否真会影响到整个族群的利益，是一个值得怀疑的事情，起码需要谨慎考证而不是当然自证的事项。族群利益的扩张解释可能导致严重的家长主义作风（Paternalism），使个人自主被架空。其次，从对族群的影响来看，族群同意的实际效果可能是负面的。将原本有关个人基因的事项，通过族群同意的方式强行与族群拉上干系，可能反倒诱发将某种基因倾向与族群挂钩的放大效应。这是族群给自己贴上了基因标签吸引公众注意，如同是引火上身。最后是操作层面的困难，族群究竟如何界定？族群同意究竟如何获取？

关于族群同意独立存在正当性的辩论，争论还需要来得更猛烈些，目前立法的时机尚不成熟。然而，这并不妨碍探索族群同意的实践展开。

三、族群同意的规范现状

目前对族群同意明确加以规定的法律规范并不多，主要是一些国际宣言、声明等软法规范。如国际人类基因组组织（HUGO）《关于基因研究正当行为的声明》中指出，知情同意的决定可以是在个人、家庭、社区或人群的层次上作出。联合国教科文组织（UNESCO）《世界生命伦理与人权宣言》第 6 条规定："如果是以某个群体或某个社区为对象的研究，则需征得所涉群体及社区的合法代表的同意。"人类基因多样性计划（HGDP）北美地区委员会（North American Regional Committee）在其所提出的《伦理规范模版》（Model Ethical Protocol）中指出，该研究计划不仅需要取得提供基因提供者个人同意，还需要在条件许可的前提下获得团体同意。此外，澳大利亚国家卫生和医学研究委员会发布的《2007 年国家人类研究伦理行为声明》第 3.5.11 段也有类似规定。[1]一项影响巨大的新规则的确立必须经得起推敲，这注定是一个长期的过程。无论法律是否对此作出明确规定，在基因研究中尊重族群的意愿都是应当的，但方式可以是灵活多样的。

四、族群同意的实现方式

影响族群同意发展的一个最重要的瓶颈就是族群同意的实现方式不明。实践中究竟如何获得族群的同意？族群是一个模糊虚化的概念，不像自然人是一个明确的主体，也不像法人可以由权力机关形成意志、再由代表机关表达意志。对于族群而言，谁有权利代表族群整体作出同意或者拒绝同意的决定？而一个更前提性的问题是族群如何认定？

在笔者看来，对这一问题的回答必须从族群本身的多样性出发，不能一刀切地认为所有族群都有或是没有作出同意决定的权利。现实中族群的形态五花八门，族群的范围有大有小，小的只是几百人甚至几十人的小村庄，大则可至一个国家——如一些小岛国。赖以成为族群的联结纽带不同，有的是

---

〔1〕《2007 年国家人类研究伦理行为声明》第 3.5.11 段的内容是：应征求适当的社区代表以及有关个人的同意（见第 2.2.13 段），其中：（a）研究人员建议收集遗传材料和信息，因为他们是某个社区的成员；（b）研究涉及社区的敏感性；和（c）在这些事项上已知有一种文化上相关的社区结构。

共同的生活地域、有的是共同的文化传承、有的是共同的生活方式、有的是基于血缘联系……不同族群成员相互间联系的程度或松散、或紧密，是不是所有的族群都有作出知情同意的权利？笔者认为答案是否定的。一些族群的凝聚力极强，团体利益明显。另一些族群则十分松散，有名无实。要知道一旦肯定族群有作出团体同意的权利，拒绝同意的决定对于个人同意将产生否决效果。容许一个共同利益不明显的涣散族群作出一个同意决定而否决个人同意，这是不公正的，是对个人自主过度的侵蚀。关键在于应受知情同意保护的有"资质"族群如何甄别？对此恐怕没有预设的统一标准，而只能在个案中加以判断。应综合各种因素，看成员个人参与研究的行为是否会真实地给族群整体造成损害，是否确有整体利益存在。再者，是否有族群整体意志的形成机制也是一个重要的考量因素。无法形成共同意志的族群如何作出同意？

对于确定具有知情同意需求和能力的族群，知情同意机制如何设计？对此也要从族群的特点出发。族群同意要出自族群权威，使族人信服。世界不同国家和地区的不同族群，由于历史文化传统的不同，族群权威的形成方式注定是多样的。有的族群权威来自部落首领，有的源自长者会议，有的族群有代表机制，有的存在多数决机制。族群同意的获得并不总是艰难的，一些族群有着十分完善的族群意志形成机制，族群同意可以很容易地作出。在美国，一些被政府赋予高度自治权的原住民族群，甚至设置有专门针对研究进行审查和同意的机构，类似于常规研究架构中起监督作用的机构审查委员会（Institutional Review Board，IRB）。困难主要在于如何从那些没有良好的群体意志形成机制的族群获取同意，对此，关键的化解之道在于加强研究者与族群的沟通与协商，增进互信、避免对抗，共同探索双方都能够接受的同意方式。总之，想要树立一种族群同意的标准获取模式，是不切实际的，只能仰赖个案中更多的磋商。

第五节　基因不知情权

基因检测技术的进步极大地提升了人类了解自身的能力，对基因信息的获取与利用日益频繁，然而知道真的好吗？检测结果揭示的健康风险引发一系列心理问题，受试者可能因此陷入焦虑和恐惧。[1]从一定意义上讲，知道自己可能在未来患病，也只是将焦虑的时间提前而已，况且一切都是基于或许并不准确的检测结果。因此，不知道或许更好。该种不知情利益应得到尊重与保护，这在伦理层面有着充分的依据。进而，在法律层面上不知情也能够被称为一种权利吗？这成为近年来被热议的话题。知情同意原本是生物医学领域的重要原则，知情权是公众熟知的语词表达，不知情权的出现则与之形成对照而别具意义。作为一个新兴概念，基因不知情权的理论架构尚不清晰。对个人基因不知情是否成立为一项权利？如果是则究竟为何种权利？其为现行法上已经存在的既有权利类型，抑或是需在未来借助立法确认的新型权利？该种权利的内容如何，怎样行使？在这个信息爆炸的纷扰时代，基因不知情权因赋予个人安宁而具有独特的价值，对于该种重要但目前尚模糊的权利，有必要在法理上予以厘清。

一、基因不知情权的意涵

基因不知情权是一个晚近以来才出现的新名词，最早的文献研究大概可追溯至 20 世纪 80 年代。[2]随着基因技术的加速发展，这一问题在欧美受到越来越多学者的关注，研究成果渐多。在我国，基因不知情权尚属于颇为生疏的概念，法学界对这一问题的研究十分鲜见。一种对基因不知情权望文生义的理解是：不知悉自身基因信息的权利。这与不知情权的真实内涵相去甚远。何谓基因不知情权，应当讲在目前尚没有一个被普遍接受的定义，事实上有人对这一概念的科学性本身产生怀疑。综合国内外学者的观点，笔者尝试将基因不知情权作如下定义：个人有权选择是否被告知自身基因信息的权

---

〔1〕　大量研究结果表明，许多受试者在得知自己携带某种缺陷基因后，出现了不同程度的焦虑、烦躁、精神恍惚等状态。例如，《耶鲁生物与医学杂志》上发表的《基因信息的法律层面》一文指出，得知自身携带"亨廷顿式舞蹈基因"的美国年轻人的自杀率是同一年龄组其他人群的 4 倍。

〔2〕　关于基因不知情权的探讨，据笔者搜集的资料，最早见于 Shaw M. W., "Testing for the Huntington gene: A right to Know, A Right not to Know, or a Duty to Know", *American Journal of Medical Genetics*, 1987. 在 1994 年的第十届世界医事法大会上，Ann Cavoukian 在其名为 Genetic Privacy: The Right "not to know" 的发言中亦对该项权利进行强调，联合国教科文组织 1997 年提出并通过的《人类基因组与人权宣言》中也涉及此项权利。对基因不知情权的研究较为深入的西方学者中，比较著名的有 Graeme Laurie、Ruth Chadwick、Husted Jorgen 等，这些学者中的相当一部分从 20 世纪 90 年代起即开始此方面的研究，直至今日，每年都有相当数量的此类文章被发表。

利，如一个人明确表示不愿意接受个人基因信息，他人强行告知行为就是对其自主自决的侵犯；即使一个人没有做出明确的意思表示，也应根据基因信息的具体性质区别对待。[1]

关于基因不知情权的内涵，需特别申明的一点是：受试者仅对个人基因信息中不愿了解的部分享有不知情权，这部分的客体应是严格限制的，不能做扩大解释。换句话说，受试者行使不知情权并不排斥知情权的行使，甚至依赖于知情权的行使，因为即使是作出不知情的意思表示也是建立在对大量信息掌握的基础之上。因此，不知情权的行使并不意味着医师等相关人员告知或反馈义务的免除，如关于基因检测的相关风险、技术手段等一般信息原则上是要告知的，即使受试者对此没有作出明确的意思表示。甚至某些情况下，受试者行使不知情权可能为医师的告知及反馈义务的履行创设了更高标准，如医师必须以一种合理的方式将可能影响受试者作出不知情决定的信息予以充分的告知，同时还应依据其心理状态、身体状况、生活环境等因素对告知内容和告知方式进行调整。

关于基因不知情权，并非仅止于理论上的讨论，而是有现实的规范依据。最早肯定该权利的是联合国教科文组织于 1997 年发布的《世界人类基因组与人权宣言》，其第 5 条规定："每个人决定是否愿意被告知基因检测结果及基因检测结果意义的权利应该得到尊重。"[2]另一个重要的国际性法律文件是于同年颁布的欧洲《人权与生物医学公约》，其规定："每个人都有权知道有关他自己的任何健康信息，但是，个人不愿被告知的意愿应当被尊重。"[3]补充解释该公约的《为健康目的的基因检测附加议定书》第 16 条第 2 款也规定，每个人不被告知基因检测结果的权利应当被尊重。这些国际规范的存在使基因不知情权在法律上有据可循。一些国家层面的立法也开始渐渐肯定该种新兴权利。

二、基因不知情权与知情权的关系

不知情权是与知情权相对称的概念，而后者更加广为人知。所谓知情权，

〔1〕 Graeme T Laurie, "In Defence of Ignorance: Genetic Information and the Right not to Know", *European Journal of Health law*, 1999, 6（2）: 119–132.

〔2〕 UNESCO, Universal Declaration on the Human Genome and Human Rights, Article 5c, 1997.

〔3〕 Council of Europe, Convention for the Protection of Human rights and Dignity of Human Being with regards to the Application of biology and Medicine, Article 10（2）: 1997.

是指个人对其基因信息及与之相关的信息享有知悉的权利，是否知悉及知悉程度均取决于个人。从前述国际规范来看，不知情权总是与知情权放在一起被描述，且当个人选择对部分信息进行知悉时，就意味着对另一部分信息的不知情。可见，知情权本身就包含着"不知情"的元素。这也难怪不少学者对再去创设一个不知情权充满质疑。其实，单就"不知情"与"知情"字面含义，二者是一体两面的关系，前者是后者除外的应有之义，但我们不能由此就简单地认为"知情权"与"不知情权"是同一概念的两种说法。尽管不知情权与知情权中的客体范围在某种程度上具有交叉性与互补性，但不知情权的创设并非画蛇添足，而是基于知情权不足以充分维护当事人利益之考虑。若检测医师违背受试者意愿强行告知，法律上如若仅规定知情权，则医师可以已履行告知义务为抗辩，此时受试者的不知情利益就很难得到保护。

基因不知情权与知情权确在某些方面存在着极大的相似性，这也是部分学者对知情权外再创设一个不知情权产生疑问的症结所在。具体而言，二者的联系主要体现在以下方面：①权利主体相同，均为基因所属的主体本人，即接受或拟接受基因检测的受试者，其他任何人都不能对该受试者的基因信息享有知情权或不知情权。尽管受试者的基因信息与家族其他成员的基因信息具有极强的相似性和关联性，甚至在某些范围内具有一致性，但仍然不能由此认为其家庭成员对受试者的基因信息享有知情权或不知情权。若受试者的基因信息对家族内其他成员罹患遗传疾病具有风险提示意义，此时医师向家庭成员的适度披露，也必须事先征得受试者的同意，然而家庭成员对相关基因信息的获知也仅是对受试者不知情权的适度突破，而非享有知情权。②二者的权利客体具有一定的交叉性，均包含个人的基因信息及相关诊断结果。对这部分信息，基因主体可依个人意志，去自主选择知情抑或不知情。③从权利性质上来讲，二者均属于人格权范畴。无论是知情权还是不知情权，均以个人是否同意为行使的意思表示，属于自我决定的范畴，去自主决定植根于个人自主，维护的是人类的人格尊严与人格自由这一核心利益，与人格权的利益本质是一致的。④权利行使方面，二者均以"知情同意"原则为指导。任何权利的行使均需要作出相应的意思表示，知情权与不知情权的行使同样如此。意思表示作出的前提是信息的充分告知，无信息即无决策，更无真实的意思表示作出的可能性。因此，即使是"不知情"也必须以"知情"为前提。

　　尽管存在上述相似性，但基因知情权与不知情权并非浑然一体，而需在法律技术上加以区分，该种区分对于全面维护受试者的权益具有十分重要的意义。二者的区别体现在以下几个方面：①权利客体不同。知情权的客体是整个基因检测过程中受试者理应了解的信息，包括进行基因检测前有关基因检测的检测范围、技术方式、注意事项、操作人员、相关风险等，基因检测过程中的突发情况以及基因检测的结果，包括与个人基因信息有关的意外发现等所有信息。不知情权的客体则主要是基因检测结果中的个人基因信息。可见知情权的客体范围远大于不知情权的客体范围。②保护方式不同。知情权与不知情权客体的不同导致权利的行使在时间上具有差异性，继而决定了二者不同的法益保护方式。知情权在基因检测开始前就进入了行使状态，否则基因检测难以正常进行，不仅如此，该权利的行使贯穿于基因检测的全过程，侧重在基因检测的动态过程中保护受试者的法益，即保护的是受试者对整个基因检测动态过程的知悉利益，而不知情权则只能在基因检测结束后检测结果告知前行使，仅是对个人基因信息静态的不知悉利益的保护。③权利设置的出发点不同。基因检测及基因信息解读的专业性与复杂性，导致最先了解受试者隐秘基因信息的并非受试者本人，而是实施基因检测的相关技术专家或医师这一尴尬现象，极易造成信息掌握的极端不对称。因此，知情权创设的出发点是缩减受试者与检测医师间信息不对称之差距，防止医师怠于履行基因检测的相关告知义务及结果反馈义务，从而保护受试者在整个基因检测动态过程中对相关信息了解掌握的权利。无论是知情权还是不知情权均是以个人自主为核心。自主不仅仅是被充分告知后作出决定的能力，他也是一种选择自己生活方式的能力，能够充分知情但不会被不必要的、不想要的信息所干扰。[1]不可否认，知情权的设置在一定程度上可以缓解医师与受试者之间信息掌握不对称之矛盾，但基因信息解读的专业性、复杂性在客观上决定了信息不对称现象会必然存在。为了避免医师未经受试者允许或相关伦理机构的评估，将基因检测的结果向受试者进行信息"轰炸式"的过度反馈，对受试者的心理及预期生活造成不利影响，甚至将受试者带入任医师"处置"

---

　　[1] Asscher E. &koops B. J., "The Right to Know and PGD for Huntington's Disease", *Journal of Medical Ethics*, 2010, 36（1）：30-33.

的"父权式医疗"的泥潭，继而创设不知情权。④知情权放弃行使的意义不同于不知情权的行使。受试者享有知情权意味着检测医师及相关专家对其要求了解的事项负有积极告知义务及基因检测结果的主动反馈义务，该权利的放弃就意味着对医师及相关人员告知及反馈义务的免除。与之不同的是，受试者对不知情权的行使，是为了排除医师及相关人员以告知和反馈为由对受试者进行信息轰炸式的骚扰，以维护其生活之平静状态，而非免除医师等相关人员的告知与反馈义务。

三、基因不知情权的证立

（一）基因不知情权正当性之政策考量

1. 技术层面的考虑

一方面，尽管基因检测技术已经取得了巨大的进步，但距离成熟尚相去甚远，检测结果的科学性、有用性存疑使知情的价值大打折扣。目前，基因检测技术在临床医学中主要应用于单基因疾病的检测，如血友病、白化病等，因其较强的针对性，因而对单基因疾病检测结果的精确度也较高。而由于癌症、精神病等多因子疾病的暴发受后天环境、生活方式等因素影响较大，对于这类疾病进行基因检测的操纵难度和复杂程度也随之提高，基因检测结果的准确度也会大打折扣。纵使基因检测结果显示受试者携带某种缺陷基因，这种携带也仅是提高某种疾病发生的可能性，携带变异基因的人群并不一定最终表现出疾病症状。[1]

另一方面，医疗技术在横向和纵向两个维度上表现出的不同特质也昭示着不知情权存在的必要性。其一，从横向维度来看，医疗技术具有滞后反应性。诚然，随着基因技术的不断进步，由基因信息推断基因疾病的精确率会越来越高，但医药技术的滞后反应性在客观上决定了相对应的医疗技术与疾病发生之间的时间差总是存在的，进而导致疾病的诊疗方法与对症的药物总是落后于疾病的发现。[2]例如，人类发现并且准确诊断亨廷顿舞蹈病基因已经很久，但对该疾病的治疗至今仍一筹莫展。当智慧使不上力量时，只会徒然

---

〔1〕　参见王康：《基因权的私法规范》，中国法制出版社 2014 年版，第 48 页。
〔2〕　罗胜华：《基因隐私权的法律保护》，科学出版社 2010 年版，第 93 页。

地带来悲伤。[1]其二，纵向维度方面，医疗技术是飞速发展、日新月异的。即使当前有相应的医疗技术可用于预防缺陷基因可能诱发的疾病，但基于大多数医疗措施的不可逆转性，如切除身体的某一组织或器官等，而缺陷基因诱导疾病发生又存在客观时间差，疾病是否会发生，何时发生又都是不确定的，贸然地采取一些高风险的医疗预防措施显然是欠妥当的。况且，由于医学技术的飞跃发展，当受试者缺陷基因诱导的疾病暴发时，以不破坏身体完整性的低代价的医疗技术很可能被研发出来并推广使用，此时，基于基因检测所采取的预防措施给受试者带来的可能不是美丽未来而是抱憾终生。

2. "最佳利益"原则

"最佳利益"原则肇始于家庭法中的"子女最佳利益"原则，其创设之初的目的是保护儿童利益。目前，最佳利益原则的运用不再仅限于对未成年人利益的保护，而扩大至医学领域对患者利益的保护[2]。在英国，其甚至被认为是维护所有弱势群体利益的最公平、最合理的原则。[3]在诊断性基因检测情境下，受试者虽不是被确诊患上某种疾病，但其对致病基因的携带及罹患疾病的可能性，使其具有了同患者类似的弱势地位。因此，"最佳利益"原则也应成为受试者享有不知情权的一个重要衡量因素。一般情况下，当受试者得知自己携带某种会诱发严重疾病的缺陷基因时，即使疾病尚未产生，也会使受试者误解必然会患上此类严重疾病，从而使其丧失对生活的自信，严重时可能患上精神疾病，甚至自杀。当基因检测结果显示受试者携带会诱发严重疾病的缺陷基因，且该疾病目前并不能通过改善生活方式或者采取健康保健措施加以预防，也无其他良好的治愈方式，此时，医师需考虑受试者的最佳利益，非经受试者允许，应免于告知相关基因信息，否则只会让受试者因是否发病这一或然性事件而陷入莫名的恐惧之中，背负更大的生理和心理上的压力。

---

〔1〕 希腊盲眼先知泰瑞西斯虽拥有预知未来的神力，却对未来发生的事项没有改变的能力。此话为其对太阳神阿波罗关于拥有预知未来的能力作何感想的询问时的回答。

〔2〕《国际医学伦理标准》规定"医师在提供医护时应从患者的最佳利益出发"，即规定了医学领域的"最佳利益"原则。我国《执业医师法》也进行了类似规定，如"医师应当如实向患者或者其家属介绍病情，但应注意避免对患者产生不利后果"。

〔3〕 参见祝彬：《论患者最佳利益原则》，载《医学与哲学（人文社会医学版）》2009年第5期。

3. 个人自主

个人自主原则在医事法领域中始终占据核心地位，在基因检测结果的获知问题上，这一原则同样需得到贯彻。人与人之间的志趣和价值倾向具有差异性，不论受试者做出同意还是拒绝知悉个人基因信息的决定，都是对其自身利益及人生发展方向的理解与表达，是个人自主的表现，都应得到尊重与保护。因此，实现个人自主利益的全面维护，不仅要肯定受试者积极知情的自主利益，还应强调其消极不知情的自主利益。伯林（L. Berlin）在其著作《自由论》中说道："我意识到我自己是一个有思想、有意志、主动的存在，是对自己的选择负责任并能够依据自己的观念和意图对这些选择做出解释的。"[1]个人作为自己最佳利益的判断者，有权排除他人的干扰，依自己的意愿做出体现自我价值、表现自我控制力的决定，不论该决定在他人看来是何等荒谬，甚至最终可能被证明是错误的。[2]当受试者已明确表示拒绝知悉个人基因信息，医师应予以尊重，倘若其推行"医疗父权主义"，漠视受试者的不知情意愿的表达，强行告知基因检测的结果，即使是出于善良动机，亦减损了受试者个人自主利益，进一步讲，就是对受试者人格尊严与自由的践踏。

4. 私人领域的保护

每个人都应是独立自主的。自主之人的重要内涵之一是对个人信息的控制，这种控制不仅仅是限制他人对本人信息的获知与接近，更应包括个人对该信息自始不接受的权利，使个人最终得以保有自我的私人领域。[3]向一个没有明确表示知悉意愿的人揭示其基因信息，即侵犯了个人隐私，因为其侵犯了个人的私领域或自我领域。[4]人虽然是社会人，具有社会团体属性，但并不能改变其作为个体的独立本质。因此，个人应拥有区别于他人的独立领域范围，在这个范围内，个人的人格能够获得充分自由地发展，个人得以保

〔1〕　［英］以塞亚·伯林：《自由论》，胡传胜译，译林出版社 2011 年版，第 200 页。

〔2〕　Jorgen Husted, "Autonomy and a Right not to Know", *The Right to Know and the Right not to Know：Genetic Privacy and Responsibility*, 2014（2）：24-37.

〔3〕　Pascal Borry, Masha Shabani and Heidi Carmen Howard, "Is There a Right Time to Know? The Right not to Know and Genetic Testing in Children", *Journal of Law, Medicine and Ethics*, 2014, 42（1）：19-27.

〔4〕　Graeme T Laurie, "The Role of Autonomy, Confidentiality, and Privacy in Protecting Individual and Familial Group Rights in Genetic Information", *Journal of Legal Medicine*, 2001, 22（1）：1-54.

有自我，得自公开隐退，不让周边环境进入，享有安宁与寂静。[1]人体基因信息决定着个体的生命性状，承载着人类的生命奥秘，甚至于个人都不知悉具体内容，具有高度隐秘性，属于个人的私人领域范围。若受试者已明确表示拒绝知悉个人基因信息，则医师的任何强行告知行为均会打破受试者原有的安宁状态，构成对个人领域的侵犯。

（二）基因不知情权的实现困境

1. 不知情权效力状态的模糊性

个人对有关其未来健康的基因信息是否知晓以及知晓范围可自主作出选择，但这一自主选择会因时间的推移而有所变化，很显然一个人先前作出的决定并不能代表其现在的意愿，因此，不知情权的效力状态应受到规制。[2]虽然已经明确不知情权的效力应受到限制，但应如何限制，给予多大程度的限制却是相当模糊的。因为受试者一方面享有不知情权，另一方面又享有知情权，两项权利的客体又具有交叉性，当受试者作出不知情决定后能否对同一部分的基因信息再作出知情的决定，此时不知情权是否还具有持续效力，还能否对抗知情权，均是不清晰的。通常情况下，出于基因信息安全的考虑，当受试者作出不知情决定后，检测机构没有理由再留存受试者的基因样本及相关基因信息，只能予以销毁。但事实上，基因不知情权效力状态的不清晰性，导致检测机构会纠结于基因样本及相关信息的去留问题，而基因信息的解码与分析相比一般的医学检测更耗时耗力，若直接销毁容易造成资源的浪费和受试者无谓的重复检测。

2. 影响受试者自主决定

自主决定的作出建立在对信息充分掌握的基础之上。如果不向受试者披露其个人基因信息，尤其是当这些信息与其是否生育及其他一些生活计划有关时，由于信息的匮乏，个人就不能合理地对有关其健康和幸福的事项做出选择和决定。[3]向个人强行披露其基因信息从形式上来看确实侵犯了个人自主，但其实质上却是对个人自主的尊重和增强，因为信息的充分把握和占有

---

[1] 王泽鉴：《人格权法》，北京大学出版社 2013 年版，第 198 页。

[2] Graeme Laurie, "Recognizing the Right not to Know: Conceptual, Professional and Legal Implication", *Journal of Law, Medicine and Ethics*, 2014, 42 (1): 53-63.

[3] Macklin R, *Privacy and control of genetic information*, Gene Mapping, Oxford University press 1992.

可以保证决定及时有效地做出。

3. 增加医师告知及反馈的难度

基因知情权要求医师积极履行告知及反馈义务，而基因不知情权则与之相反。为了充分维护受试者的不知情利益，医师应当将影响受试者作出不知情决定的事项进行充分的告知，这也是基因知情权的内在要求。然而影响受试者作出基因不知情决定的事项具体有哪些，医师应选取怎样的告知方式，应于何时告知都是实践中令人头疼的问题，因基因不知情权与知情权的客体范围存在一定的交叉，若医师稍不注意，就会因履行告知义务而侵犯了受试者的不知情权，正如"当医师或者基因专家询问你（受试者）是否想知道自己罹患某疾病的风险时，事实上已经向你透露了实质的基因信息"。[1]

关于是否肯定基因不知情权为一项独立权利，支持者与反对者的理由均有一定合理性。笔者认为，首先必须肯定的是，受试者享有基因不知情权并非个人自主的削弱，相反，却是个人自主的增强。个人自主强调的是自我决定本身的作出，而非结果是否在实质上增强了个人自主能力或者个人是否从结果中获得实际的利益。只要受试者具有完全民事行为能力，其自主作出的不知情决定就应当是合理的，应给予充分理解与尊重。其次，不知情权的行使在实践操作层面确实会遇到一些困难，但这些并不是不可逾越的，解决困难的关键之处在于机构职能的健全与机制的设立。没有无限制的权利，不知情权同样如此。为了避免资源浪费和受试者的过度重复检测，在立法上可借鉴时效期间机制对不知情权的效力加以明晰。在受试者接受基因检测后的一段期间内，不知情权的效力应受到规制，应允许受试者在此段期间后悔其先前的不知情决定并随时行使知情权，相应地，检测机构在该期间内应妥善保管基因样本及相关资料以便随时调取。一旦该期间经过，则受试者对此次基因检测结果的不知情权具有永久的效力，检测机构应将相关的样本及资料全部予以销毁。受试者在个人基因样本及相关资料销毁之后如若要知悉个人基因信息，则应重新接受检测。而关于相关事项告知，大可不必由医师亲自履行，一方面基于每个医师的衡量标准不同导致告知内容存在较大差异，由此可能对受试者造成不利，另一方面也是基于降低医师责任风险的考虑，因此，

〔1〕 Wertz D. C, Fletcher J. C, "Privacy and Disclosure in Medical Genetics in an Ethics of Care", *Bioethics*, 1999, 5（3）: 212-232.

可将相关事项告知义务的履行交由生命伦理委员会等伦理衡量机构行使，由该机构在遵循统一标准的大前提下对个案进行合理评估与衡量后具体实施。总之，能够克服的阻碍不能算作真正意义上的阻碍。通过相关机制的构建与完善，不知情权在实践中行使所遇到的困难是能够得到合理解决的，尽管需要对该权利进行限制，但并不能磨灭其存在的正当性。

四、基因不知情权和其他权利的冲突与协调

（一）基因不知情权与生命健康权

生命健康权作为一项基本权利，注重对人之有形躯体完整性利益之保护，是个人得以享有和行使其他权利的前提，而基因不知情权属于基因自我决定的范畴，是对人之精神自由的彰显，捍卫着个人的自治，两项权利各有侧重。若基因检测结果为阴性，受试者对相关基因信息的不知情并不会减损其生命健康利益，此时受试者的基因不知情权与个人的生命健康权可以并行不悖，然而，当基因检测的结果揭示受试者携带一种会诱发严重疾病的缺陷基因时，若受试者行使不知情权，则可能对其生命健康构成威胁。

作为专业的医学人员，医师比受试者更为清楚缺陷基因诱发疾病的发展动向，以及相关预防及诊疗措施在延长受试者生命等方面的有益结果，遗憾的是，他并不知晓受试者是否乐于接受这种可能充满煎熬的生命延续状态。[1]每个人的价值倾向与心理素质是有差异的，个人作为自己利益的判断者，是自己的主人，有权对属于自己领域内的所有事务行使自我决定的权利。当个人已经明确表示对自己的基因信息选择不知情，即使会与之生命健康权发生冲突，医师也应尊重个人的自主自决，不能以专业为名篡夺受试者对属于其个人领域内的事项进行自主决策的权利，否则即是对受试者人格尊严与自由的侵犯。当然，生命是宝贵的，当受试者因缺陷基因可能罹患的疾病在当前可以采取有效的预防及诊疗措施，且受试者表示对由此造成的经济及心理负担等能够承受与容忍，医师也可基于伦理考虑对受试者进行适度的风险提示，并因此免于未来承担法律责任的风险。

---

[1] Hare R. M., *Utilitarianism and Deontological Principles*, Principles of Health Care Ethics, 1994, p. 159.

（二）基因不知情权与配偶的生育权

当受试者的基因检测结果显示其携带缺陷基因，并有传递给下一代的高风险性，此时，受试者行使不知情权会带来两个方面的问题：其一，对未来子女的生命健康造成不利，可能有违子女的最佳利益；其二，危及配偶的生育权。

关于问题一，其关键之处在于何为子女最佳利益，这一利益应由谁判断。首先，子女作为父母的爱之结晶，其出生意味着父母背负着爱与照顾的道德义务，父母作为其直接的监护人，此一利益自然应由父母来衡量。其次，子女的最佳的生活利益深植于父母纯粹的舐犊之爱中，而非避免出生时的一切损害。[1]对于未来子女而言，存在是美好的，即使这种存在是有瑕疵的。尽管其因出生携带某缺陷基因导致未来会患上严重疾病，但只要其出生后人格尊严得到充分的尊重，父母给予其充分的关爱与照顾，生活充满价值与意义，就不存在比因出生得以享受生活更高价值的利益。[2]因此，受试者行使基因不知情权不仅不违背子女的最佳利益，相反，因其行使不知情权，果断给予子女以生命并倾心呵护，使之得以感受世界反而维护了子女的最佳利益。

问题二与问题一存在一定的因果联系。通常情况下，父母都希望生育健康的子女，一方面可以减轻自己将来的照护负担，另一方面期望为子女美好未来奠定良好的生理基础。倘若配偶得知受试者关于某缺陷基因的检测为阳性，且会遗传给下一代，很有可能选择放弃生育，若此时受试者执意行使不知情权，就阻断了配偶从其处获得相关基因信息的通道，配偶的生育自主就会因信息的不通畅而遭到侵害。从另一角度来讲，由于生育权的依赖性和非独立行使性，若为了保护配偶的生育自主，而要求受试者知情（即使受试者不是主动知情，也会因为配偶作出是否生育的决定而被动知情），则又会侵害到受试者的生育自主，因为一旦受试者知晓个人相关基因信息后，就会受限于未来抉择，并面临着伦理与心理方面的挑战，其生育自主权就会遭到侵犯。因此，受试者与配偶之间的生育利益具有平等性，基于这种平等性，若医师

---

〔1〕　Anna Karolina Sierawska, "Prenatal Diagnosis: Do Prospective Parents Have the Right not to Know", *Medicine, Health Care and Philosophy*, 2015, 18（2）: 279-286.

〔2〕　NiklasJuth, "The Right not to Know and the Duty to Tell: the Case of Relatives", *Journal of Law, Medicine and Ethics*, 2014, 42（1）: 38-52.

未经受试者同意直接将其相关基因信息告知配偶显然是不妥当的。不妨采用商谈机制，由医师对受试者善尽说明义务，告知其缺陷基因的传递风险，再由受试者本人向其亲属进行传达。[1]当受试者本人拒绝知悉，也拒绝医师向其配偶披露高遗传风险的缺陷基因信息，医师也可以基于伦理考量向配偶提示受试者的缺陷基因遗传风险。此非医师义务，而是医师特权。当然，这种提示应受到严格的限制，只能在缺陷基因遗传后在下一代身上会诱发严重疾病的情况下才可进行，若过度提示，医师很可能还要承担对受试者的侵权责任。

（三）基因不知情权与家庭成员的生命健康权

基因的遗传性使得家庭成员之间的基因信息具有天然的相关性，因此，基因检测结果显示的基因信息不仅指向个人，某种范围内也指向家族其他成员。在具有家族遗传病史的情形下，家庭成员通过获知受试者的基因信息从而推断出自己的基因状况，并及时采取相应的预防或诊疗措施，有助于实现生命健康利益的维护。由此，有学者主张当受试者携带家族遗传性缺陷基因时，由于基因信息的家族关联性，出于家庭成员生命健康考虑，应赋予家庭成员知悉受试者基因信息的权利，受试者的基因不知情权应受到规制，在医师将相关基因信息告知受试者后，其应主动向家庭成员披露。这种观点确有其合理性，但尚存缺憾。

笔者认为，家族成员基于生命健康之维护对受试者基因信息的知悉利益应由受试者与其家庭成员之间共同生活这一事实联系状态获得，并非基于基因信息的相互关联性。首先，若家庭成员享有对受试者基因信息的知悉权，则家庭成员范围的界定就是一个首要难题，若仅限于直系血亲亲属，范围不仅狭小，而且不能真实反映基因信息家族相关性的真实情况。若范围界定略大，则会导致受试者基因隐私的泄露。其次，由于基因信息的复杂性以及突变性，家族成员基因信息的关联性在某些方面并不能体现出来，受试者携带某种致病性基因并不意味着其家庭成员也必然会携带。最后，随着基因检测技术在医学领域的进一步运用及费用的不断降低，家庭成员完全可以自行接受基因检测，无需通过受试者的基因信息去推断自己的基因状况，事实上这种推断也是危险的、不科学的。因此，基于受试者与其家庭成员共同生活这

---

[1] 参见王康：《论基因医疗信息对第三人的披露》，载《法学论坛》2011年第5期。

一客观状态，仅当受试者因缺陷基因患上严重疾病而使自己沦为威胁家庭成员生命健康的危险源时，如携带严重暴力倾向基因、传染病基因等，由于该缺陷基因所诱发的疾病公共危害性较大，受试者的基因不知情权才应受到限制。此种情形下，医师可根据家庭成员的请求在通知受试者后可直接向其家庭成员告知相关基因信息，无需征得受试者同意。当然，医师进行信息披露的对象及范围应受到严格规制，如只能向与之共同生活的家庭成员披露，只能披露具有高发性的传染病缺陷基因信息等，同时应防止造成受试者的污名化，以免给受试者带来不必要的精神困扰。

后　记

　　基因检测的蓬勃发展使加强法律规范的需求不可回避地摆在面前。今天，检测服务可在市场上便利获得，价格低至百元。在基因检测火爆出圈的现实背景下，在法律层面上必须冷静思考的是，基因检测带领我们进入的是一个美丽天堂抑或邪恶世界？基因检测可能存在哪些法律风险？如何通过有效的法律治理应对这些风险？

　　基因检测的吸引力在于助力人类对自我未来的预知。在没有这项技术的年代，人类生命只能在无知中被莫名的神秘力量掌控而无从选择，基因检测使人得以提前知晓未来并因此获得了与自然、疾病抗争的砝码。这看起来是极大的科学"红利"。然而必须作出反思的是，基因"算命"一定算得准吗？即使算得准知道一定好吗？知道以后会怎样？对于基因检测的疑虑一方面来自其本身的科学性，人类对生命知识的掌握还只是小学生，基因检测结果的可靠性在目前还存在很大的疑问。更大的疑虑则在于人们在获知未来后作出的反应可能引发的社会、伦理与法律危机。在基因"算命"的结果被披露出来以后，人们会基于这些结果而作出一系列反应行为，而携带这些基因的人则被贴上基因的标签受到各种不同的对待。有缺陷的体外胚胎将被抛弃，"不完美"的胎儿难逃堕胎手术的厄运，携带"不良基因"的劳动者可能被拒绝雇佣。人类在社会生活中风险其实无处不在，而基因检测所引发风险的特殊之处在于：其直接关乎人作为主体本身的尊严。基因作为生命的密码具有高度的私密性、人格性、伦理性，人们在痴迷于利用基因检测获取更多信息以提升健康之时，常常陷入技术工具主义的泥潭而无法自拔，在实用主义误导下忽略乃至损害更根本的利益与价值，而这些利益与价值是人之所以为人所不可或缺的。面对基因检测提出的挑战，法律应当筑起一道堤坝，识别风险、抵御风险，确保人类尊严的底线不失。

　　生物科技法一直是笔者十分感兴趣的研究领域，本书是笔者主持的国家

244

社科基金项目的最终成果，是对基因检测法律规制问题数年思考和研究的结晶。然而本书仍存在很多不足。基因技术处在持续的飞速发展之中，囿于专业背景，笔者对基因检测在科学层面的理解是有限的。再者，基因检测的问题十分复杂，本书未能穷尽基因检测法律规制的一切问题，而是以类型化研究为思路重点探讨了几个典型场景下的基因检测规制问题，研究深度和广度均有明显不足，仅是一部针对新兴问题的探索性著作。搁笔之际，仍留有很多遗憾，盼日后进一步研究弥补。暂以此拙著求教于方家，期能引起学界对于基因检测问题的进一步关注和深度讨论。

　　衷心感谢中国政法大学出版社，感谢丁春晖老师为本书出版付出的心血，感谢各位师友和家人一直以来的大力支持。

田　野

2024 年 12 月